La casa de usted y otros viajes es el último de los tres volúmenes en que Guillermo Sheridan agrupó la obra periodística de Ibargüengoitia que el propio autor no publicó en forma de libro. Como en los dos anteriores, hay en éste temas dominantes: la vida en la ciudad de México, los viajes por el interior de la República y en el extranjero, y lo que los científicos sociales denominarían la "cuestión agraria". Protagonista de los primeros artículos es el ciudadano inerme que intenta infructuosamente acostumbrarse a los caprichosos designios de una voluntad de gobierno empeñada en hacerle la vida de cuadritos y que termina por orillarlo al exilio. En los segundos es el viajero perplejo que descubre detrás de los problemas de comunicación debidos a la condición de extranjería —comenzando naturalmente por el propio país— las manías idiosincráticas que confirman los más arraigados prejuicios nacionales. Y en la decena de artículos que conforman la visión ibargüengoitiana de los problemas del campo, examina, a la luz de su experiencia como administrador de un rancho familiar en el Bajío, algunos efectos devastadores de la reforma agraria.

N. del E. Como se indica al final de cada artículo, éstos proceden de *Excélsior* (1969 a 1976) y de la revista *Vuelta* (Sección "En primera persona"). La numeración de los artículos seriados no corresponde a los originales sino al orden en que aparecen en esta edición.

J O A Q U Í N   M O R T I Z

OBRAS DE
JORGE IBARGÜENGOITIA

narrativa

Los relámpagos de agosto
La ley de Herodes
Maten al león
Estas ruinas que ves
Las muertas
Dos crímenes
Los pasos de López

teatro

Susana y los jóvenes
Clotilde en su casa
La lucha con el ángel
Llegó Margó
Ante varias esfinges
Tres piezas en un acto
El viaje superficial
Pájaro en mano
Los buenos manejos
La conspiración vendida
El atentado

obra periodística

Viajes en la América ignota
Sálvese quien pueda
Instrucciones para vivir en México
La casa de usted y otros viajes

Piezas y cuentos para niños

OBRAS DE JORGE IBARGÜENGOITIA

La casa de usted
y otros viajes

La casa de usted y otros viajes es el tercer y último volumen de la selección hecha por Guillermo Sheridan de los artículos de Jorge Ibargüengoitia. Como se indica al final de cada artículo, en su mayor parte proceden de *Excélsior* (1969 a 1976) y los otros de la sección ''En primera persona'' de la revista *Vuelta*. La numeración de los artículos seriados no corresponde a los originales sino al orden en que aparecen en esta edición. (N. del E.)

Primera edición, septiembre de 1991
Primera reimpresión, abril de 1992
© Jorge Ibargüengoitia, 1991
© Herederos de Jorge Ibargüengoitia
D.R. © Editorial Joaquín Mortiz, S.A. de C.V.
Grupo Editorial Planeta
Insurgentes Sur 1162-3o, Col. Del Valle
Deleg. Benito Juárez, 03100, D.F.

ISBN 968-27-0456-1

Ilustración de la cubierta
y fotografía de contraportada: Joy Laville

I
Conozca primero México

MANUAL DEL VIAJERO

Las vacaciones del doctor Masoch

Antes de emprender el viaje se recomienda imaginar una conversación retrospectiva de tías lejanas, de preferencia proféticas. Una de ellas dice:

—Salieron de aquí encantados. Ella había comprado un traje de baño nuevo, él, una anforita, para ir echando tragos en el autobús. ¿Quién les hubiera dicho la desgracia que les esperaba?

Al hacer la cola para comprar los boletos hay que reflexionar detenidamente sobre si es preferible que le dé a uno el sol en la cara, o no ver el paisaje. Si son dos los que viajan, generalmente la mujer dice que prefiere que le dé el sol en la cara a ir viendo un muro de contención durante cuatrocientos kilómetros. Dice. En realidad, cuando le da el sol en la cara se pone de mal humor. Por otra parte, el hombre, que prefiere el muro de contención toda la vida, no se atreve a comprar los lugares del lado que a él le gusta, porque queda como el marido mexicano clásico, autoritario, abusivo y poco caballeroso. Compra boletos del lado del sol. Al abordar el autobús se dará cuenta de que los lugares que escogió con tanto cuidado quedan sobre la rueda delantera.

El día de la partida conviene empezarlo abriendo el periódico en la página de las predicciones astrológicas.

El horóscopo del marido dice: "Hoy perderás un objeto, y, simbólicamente, a una persona. Pasarás momentos de angustia, pero serán breves. Encontrarás lo perdido y la calma volverá a reinar".

El marido mete la mano en todas las bolsas y repasa: los boletos, la cartera, la chequera, el melox, la anforita... Esta operación la repetirá ocho veces durante el día. La última, pasada la media noche. Entonces comprenderá que el peligro de perder un objeto, y simbólicamente a una persona, ha pasado.

El comportamiento del masoquista en la terminal de autobuses sigue una trayectoria muy rígida. En primer lugar no entiende lo que dicen los altavoces.

—Pasajeros de las once treinta con destino a Hanguanícaro, Jocomatepec, Tlapochas, San Pedro, Tepalcates, Río Seco, Amaztlacaltzingo con destino final en +''*$%&... Sírvanse abordar el autobús número (aquí entra una palabra ininteligible) por la puerta número tres.

Cada vez que suena el altavoz, el masoquista irá con sus boletos en la mano al mostrador que dice ''informes'', en donde hay una señorita cuya expresión indica que todos los que se acercan le hacen proposiciones deshonestas.

—¿Quiere decirme, señorita, si este camión ya salió?

La señorita de informes contesta:

—Ablandabangunga.

Que quiere decir, ''todavía no lo anuncian''.

El buen masoquista puede, al llegar este momento, pensar que lo que está viendo es la terminal ficticia, la verdadera terminal, de donde va a salir su camión, está en el extremo opuesto de la ciudad y sólo la usan los parientes de los choferes y algunas otras personas afortunadas.

En la playa, el masoquista se sentará junto a una silla que está ocupada por un joven fortachón que come mangos y escupe fragmentos de cáscara a su alrededor. El masoquista pondrá la bolsa en donde lleva los anteojos, la toalla y la novela detectivesca sobre un objeto blanduzco: un hueso de mango chupado.

La reflexión de que el joven fortachón de la silla de junto no sabe comportarse en la playa, hace que el masoquista imagine a aquel mismo joven en diferentes situaciones de la vida:

Si va a una tienda de ropa, comprará un traje de baño que sólo puede quedarle bien a Mark Spitz; si aborda un autobús con el boleto en la mano, cree que el precio es la hora de salida, y la hora de salida el número del asiento; si entra en una cantina, pedirá una bebida color verde esmeralda que se sirve en el interior de una piña; si viaja en pullman se levantará a las cinco y le preguntará a su hermano, que viaja en la cama vecina:

—¿Ya despertaste?

El masoquista vuelve a la realidad cuando el joven fortachón de la silla de junto enciende su radio de transistores para oír una cumbia y se pone a darle de machetazos a un coco, para comerse la carne... *(29-v-79.)*

EN PRIMERA PERSONA
Travelogue

1

Al terminar el viaje se recuerdan con extrañeza los preámbulos: la decisión que tomamos la víspera de cenar temprano y ligero, la *omelette* y las cuatro rebanaditas de salmón para tres, que nos dejaron a cada uno con hambre y creyendo que los otros dos se habían comido la mejor parte, el propósito tempranero: "propongo que cuando raye el sol estemos pasando frente a Indios Verdes", la manecilla del despertador apuntando a las cinco y media, etc.

En la mañana todo salió perfecto. Actuamos con la disciplina de un ejército que se retira estratégicamente sin dejar casi huella —cambiamos las sábanas, lavamos las tazas, dejamos un costal de basura en la puerta de la casa de junto—, con un ligero retraso: el sol rayó no cuando íbamos pasando por los Indios Verdes sino cuando estábamos en la casa, esperando a que mi mujer acabara de asegurarse, por sexta vez, de que las llaves del gas estaban bien cerradas.

El Brasilia rodó por el pavimento. La ciudad estaba envuelta en un smog espeso, las coladeras de las atarjeas exhalaban vapores miasmáticos, en las esquinas, esperando camiones lejanos, había gente que se levanta temprano y se va a trabajar en el otro extremo de la ciudad. Al pasar por Nonoalco percibimos el olor fétido e incomparable de la refinería de Atzcapozalco, que nos persiguió hasta que fue sustituido por el del Canal del Desagüe. De pronto se acabaron los olores y se levantó el smog. Los últimos jacales habían quedado atrás. El coche corría alegremente entre los llanos, los magueyes y los rastrojos de milpas raquíticas, bajo un castísimo cielo azul.

Entre Tenayuca y Tizayuca —o viceversa— W y yo hicimos memoria de los tacos que venden en esos lugares y que comíamos en otras épocas. W cuenta que en una ocasión llegó a Tenayuca —o Tizayuca— con varias personas en una caravana de coches. Se detuvieron, se bajaron y pidieron tacos. Eran tan honorables que comieron, bebieron, se subieron en sus coches y el que pagó la cuenta fue el que más se tardó en echar a andar el suyo —un señor alemán—. Yo digo que ninguna experiencia gastronómica me excita tanto como la idea de un taco de carnitas picadas —o barbacoa— con salsa de chile y pedacitos de cilantro y cebolla, comido, esto es importante, a la orilla de un camino polvoso. En estas conversaciones estamos cuando, al salir de Tenayuca —o Tizayuca—, vemos acercarse y después alejarse el último puesto de tacos sin atrevernos a detenernos a comprarlos. ¿Habremos perdido la fe en los tacos o en la resistencia de nuestros estómagos?

"A Ciudad Victoria", dice un letrero con una flecha que señala hacia la izquierda. El coche toma la curva y atrás se quedan los camiones de Pachuca y Tuxpan y los coches domingueros. Entramos por un camino casi fantasma: la antigua carretera de Laredo. Hace treinta años, recuerdo, todo el turismo de Tejas y todo el tránsito del Bajío tenía que pasar aquí. ¿Quién hubiera dicho entonces, al ver las gasolinerías y los cerros pelones, que la región estaba viviendo una de sus edades de oro?

En Actopan salimos de la carretera, entramos en el pueblo y nos bajamos para visitar el convento.

2

Este convento del siglo XVI fue hecho por los indios, con muchos trabajos, bajo la dirección de los monjes. Visto por afuera figura una fortaleza y parece inexpugnable: aquí está la torre altísima desde cuya cima pueden observarse los movimientos ofensivos de un enemigo lejano; estas almenas sirven para proteger tiradores y en estos recodos pueden prenderse fogatas para calentar con toda comodidad los peroles de aceite, que testereados derramarán el líquido hirviendo sobre las cabezas de los que vengan subiendo, creyendo que van a poder escalar el muro.

Visto por dentro, en cambio, el convento no tiene nada de fortaleza. No hay polvorín ni dónde guardar bastimento, en cambio hay panadería y una cocina enorme. No hay calabozos, pero sí celdas de monje con vista panorámica.

Este es el claustro, fresco en tiempo de calor y protegido en el de frío. En él se puede pasear dando vueltas, rezando el rosario o tramando la destitución del padre superior. En este mural puede verse ilustrada la vida de los santos de la orden. Estos están platicando, éste se fue a predicar, éstos dos iban por un camino en sentido opuesto, se encontraron y se dieron un abrazo, éste otro se sentó en una piedra y se quedó mirando un charco, etc. En este rincón, casi en la oscuridad, está la pintura que representa a los caciques indios siendo convertidos por Fray N, uno de los agustinos de aquel tiempo. Por esta puerta sesgada se pasa a la huerta agradable en cuyo fondo hay un estanque cuyo brocal sirve de apoyo a la escalera curva y elegantísima que conduce a la gran galería de la que puede verse de un lado, a través de ventanas elípticas, los campos lejanos y atormentados y que abre del otro, en contraste, a la huerta verde y el cobijo del convento.

3

Al pasar por Jacala nos detenemos en algo que parece monumento al auge caminero alemanista. Está pasando el pueblo y un poco encima de él. Es gasolinera, estacionamiento, "courts" y restaurante. En el espacio para veinte coches hay estacionado uno solo, con placas de Louisiana, que en ese momento arranca. Entramos en el restaurante desierto. El techo de dos aguas es de madera pintada de oscuro, las paredes están cubiertas con murales estilo 1946, cuyo tema no recuerdo si es indios viviendo paradisiacamente —comiendo papayas, etc.— o escenas de esclavitud a la llegada de los españoles. Los murales afortunadamente, están interrumpidos por numerosas ventanas por las que entran la luz y el aire y puede verse la serranía. Las sillas de madera son azul celeste.

Una muchacha de pantalones sale a servirnos.

—¿Qué tiene?

—Mole.

—¿Y arroz?

—Todavía no está listo.

Mi mujer entra en la cocina a lavarse las manos y al

hacerlo descubre un arroz que ha sido apartado para consumo de los empleados. Es el que nos comemos. Está riquísimo.

A la mitad de nuestra comida entran en el restaurante otros dos viajeros. Son una pareja de sesenta años. Se repite el diálogo: "¿qué tiene?", "mole", etc. Cuando la muchacha se ha retirado, la señora mira a su alrededor y le dice a su esposo:

—Este hogar es idéntico a Tierra Colorada, nomás que en vez de estar en bajo está en alto y en vez de hacer calor hace frío.

4

Para llegar a Xilitla se tuerce a la izquierda más allá de Tamazunchale, en el entronque de un camino que dice "a San Juan del Río". La región está dominada por un cerro cuya cresta tiene la forma del cuerno de un rinoceronte. De Xilitla —un pueblo en la punta de un cerro— sale un camino que dizque "va al balneario", pero que en realidad conduce a lo que nos interesa, la casa que desde hace veinte años está construyendo el señor Edward James —un mediohermano muy menor de Jorge W.

—No tiene pierde —nos dijo el que nos dio las señas— a este lado ve usted unas casas de tres pisos.

Cuando llegamos eran apenas las cuatro, pero como la casa está en el fondo de una cañada, parecía que estaba oscureciendo. Yo, que iba preparado para una decepción, me quedé boquiabierto. Frente a mí, emergiendo de entre la selva y el cerro, había una construcción inacabada del concreto más limpio que he visto en México. Su aspecto es entre palacio hindú, restos de claustro gótico y escenografía de Flash Gordon. Pertenece al género arquitectónico que los ingleses llaman *a folly*, un capricho. Nomás que en este caso el capricho, es decir, la construcción, parece la sensatez misma comparado con la vegetación que amenaza devorarlo: de las columnas esbeltas del tercer nivel y las gordas del segundo se agarra tenazmente una bouganvillea enorme. A partir del tercer nivel y más adentro, basada en el cerro, arranca una columna espectacular, como un candelero —o un falo barroco—, de unos diez metros de alto, en cuyos costados se desenrolla una escalera notable que no conduce a ninguna parte.

Brincamos las cadenas, dejamos atrás los letreros que dicen "prohibido el paso", nos adelantamos por el camino ascendente, empedrado y estrecho flanqueado de filodendros y helechos, y llegamos a donde estaba un hombre barriendo. Le dijimos quiénes éramos y de parte de quién llegábamos y él nos dio una sorpresa. Nos dijo que el dueño —que nosotros creíamos que no había puesto un pie en Xilitla en muchos años— acababa de irse a San Luis para tomar el avión de regreso a California. Nos enseñó las nuevas volutas, las cimbras de los capiteles en forma de lotos, la fuente que figura una orquídea. Comprendí que lo que estaba viendo, lejos de ser una casa sin terminar, era algo que fue concebido como ruina inquietante.

5

El Hotel Valles es otra reliquia de auges pasados. Se llega a él por jardines, se deja el coche debajo de un tamarindo, se contempla por un momento y aprobatoriamente la alberca, al ir por los corredores con plantas, siguiendo al mozo que lleva las maletas, los imagina uno por un instante poblados de generales que persiguen a muchachas que ríen incontrolablemente. Nuestros dos cuartos son los únicos que están ocupados en el "edificio María Antonia". Tienen puertas de alambrado y grandes ventanas que dan al corredor. ¿Por qué, me pregunto, se tardaron tanto en inventar el cuarto de hotel con terraza individual?

Cenamos en un restaurancito que se llama "Las delicias del mar". Mi mujer pide filete de huachinango, W y yo, acamayas —es decir, langostinos—. Los tres quedamos no sólo satisfechos, sino incrédulos de lo bien que cenamos. Los langostinos son carnosos y enormes, de sabor tan fresco que empuja a seguir comiendo los restos hasta que casi se acaba uno el caparazón.

Al día siguiente nos ponemos en marcha temprano y salimos por la carretera que va a Tampico, que está envuelta en niebla espesa. Nuestra intención es desayunar en el

Hotel Taninul. (Es ese momento la única imagen que evocaba en mí la palabra "Taninul" era la que vi en un cartel de propaganda cuando era yo estudiante de ingeniería. Representaba a una mujer en traje de baño, recostada en un trampolín, a la luz de la luna. En el fondo se ven follajes. El Taninul tenía entonces la fama de ser el mejor hotel de la República —y el más caro—.) Cuando dejamos la carretera y entramos en la desviación llena de baches, temimos encontrarlo en ruinas, pero seguimos adelante y al cabo de un rato se presentó ante nosotros, con fondo de montaña selvática, una especie de Manderley tropical.

6

El Taninul es una construcción larguísima de piedra, con corredores y tejados y una variedad admirable de flores. No había un coche ni se veía un alma. Al acercarnos al edificio vimos, sugerida a través del alambrado de una ventana, la figura de un mozo con chaqueta blanca. Le dijimos que queríamos desayunar, él nos abrió la puerta y entramos en el lobby. Detrás de la barra de la administración había algo que yo creí figura de cera hasta que abrió la boca y dijo:

—El desayuno les será servido en el bar Tabachín.

En un mostrador enorme había mariposas disecadas, tepalcates, imitaciones de figuras prehispánicas y un tubo de "Crest". No tenían películas fotográficas que era lo que necesitábamos. Salimos a un corredor, pasamos junto a los otates, cruzamos un puente sobre un río de agua sulfurosa y entramos en una construcción cilíndrica —y tétrica—. En el bar Tabachín todo es redondo y de madera oscura, excepto las ventanas, que tienen rejas, y los murales, que representan una orgía de conquistadores que se celebra en otra especie de bar Tabachín. Había cuatro mesas puestas —nos dio la impresión que desde 1952—. Un mesero con dientes de oro nos anunció que no había fruta ni jugos más que de lata, ni tortillas. Veinticinco minutos más tarde lo vimos reaparecer cruzando el puente sobre el río sulfuroso, empujando una mesita con ruedas en la que venían el café y los huevos revueltos. Se quedó a platicar con nosotros y nos dijo que el hotel es propiedad de Gonzalo N. Santos.

Después de desayunar caminamos por los jardines muy bien cuidados, pasamos junto a la alberca —que es manantial— y llegamos a la gruta, en cuyo interior, en otros tiempos —en los del Monje Loco—, había instalado un bar. Es evidente que allí también se bailaba, probablemente al son de un órgano. Más tarde, mientras admirábamos los bambúes, los hibiscos y las mariposas, vimos, en los corredores del hotel, recamareras persiguiéndose unas a otras.

7

Al ir rumbo al Salto, S.L.P., al salir de una curva, en el lugar desde donde se domina lo que antes se llamaba "mar de palmas", se ven ahora los edificios del ingenio y la planicie cubierta de plantíos de caña de azúcar. Otra novedad son las torres de la línea de luz y fuerza. Estos indicios de progreso económico son producto de la eliminación de la cascada: el agua que antes caía espectacularmente en una poza azul ha sido entubada, puesta a generar electricidad y después es conducida, por canales sin chiste, a regar las tierras del plano. Se conserva la poza, que se llena gracias a filtraciones del cerro, y las formaciones calcáreas.

Nos bajamos del coche y caminamos melancólicamente por los bordes de las cazuelas. En algunas partes empiezan a crecer helechos. Pasan bandadas de pájaros parecidos a las golondrinas. En las veredas hay kleenex usados.

De salida nos detenemos en un hotelito y pedimos cerveza. Es una construcción de troncos de palmeras bastante simpática. No hay un huésped. Platicamos y llegamos a la conclusión de que el Salto estaba destinado al desastre: si no hubiera sido planta eléctrica se hubiera convertido en paraíso turístico. (*Vuelta no. 15, febrero de 1978.*)

CONOZCA MÉXICO PRIMERO
Viajes en autobús

La gente que viaja en coche por las carreteras llega a pensar que el país está habitado por la esposa que llevan al lado, los niños que van en el asiento trasero, sacándose los ojos unos a otros, y en segundo término, por el enemigo, cafres que quieren rebasar, imbéciles —también con esposa e hijos— que conducen a vuelta de rueda por el carril de alta velocidad y salvajes que cruzan la carretera con rebaños. Está por demás decir que es una visión torcida de la realidad. Para conocer México hay que viajar en autobús.

El otro día hice un viaje en una de las mejores líneas de autobuses. Tiene material magnífico, los mejores y más experimentados choferes y sus operaciones han ido aumentando hasta abarcar una parte considerable del transporte de pasajeros nacional. Todo ha ido creciendo en esta línea: el número de autobuses, las utilidades, el sueldo de los choferes, el pasaje y el número de localidades a las que da servicio. Todo menos la terminal en México, que sigue siendo la misma que cuando se inauguró la línea hace treinta y cinco años con un modesto servicio México-San Pedro Atlayapan. La única diferencia observable en la terminal es que ahora está repleta. Hay ocho hileras interminables de gente comprando boletos, y en las bancas, los que vinieron a despedir a la suegra, los que se quedaron dormidos esperando a que salga su camión, y los que se quedaron sentados esperando a los parientes que dijeron que iban a venir a recogerlos. También están varios personajes que con el tiempo han llegado a ser parte esencial de la terminal. El ciego que se cae encima de la gente vendiendo caballos de madera, la mujer a la que acaban de robarle la bolsa y la beata que desde hace quince años está juntando dinero para cumplir una manda.

En el autobús, tras de mí, iba sentado un matrimonio de viejos, que había venido a la capital para asistir a la boda de unos parientes.

—No vayas a decir en el pueblo que la fiesta salió tan mal, para que se arrepientan todos de no haber venido —recomendó la vieja.

Según pude entender, alargando la oreja, la comida estuvo buena, pero después llegaron unos greñudos con guitarra que convirtieron la celebración en "un baile de locos".

Cuando pasó el camión junto a un cerro de donde estaban sacando cantera, el viejo explicó a su mujer:

—Ese cerro que ves, es una piedra que cayó del cielo hace dos mil millones de años.

La mujer, que evidentemente había pasado varias horas de su estancia en México frente a la televisión y los cosmonautas, hizo notar que aquel cerro se parecía a otro que quedaba en la tierra de un compadre suyo, el cual debería tener encerradas riquezas muy notables que para explotarlas era necesario someter la piedra a algunas pruebas:

—Se puede poner la piedra al fuego —dijo la vieja—. A ver qué pasa.

—También se puede moler —dijo el viejo— y sembrar en el polvo unos granos de maíz, a ver si nace.

Durante un rato fueron inventando nuevas pruebas. Por ejemplo, la del limón: se toma un pedazo de piedra y se le pone una gota de limón. Si se ennegrece es que tiene metal adentro. Etcétera. Por estos vericuetos desembocaron en una nueva formulación de una de las leyes de Newton: la verdadera causa de la atracción de las masas es el fuego interior. La gravedad de la Luna es menos intensa que la de la Tierra, porque ya el fuego interior de la primera se está apagando.

El paso junto a unas lomas pelonas hizo que el viejo recordara la batalla del cinco de mayo.

Por estas lomas, escalonadas, venían los batallones del ejército francés, sin darse cuenta de que ya don Ignacio Zaragoza los estaba esperando ¡Les puso una, que para qué te cuento!

Al oír esto, la mujer dijo:

—¡Pobre don Ignacio! En tantas caminatas anduvo, comiendo lo que encontraba, sapos, yerbas, culebras, que se le descompuso la digestión y murió muy joven.

A lo que el viejo respondió:

—Lo mismo que a don Ignacio Zaragoza, le pasó a mi tío Benito Juárez —aquí conviene advertir que el que hablaba estaba sobrio y era el vivo retrato del Benemérito—. Viajó tanto, que llegó a Ciudad Juárez. Y no creas que en autobús, sino en diligencia. Quedó muy delicado por las privaciones que tuvo. Pero si hubiera habido autobuses en aquella época, en vez de morirse, se ríe.

El matrimonio se bajó del autobús a media sierra, a la media noche, y junto a un letrero que decía "A La Asunción, 4 Km." *(17-viii-71.)*

DESTINO: TERMINAL DEL NORTE

En un autobús de segunda

Terminal de autobuses, en Guanajuato, Gto. Época actual.

Se oye el rumor del magnavoz:

—Pasajeros de las doce horas con destino a México y puntos intermedios, sírvanse abordar el carro 243 de Autobuses Unidos del Centro en el carril número cinco.

El carro 243, manejado por un joven aprendiz, después de varios avances y retrocesos, se acomoda en el carril número cinco. Tiene sobre el parabrisas un letrero que dice, claramente, "México, vía corta", canta: "Irapuato, Salamanca, Celaya, Querétaro, San Juan del Río, México". Los interesados, que somos cuatro, nos arremolinamos en el andén durante la maniobra, tratando de entrar los primeros y conseguir los mejores lugares de los cuarenta que tiene el camión. Frustración. Una bandada de mujeres con rebozo se mete adelante de nosotros y ni modo de sacarlas a patadas. Se abre la puerta. La mujer que hace cabeza pregunta:

—¿A dónde va, señor?

—A México.

Las mujeres con rebozo, que forman un muro infranqueable, permanecen inmóviles. Están consternadas.

—Ah, ¿qué no va a Silao?

Los cuatro que vamos a México, al oír esta pregunta idiota, nos abrimos paso a codazos, murmurando cosas como "estorbos", "ni ven ni oyen ni entienden", y palabras que no se pueden decir en público.

El asiento número doce, uno de los más codiciados, tiene una manchita sospechosa. Como el recuerdo de un niño. Las familias pasan, miran el asiento, y se acomodan en otro lado, después de preguntarse: ¿está mojado? Por fin llega una joven pareja de recién casados y la muchacha se sienta en la manchita sin darse cuenta. Platican en tonos tiernos, pero ininteligibles.

Yo voy en la ventanilla del 16; a mi lado se sienta un joven estudiante de leyes de la Universidad de Guanajuato;

22

del otro lado del pasillo va otro ídem. Conversan entre sí:

—Te dicen que hay unos tipos esperándote para matarte, en un camino determinado, a tal hora. Y tú, en vez de avisarle a la policía, vas por ese camino, a la hora fijada, y te matan. ¿Qué es?

—Para empezar, se presume que es legítima defensa.

—Bien contestado. Otra pregunta. Te subes en una pared, y desde allí te ve tu vecino... etc.

En Irapuato se bajan los futuros licenciados. Dos mujeres de pantalones que vienen en la parte de atrás del camión se sientan, la más vieja junto a mí y la más joven una fila más adelante, del otro lado de los recién casados.

La más joven: —Fíjate que no me siento bien, tú.

La más vieja: —¿No quieres un chicle?

—Fíjate que sí tú.

—Es que la carretera tiene muchas curvas.

—Fíjate que sí, tú. Cuando mi mamá salía de Guanajuato, casi se quería desmayar.

—Es sicológico.

—Pos será sicológico, pero no se me quita.

Llegamos a Celaya. Veinte minutos para comer. Antes de bajarme dejo sobre mi asiento un libro de Solycnitzin. Los recién casados no toman esa precaución. Cuando regreso de comer, encuentro que la más vieja de las dos mujeres está comiéndose un huevo duro en el asiento número 11 —de los recién casados, que todavía no regresan. Ocupo mi asiento, se llena el camión de bote en bote, regresan los recién casados y se dicen mutuamente frases que evidentemente significan: "ya nos quitaron nuestros lugares".

—Allí veníamos nosotros —dicen los recién casados.

La mujer sigue comiéndose el huevo duro, como si no tuviera orejas. Los recién casados llaman al chofer.

—Señora, por favor, levántese.

—No soy señora, soy señorita —contestó la mujer.

Si me contesta eso a mí, la hubiera jalado del chongo. En vez de eso, los recién casados se vinieron parados hasta Polotitlán. *(31-v-74.)*

VARIOS SUSTOS

Viajes a Tepoztlán

Se levantaba uno oscuro para llegar a la estación a tiempo de alcanzar el tren de Balsas, mismo que entre nueve y media y diez, caminando muy despacio, pasaba a cuadra y media de nuestras casas.

En aquella excursión memorable, nos bajamos en la estación El Parque, que está en el lomo de la cordillera del Tepozteco. Era un medio día de febrero y yo tenía trece años. No puedo decir que el lugar me diera miedo, pero sí me imponía respeto. El lugar era muy extraño y diferente a los lugares donde acostumbrábamos salir de excursión. El sol pegaba muy fuerte, los árboles y los matorrales estaban pelones, la piedra era negra, el zacate estaba blanco y había chicharras cantando. Nos fuimos por un camino muy ancho, caminando entre las piedras sueltas. Nos cruzábamos con hombres que nos saludaban y nos miraban como si fuéramos animales raros —íbamos vestidos de boy scouts—. Cuando llegamos a la pirámide, no me interesó nada. No podría describirla. Estaba yo absorto en mis botas. Eran Ten-Pac, viejas, a las que el zapatero había agregado las últimas medias suelas que mandé poner en mi vida. El roce de las piedras del camino desgastó las cabezas de los clavos, se cayeron las medias suelas y me quedé caminando sobre las plantillas. Así llegamos a Tepoztlán.

Acampamos al pie de los cerros, separados del pueblo por el cauce del río —creo que estaba seco y que lavamos los platos en un hidrante—. Al plantar la tienda encontramos un alacrán. Al atardecer, los hermanitos Beltrán, que acababan de entrar en los scouts y no sabían las costumbres, cruzaron el cauce del río y fueron al pueblo a tomar nieve de limón. En la noche salió una luna roja y pareció como si los cerros —que se nos venían encima— estuvieran reflejando incendios lejanos. Cenamos lo de siempre: chocolate hecho con leche condensada aguadísima, galletas pasa y mermelada de fresa. En la mañana siguiente salí de la tienda de campaña y me quedé mirando la gran mole del convento y los humos estratificados de cien cocinas. No·dije que el lugar me parecía embrujado, porque hubiera quedado en ridículo, pero eso era lo que estaba pensando. Regresé a mi casa con los pies envueltos en los monitos del domingo.

Pasan veintisiete años. Mi mujer y yo vamos a Tepoztlán siguiendo, sin darnos cuenta, las huellas del Cónsul. Salimos de Cuernavaca en un camión repleto. En la apretura, alguien me sacó de la bolsa la libreta de direcciones, creyendo que era cartera. Por la ventanilla vimos quedarse atrás un jinete en un caballo tordillo. Llegamos al pueblo, nos apeamos, vimos los cerros, cruzamos la plaza y el atrio. Entramos en la iglesia. No nos gusta. Salimos. Pagamos dos pesos por visitar el convento. Entramos en el claustro. ¡Qué bonito! Empezamos a subir la escalera. Oímos los ladridos furiosos de un perro muy grande. Seguimos subiendo. Oímos los ladridos cada vez más cerca. Nos detenemos. Los ladridos retumban. Optamos por la retirada y por quedarnos sin ver la parte alta del convento. No me atrevo a pedirle al cuidador que quite a su perro. Compramos cervezas y nos las tomamos sentados en el atrio. Un italiano con pinta de *gigoló* y una mujer javanesa entran en el convento. Cinco minutos después están afuera. Cruzamos otra vez la plaza y nos sentamos en la pata de un árbol a esperar el camión. Encendemos cigarros.

Entonces llega el borracho.

—Deme un cigarro —me dice.

Le doy un cigarro. Se queda esperando a que se lo encienda. Se lo enciendo. Empieza una de esas conversaciones imbéciles: "Ustedes no son de aquí, ¿verdad?" "No no somos...", etc. Después, él nos dice:

—Los invito a mi casa a tomar un tequila.

—No, muchas gracias. Estamos esperando el camión.

—Mi casa es aquella que está pintada de verde. Quiero que vengan conmigo a conocerla.

—Está muy bonita, pero no, muchas gracias.

—No me desprecie.

—No lo desprecio. Estamos esperando el camión.

Mi mujer, que ha leído dos veces *Bajo el volcán*, está con-

vencida de que nos quedan dos horas de vida, y una averiguata.

—Deme otro cigarro, entonces.

—No, señor.

—¿Por qué no?

—Porque no somos amigos.

En ese momento, afortunadamente, llegó el camión.
Cuando vimos al borracho por última vez estaba levantando el puño injuriándonos. *(1-iii-74.)*

EN PRIMERA PERSONA

Viaje a los Tres Camotes

1

Al pasar por lo que según mi entender es el principio de Ciudad Netzahualcóyotl, decido que la mente popular urbana, dejada en plena libertad y a sus propios medios, produce casas todas iguales y espantosas.

—Nomás que regresemos de este viaje —dice Wilmot, que va manejando el coche— venimos a Ciudad Netzahualcóyotl y entramos mero adentro.

Cuenta lo que vio la única vez que entró con un amigo a buscar un hojalatero que allí vivía. Un niño de doce años, dice, con cabeza de piloncillo, desnudo y retrasado mental, se acercó a ellos babeando y le dieron diez pesos. El niño cogió el billete, se fue corriendo a un estanquillo, compró diez pesos de cohetes y cuando ellos salieron de Ciudad Netzahualcóyotl todavía los estaba tronando.

Yo le digo que sí, que nomás que regresemos del viaje iremos a Ciudad Netzahualcóyotl, pero en el fondo de mi mente está la idea de que si he tenido la suerte de no tener que vivir allí, qué caso tiene ir a meterme a ver qué es lo que hay adentro.

Trato de reconocer entre los lotes donde venden pedazos de coche el Balneario Agua Caliente, donde yo iba a nadar cuando era chico. No lo encuentro. Pasamos por colonias de arquitectura debida no a la mente popular, sino a la oficial —son peores—, y otra inventada por un contratista que ha descubierto que los cuartos triangulares —con techo en desván— son más económicos que los que tienen cuatro paredes. Estoy seguro de que los que compraron las casas han descubierto a su vez que también son más incómodos.

A la derecha distinguimos entre el terregal a cientos de futbolistas —es un sábado— y luego lo que parece un espejismo: un busto de Juárez pintado de colores en franjas onduladas. Salimos a la carretera, pasamos entre los cortes de tezontle y al bajar la cuesta vemos el Sanatorio Psiquiátrico, cuyos dirigentes decidieron levantar muros de tabique para evitar que los que pasan en coche vean locos en camisón pasearse entre las alambradas.

Comentamos lo bien que está el pavimento: no hay más obstáculos que los perros muertos. A los lados de la carretera hay otras amenidades: botes de la basura, por ejemplo, basura alrededor de los botes y depósitos de agua para que las familias se bajen a sacarla en jarritos cuando la carcacha empieza a humear. "Prepare su cuota" dice el letrero pero no de cuánto es la cuota.

2

En la cuesta de Acultzingo nos paramos en un recodo que dice "mirador". Mi mujer sacó las galletas y el queso.

Me asomé al precipicio y vi una cascada de basura. Olía a caca. Tomé una foto. Comimos las galletas y el queso, tomamos tequila y seguimos el viaje. No volvimos a parar hasta llegar al Grand Hotel de France, en Orizaba.

Desde el vestíbulo vemos el patio bien cuidado de proporciones nobles, con una fuentecita en medio y macetas con palmas. Mi mujer pregunta en la administración dónde está el baño. Yo entro en lo que ha de haber sido la cantina del hotel y ahora es parte del restaurante. Tiene en la puerta vitrales geométricos con letreros pequeños de marcas de cerveza. Comemos despacio porque el mesero tiene que ir a buscar la comida a la cocina, que está a treinta metros, pero sano y sabroso: arroz blanco con plátanos fritos y un huevo, y de segundo plato, filete de robalo a la parrilla con ensalada. El café es bueno y los precios son los mismos que en Bellinghausen.

Salimos de Orizaba por el camino que va a Tierra Blanca que está lleno de hoyos y de camiones. De todos los que pasan corriendo decidimos que los choferes más peligrosos son los que manejan camiones de pasajeros. Han de soñar con encabezados que dicen "catorce muertos" y más abajo, para cerrar el primer párrafo, "el chofer se dio a la fuga".

Hace calor, vamos entre cañaverales, apesta a jugo de caña fermentado, pasamos por ingenios cuyos nombres se hacen famosos cada seis años, porque al principio de cada periodo se descubre que están mal administrados, después se olvidan y siguen mal administrados otros seis años.

El camino es malo y peligroso hasta Ciudad Alemán, allí tomamos el que va a Cosamaloapan, que es peor, pero no tan peligroso porque hay que ir a vuelta de rueda, detrás de uno de los trenes de carretas cañeras jalados por tractores. A la derecha se ve el Papaloapan, a la izquierda los cañaverales.

—¿Es la gente de por aquí muy pobre? —pregunta Joy.

—No —le digo— es que no saben hacer casas.

En la entrada de Tlacotalpan nos detenemos a cargar gasolina. Es de noche.

—¿Es cierto que aquí hay un museo que se llama Agustín Lara? —pregunto al despachador.

—Casa de la Cultura —me corrige.

Yo quiero quedarme a dormir en Tlacotalpan y visitar la Casa de la Cultura Agustín Lara al día siguiente, mi mujer y Wilmot prefieren seguir adelante. Me rindo no sólo ante la mayoría sino ante el aspecto del hotel, que está arriba de una nevería.

Salimos de Tlacotalpan con intenciones de regresar, porque la población se ve muy bonita. ¿Cómo es posible que en una región donde la gente supo hacer casas en otra época se haya olvidado este arte tan necesario? Todo lo reciente parece inhabitable.

3

Llegamos a San Andrés Tuxtla y nos hospedamos en el hotel Del Parque, un edificio moderno que podría estar en la colonia de los Doctores: grandes ventanales, clima artificial y cortinas corridas —y rotas—. A mi mujer y a mí nos toca un cuarto que está sobre donde se hacen nudo los tubos del aire acondicionado. Es un horno. Antes de encender la luz veo en la penumbra, sobre el escritorio, una cucaracha del tamaño de un pambazo. Me quito el zapato y le doy un golpe, enciendo la luz y veo que la cucaracha ahora parece un sope. Regreso a la administración y digo:

—Quiero otro cuarto porque el que me dio es un horno.

—Es que no está conectado el clima artificial —me explica el administrador y lo conecta en ese momento.

—De todas maneras quiero otro cuarto —insisto.

Me da otra llave. No digo nada de la cucaracha, dejo el sobresalto y el asco a los siguientes viajeros que lleguen.

El nuevo cuarto es mejor. Tiene vista al corredor de un hotel antiguo, muy bello y probablemente inhabitable. Abrimos la botella de whiskey y tomamos copas, Wilmot sentado en la silla y Joy y yo en las camas. Hablamos de cucarachas que caminan sobre gente dormida, de ratas que brincan entre las piernas de quien está sentado en el excusado, de ratones que se pasean entre las sábanas mientras el observador —y sujeto— ve moverse la cobija y cree que tiene calambres, etc. Después bajamos al restaurante y cenamos camarones y carne a la tampiqueña. El lugar está repleto de familias de clase media de San Andrés que son iguales a las familias de la clase media de cualquier lado.

Después de cenar salimos a dar una vuelta y encontramos una casa de dos pisos con portal y veranda, que a mí me recuerda las que vi en Trinidad, en Cuba, y a Wilmot las que vio en Rangún, en Birmania.

4

Un camino de tierra, que se ha de volver intransitable con el menor aguacero, lleva hasta la cima de un promontorio cubierto de vegetación que llega hasta el mar y divide la playa en dos. La del poniente es pequeña y se llama Playa Escondida, la del oriente es externa y se pierde en la laguna de Sontecamapan. Al final del camino está el hotel, que es cuatro cuartos y un comedor, que a su vez es una cocina cerrada y un cobertizo con mesas de palo y vista al mar. Hay cuatro perros que salen a recibirnos. El dueño, que es zapatero aficionado, está remontando un par de zapatos que no parecen tan malos en suela de llantas —y echándolos a perder. Un sendero de quinientos escalones nos conduce entre helechos hasta el mar. En la playa no hay más que una mujer con vestido rojo de raso espulgando a su marido.

Cuando regresamos al comedor los langostinos y las mojarras que pedimos nos están esperando. Mientras comemos, los pescadores que hay en la playa oriente echan al mar dos lanchas y van tendiendo la red; pasa un avión chiquito, como queriendo estrellarse contra las rocas; entra una pareja extraña: él es moreno y tiene el pelo blanco, ella es guapa, usa bikini y tiene una cicatriz en la panza. No logro situarlos. Sin ser refinados me parecen demasiado discretos para ser un político y su amante. Toman ron Potosí.

En su primer viaje a este lugar, hace algunos años, Wilmot bailó, él solo con cuarenta enfermeras que estaban festejando su graduación.

—Eran comunistas —explica Wilmot—. El grupo entero se había ofrecido para irse de voluntarias a Vietnam del norte, pero no fueron aceptadas.

De regreso a Catemaco pasamos por los últimos vestigios de la selva amazónica que está situada más al norte en este hemisferio. Los cerros han sido desmontados para sembrar pasto y criar ganado. El ganado tiene la piel lustrosa y es robusto, las vacas corren encantadas por las colinas.

—Tumban la selva —dice Wilmot— para meter animales y luego matan los animales y no saben cortar la carne.

Llegamos a la conclusión de que, contra lo que generalmente se cree, México es víctima de las clases marginadas: a un indito le dan un hacha y tumba un bosque para que su mujer eche las tortillas; una criada analfabeta compra un radio y da a los vecinos más lata que todas las dependencias del Gobierno Federal.

5

La Virgen del Carmen es la patrona de Catemaco. Entre los exvotos que hay en el portal de la iglesia —la mayoría hechos con fotografías— encontré éstos que me parecen interesantes:

Imagen: una foto de un Pontiac 1960 y encimada otra, tamaño credencial, de un hombre de unos treinta años. Texto: el hombre le da las gracias a la Virgen del Carmen por haberle permitido pagar, sin contratiempos, el enganche y los abonos de su coche Pontiac 1960.

Imagen: una foto tomada en el malecón de Veracruz en la que aparecen una mujer anciana, otra de unos cuarenta años y un hombre de treinta. Texto: encontrándose la anciana muy enferma, la mujer joven, su hija, pidió a la Virgen del Carmen que la restableciera, la anciana murió, pero la hija da de todas maneras gracias a la Virgen.

Imagen: varias fotos de un joven equilibrista, aparece parado de manos en el respaldo de una silla que está sobre otra más maciza que a su vez está sobre dos mesas, o bien, en la cuerda floja, o colgado de un trapecio por las piernas. Texto: "Lo único que le pido a la Virgen del Carmen" dice el donante, "es que me proteja de los peligros propios de mi labor circense". Etc.

Esa noche, que era la de un domingo antes de la misa, los fieles hacían cola para subir al monumento que hay detrás del altar y hablar con la Virgen de cerca.

6

Cenamos ategogolos —caracoles de agua dulce que nacen, crecen y se reproducen en las aguas cercanas al pueblo de Catemaco, mueren cuando los sacan de su concha y los ponen a marinar en limón y pierden su individualidad entre las muelas de los que se los comen, son parecidos en sabor y consistencia al callo de hacha y conservan, hasta que se lo arranca uno con los dientes, el opérculo, una especie de uña color sepia, translúcida, que en vida del ategogolo cubre el orificio del caracol y que en su muerte pone uno en la orilla del plato—, mojarras copetonas, memelas, pellizcadas, frijoles refritos y café, mirando los chupiros —¿o cocuyos?— que andaban cazando otros animalitos en las puntas del zacate, dos sapos que a su vez cazaban cocuyos —¿o chupiros?— y dos gatos que trataban de cazar sapos.

En la mañana, paseo en lancha. Ha de haber treinta lanchas para turistas en Catemaco, con ocho asientos de plástico, toldo y motor fuera de borda. Como éramos tres, el lanchero tuvo que traer a un compañero que sirviera de contrapeso: era un viejo muy serio que se sentó en un asiento y no habló en todo el viaje.

Uno de los graves problemas que han de tener los lancheros, comprendimos durante el viaje, es que no tienen idea de qué es lo que el visitante tiene interés en ver. El que nos llevaba se desvió y disminuyó la velocidad para que viéramos con calma un motel, la casa de un millonario y una embotelladora de agua mineral. En cambio, pasó a toda velocidad por donde había restos de selva tropical, un árbol lleno de garzas y un banco de lotos. Nos llevó a la isla de los changos, que según parece es lugar de visita obligado y monumento a la imbecilidad regional. Según nos dijo el lanchero, hace unos años, por idea de alguien en la UNAM, llevaron una pareja de changos a una de las islas que hay en la laguna. En la actualidad esa isla se distingue de las demás por estar completamente pelona y habitada por sesenta o setenta mandriles —de origen africano y habituados a un clima semidesértico— hambrientos. Lo único que se me ocurre que puede salir de este experimento es que los changos se vuelvan carnívoros y se coman unos a otros, o que aprendan a nadar y se vayan a tierra firme, o que ocurran las dos cosas y se conviertan en una plaga para el ganado de la región.

Nuestro destino era Cuetzalapan, un lugar que Wilmot visitó en su juventud, del que recordaba un arroyo cristalino lleno de peces, que desemboca en la laguna, que estaba bordeado de árboles gigantescos, con lianas, llenos de pájaros, y que al ser remontado llevaba a una cascada bellísima. Los árboles y las lianas han desaparecido, no pudimos llegar a la cascada, porque uno de los pocos árboles que quedaban cayó sobre el río e impide la navegación. Miramos las márgenes del lago cubiertas de milpas y a lo lejos los cerros cubiertos de yerba con vacas corriendo y le dijimos al lanchero que nos llevara de regreso al pueblo

7

El hotel Castellanos de Santiago Tuxtla es un "rascacielos" cilíndrico de siete pisos. Cuando vi el restaurante desde la calle me dio mala espina: un recinto desierto, con aire acondicionado, manteles rojos y copas para agua puestas bocabajo sobre las mesas.

—Estoy seguro que huele a DDT —advertí.

Entramos. Olía a DDT. Nos sentamos en una mesa. Nos atendió un mesero joto. Pedimos tequila y cerveza mientras decidíamos qué era lo que íbamos a comer. Al rato vino el cantinero a la mesa.

—El tequila que ustedes pidieron —dijo— no lo tenemos. No hay más que tequila blanco y tequila añejo.

—Tráiganos blanco —dijimos.

—Lo vi irse a la cantina, sacó la botella y sirvió. No alcanzó más que para un vasito. Lo vi salir a la calle. Regresó media hora después con una botella nueva de tequila. El mesero trajo a la mesa los vasos servidos. Parecían llenos de pipí clarito, de gente que ha tomado mucha agua. Yo acepté el mío, pero mi mujer montó en cólera.

—Llévese ese vaso —dijo al mesero— porque no es lo que yo pedí.

Dicho esto abrió su bolsa de mano y sacó una botella de un litro de tequila Hornitos y un vaso, se sirvió y lo bebió.

8

Según el plano de la región que habíamos conseguido en San Andrés Tuxtla, para ir de Santiago a Tres Zapotes, se va uno a Dos Caminos y de allí toma el que va a Tres Zapotes. Según la encargada del museo arqueológico, en cambio, había que hacer un rodeo muy largo, pasando por varios pueblos, entre otros Tres Amates.

Tres Zapotes —le expliqué a Joy— es el lugar donde se han encontrado más piezas de la cultura olmeca después de La Venta.

Anduvimos mucho rato medio perdidos, preguntando que por dónde se va a Dos Caminos, que de qué lado queda Tres Amates, que cuánto falta para Tres Zapotes. Pasamos encima de dos puentes que se estaban desarmando, tuvimos que defendernos de unos que querían subirse en el coche a fuerzas, y acabamos preguntándole a un borracho que nos pidió para un refresco. Cuando por fin encontramos lo que buscábamos nos dimos cuenta de que ya todas las piezas buenas se las llevaron a otros lados, los cuidadores tenían un radio a todo volumen —estaban cantando ''Granada''—. Mi mujer se me acercó y me dijo:

—¿Cómo dijiste que se llama aquí? ¿Tres Camotes?

En ese momento pensé: voy a escribir un artículo y se va a llamar ''Viaje a los Tres Camotes''. *(Vuelta no. 30, mayo de 1979.)*

AGUAS TERMALES

Aventuras en los balnearios

Los balnearios son instituciones efímeras: nuestros abuelos no los hubieran imaginado y nuestros nietos —si es que los mexicanos descubren las costas antes de morirse de hambre— no van a saber qué hacer con ellos. Porque nuestros balnearios son un mar en chiquito, una solución de menos mal.

Una característica general de los balnearios tradicionales es que no se llaman ni "la Poza de las Hadas", ni "el Lago de los Cisnes", ni "las Siete Lagunas de Ixtabentún". Tienen nombres que no significan nada —Comanjilla o Taboada—, se refieren a un momento culminante de la Revolución Industrial —la Forja, la Fundición, la Caldera— o fueron bautizados de una manera que daría escalofríos a cualquier promotor turístico —Agua Hedionda, la Marranilla, la Garganta del Diablo.

No tiene por qué asombrarnos este fenómeno: hay que recordar que nadie se bañaba por gusto y que cuando los antiguos se metían en el agua lo hacían con fe ciega y esperando milagros.

Como testimonio en este respecto puedo decir que algunos de los días más felices de mi niñez los pasé en un balneario —Comanjilla— que era de una tía mía. Por los corredores no paseaban ni mujeres en bikini, ni jóvenes bronceados, sino guanajuatenses asmáticos, rengos de Silao, o gente de León que tenía cálculos en los riñones y se había impuesto la obligación diaria de beber veinte vasos de agua pestilente. Lo más raro es que se curaban.

Pero esto que estoy diciendo pertenece a la prehistoria. Los enfermos se bañaban en tina, con agua que tenía dos días de ventilada. El único que se echó un clavado fue un borracho famoso, que cayó en el borbotón y fue sacado no sólo muerto, sino blandito.

Con el tiempo se inventaron las albercas —se llamaban tanques— y la gente descubrió que meterse en el agua y después tirarse al sol no era remedio para nada, pero muy divertido.

Esta revelación dio origen a la época de oro de los balnearios, uno de los cuales, bastante famoso, visité antier.

Este balneario tiene para mí recuerdos imborrables. Para pasar del lugar en donde compraba uno los boletos a las albercas había que cruzar el río sobre un puente colgante; en el prado que hay entre el restaurante y la alberca, me rompí un brazo al dar una machincuepa; en uno de los vestidores encontré una cucaracha, etc.

Pasan veinticinco años, regreso al mismo lugar y encuentro que el puente colgante ha sido sustituido por uno de concreto, que el prado donde me rompí el brazo es ahora estacionamiento... Alguien estará pensando en el progreso de México. Nada de eso. Entré en el vestidor y allí estaba la cucaracha.

Al ver con ojos maduros este lugar querido, donde pasé tan buenos ratos juveniles, puedo decir lo siguiente.

En primer lugar, no se puede decir que el lugar esté más feo, ni que sea más bonito. La gente que va tampoco ha cambiado gran cosa. No son ni más guapos ni menos gordos. Los que antes llegaban en autobús llegan ahora en coche, y cargan hieleras portátiles en las que guardan cervezas. Eso es todo.

—¿Quieres otra "cheve"? —se preguntan unos a otros.

El balneario fue considerado, en los cuarentas, triunfo del ejido y hasta la fecha los que recogen los boletos y los que abren los casilleros usan sombrero ancho.

El diseño tiene algo que recuerda al mercado "Abelardo Rodríguez"; hay cuatro plataformas de concreto rojo a las que se asciende por escaleras estrechas y peligrosísimas. Para asolearse, se sienta uno en tabique, como quien al salir de un mercado se sienta en la banqueta a pelar caña. Todo esto me hace sospechar que el que proyectó la alberca nunca se había metido en el agua.

Los letreros son los mismos de siempre.

"No se meta en el río, su vida peligra", dice uno.

"No entre en la alberca después de ingerir bebidas alcohólicas".

"Alquiler de trajes de baño. Caballeros, $5.00. Damas, $8.00". "Cada 100 c.c. de esta agua contienen —entre otras cosas—: Sales amoniacales (NH4), 23 Grs. Litio, 00035 Grs., etc.

Son curativas para males hepáticos, padecimientos renales, falta de sentido de orientación, inapetencia infantil, etc.

Pero el letrero más interesante de todos está en el restaurante:

"Se prohíbe bailar en traje de baño". *(20-ii-73.)*

ACAPULCO

¿Paraíso perdido?

Cuando se habla de Acapulco, todas las personas mayores de treinta años ponen la mirada en el techo y dicen una fecha —entre 1933 y 1950—. ¡Ésos sí eran tiempos! Cuando Acapulco era una maravilla.

—Te parabas en la playa y no veías más que pelícanos.

—Tres pesos llegué a pagar por un cuarto con comidas.

—Con una navaja grabé mi nombre en una mesa de los Siete Mares.

—Me comí una cubeta llena de mangos: un peso me costó.

Acaban diciendo las coplas de Jorge Manrique, porque ahora todo se ha echado a perder. Está lleno de gringos, parece Miami sin cubanos, te cobran por respirar, el mar está envenenado.

—¿Es cierto lo que decía el periódico? —preguntó una señora a un chofer—. Que las langostas se salen del mar y se meten en las casas.

—No sabría decirle —contestó el interrogado.

Esta imagen de langostas entrando en las casas, referida a Acapulco, evoca, en vez de una bendición: una familia de escasos recursos esperando a las langostas para comérselas, la de las siete plagas de Egipto: langostas tambaleándose, huyendo de la contaminación.

Yo conocí Acapulco en 1939, lo he visitado unas veinte veces bien distribuidas entre esa fecha y ahora, y creo que siempre ha sido engañoso: ni fue paraíso, ni es ahora infierno. Más exacto sería decir que dentro de lo horrible siempre ha sido maravilloso.

En las tardes pasaban los pelícanos en formación, a lo lejos se veían las colinas, en la noche, en la bocana se encendían las lucecitas de los pescadores. Pero cuando decía uno: ¡Esto es el paraíso!, se le metía a uno una piedra en un zapato, del caño salían cucarachas enormes, empezaba uno a sofocarse. Iba uno al cine y un bromista gritaba "¡fuego!", se comía uno un tamal, y encontraba un pelo adentro. Un día, mi tía Lola Baldwin consiguió un lenguado y nos invitó a comer *filet de sole au citron*. No pudo encontrar limones en todo el puerto. En otra ocasión hubo un banquete. Cuando nos sentamos a la mesa, se apagaron las luces. No había velas.

Durante varios días el agua sabía a rayos. Con muchos trabajos, mi madre logró convencer al mozo de meterse en el pozo a investigar. Regresó a la superficie con el cadáver de un sapo.

Mis peores recuerdos los tengo de la escuela. En un mismo salón estábamos los niños de tercero, cuarto, quinto y sexto. Además de darnos clase de todo a todos, la maestra tenía tiempo de tejer una chambrita eterna. Tenía el pelo blanco y se vestía de negro. Estoy seguro de que no me enseñó nada.

La ambigüedad y el contraste aparecen en todas mis visitas acapulqueñas y se conservan a través de los años. Una vez, en 1955, fui con varios amigos. El segundo día fue admirable. Entre las emociones que tuvimos se incluyó la que nos produjo el naufragio del catamarán en que íbamos navegando. Nos divertimos tanto, que cuando llegó la hora de cenar decidimos, costara lo que costara, no privarnos de nada.

Todos estuvimos de acuerdo en que lo que más se nos antojaba en ese momento era calamares en su tinta con arroz blanco. Recorrimos unos veinte restaurantes y acabamos comiendo lo que más se acercaba a nuestro antojo: calamares en su tinta con puré de papas.

En otra ocasión, mi mujer y yo entramos en una enramada. Casi nos arrepentimos. El dueño, un afeminado chocantísimo, se puso de humor negro porque lo despertamos. Fue a lavarse la cara en un poquito de agua que tenía en una cazuela. Nos trató tan mal, que si no nos fuimos a otra parte fue nomás porque nos daba flojera levantarnos de la silla. El afeminado nos trajo las almejas más deliciosas que he comido en mi vida. Cuando ya nos habíamos reconciliado con él, nos presentó la cuenta, que era un asalto.

La última vez que fui, pedí enchiladas suizas para cenar, y me tocó ver, sin quererlo, un espectáculo digno de

Nerón: los hombres voladores de Papantla, girando entre llamaradas de gasolina y gringos admirados. Es más de lo que pedí, y peor. *(9-iv-74.)*

ACAPULQUEÑOS
Servicio en su cuarto

¿Quién hubiera pensado que la gente de Acapulco, que siempre tuvo fama de floja, iba a trabajar tanto? En meses como éstos, hace treinta años, el contorno de los carros se marcaba claramente en las noches, por los incendios que hacían los campesinos para el desmonte. Ahora esos mismos cerros están iluminados por las luces de las casas. Ni están bonitas las casas, ni da gusto ver que haya tanta gente, pero es señal inequívoca del mucho trabajo que se ha hecho aquí, al rayo del sol y sin ganas.

En el terreno que está junto a la torre donde yo vivo, hay otra torre más alta. Es un condominio de unos cincuenta pisos que está por terminarse. Las que le están dando los últimos toques son albañilas. Las primeras que veo de este lado de la cortina de hierro.

Son mujeres de todas formas, de todas edades, de todos colores. Unas guapas y otras espantosas. Todas llevan un pañuelo amarrado en la cabeza para que no se les caigan las greñas, se sientan en cuclillas y golpean el piso de mármol sin pulir, rítmicamente, con un instrumento parecido a la azuela, para desbastar piedra. Al mismo tiempo platican —supongo que dicen horrores de las que no están presentes.

Me gusta ver cincuenta mujeres, en cuclillas, dándole golpes al piso y hablando como pericos. Pero después se me ocurre que entre ellas debe haber lideresas, maestras de obras, representantes del sindicato.

Cuando las veo trabajar me acuerdo de las criadas que había en el hotel que administró mi madre una temporada en 1939. La más notable de todas se llamaba Carmela. Era negra, flaca y sin dientes. La recuerdo con un vestido color salmón, sentada en el corral, haciendo sus necesidades. No recuerdo cómo servía la mesa, o cómo tendía las camas. En cambio, hay dos características suyas que me parecen inolvidables: era acapulqueña nata y nunca había entrado en el mar y, según las malas lenguas —principalmente la del cocinero chino—, era "clandestina"; es decir, que ejercía la prostitución sin tener tarjeta... bueno, no sólo sin tener tarjeta ¡sin tener dientes!

Otra famosa era Etelvina. Ésa era más joven. Verde limón. Un día Etelvina le llevó a la dueña del hotel un té helado sin hielo, o un refresco sin vaso, o algo por el estilo. El caso es que la dueña, con cierta impaciencia, le explicó qué era lo que había hecho mal y cómo debería hacerlo mejor. Etelvina salió del comedor dando un portazo. Regresó dos días después, cuando estábamos sentándonos a comer, en un coche, con el personal de Conciliación y Arbitraje y una máquina de escribir. Seiscientos cuarenta pesos reclamaba Etelvina, por daños y perjuicios. Según el acta levantada, la dueña del hotel le había apagado un cigarro en el dorso de la mano —lo que ella presentaba como cicatriz parecía un lunar. Mi madre declaró que en la caja fuerte no había seiscientos cuarenta pesos, lo cual era cierto, y el inspector de Conciliación la amenazó con llevarse los muebles de mimbre. Mi madre consultó con un abogado.

—Dígales que se lleven los muebles ahora mismo —le aconsejó el abogado.

—No es para tanto —dijo el inspector.

Declararon los muebles embargados, y a mi madre depositaria, recogieron la máquina de escribir, se subieron en el coche y se fueron. No volvimos a saber de ellos, ni de Etelvina.

¿Quién iba a imaginar, con semejantes antecedentes, que Acapulco iba a producir el mejor servicio de la República? Marca uno un número en el teléfono y se oye una voz acapulqueña:

—Servicio en su cuarto, rumservis. Muy buenos días, gudmorning. Habla Hernández, para servir a usted. Hernández, spiquing at yourservis.

Pide uno lo que necesita y Hernández contesta:

—Con todo gusto, señor. Dentro de unos minutos tendrá usted su pedido. Buen día.

Cuelgo el teléfono y me quedo esperando lo peor. Que pasen las horas y el servicio no llegue, que me traigan lo que pidió el huésped del 712, o que la cuenta llegue inflada. Error. En cuatro minutos llega lo que pedí y la cuenta es elevada, pero está correcta. Cuesta trabajo creer que éste sea Acapulco. Se siente uno como en Las Vegas... *(12-iv-74.)*

LA MECA DEL HOLGAZÁN

Los invasores de Acapulco

En tiempos de la Colonia, los españoles, que probablemente nunca habían tomado baños de mar, han de haber querido hacer de Acapulco un gran puerto comercial. El lugar se prestaba, porque tiene una bahía bien resguardada y es uno de los puntos del Pacífico más cercanos a la ciudad de México. Construyeron el fuerte, abrieron el camino y Acapulco se convirtió en puerto de escala para el tráfico que venía de la China y las Filipinas, pasaba por México en su camino hacia Veracruz y, de allí, era enviado a España, a través de Cuba.

Pero lo raro del caso es que los grandes comerciantes en objetos orientales nunca se establecieron en Acapulco, sino en Puebla. Allí era donde se hacían las transacciones, se almacenaba la mercancía y en donde, a fin de cuentas, iban a quedar muchas reliquias de este comercio, que en Acapulco no dejó más rastro que los mulatos.

Este fenómeno es la primera manifestación de una característica muy importante de Acapulco: es un lugar en donde a nadie se le antoja trabajar. La bahía es grande, pero no tan grande que no se alcance a ver la otra orilla, las montañas son altas y la vista magnífica; el mar es tranquilo, el agua, tibia y tan salada, que se necesita ser de plomo para hundirse; la pesca abundante y fácil de efectuar; el calor, infernal. Entonces, ¿qué caso tiene esforzarse?

Mientras estas circunstancias fueron dominio exclusivo de los habitantes de la región, éstos vivieron felices. Los problemas empezaron cuando la gente del altiplano descubrió que no hay lugar para holgazanear como Acapulco. Empezaron a llegar caravanas de gente que no quería hacer otra cosa más que tumbarse en una terraza a tomar bebidas heladas o sentarse en una mesa a comer mariscos. Esto, hay que aceptarlo, fue una maldición para los nativos, porque se vieron obligados a construir la terraza, a preparar las bebidas, a pesar los mariscos y a servir la mesa.

Todas las desgracias que nos pasan en Acapulco, las es-

45

tafas, los engaños, el agua que no baja, el mozo que no sube, el pescado reseco y refrito, etcétera, no son más que parte de la venganza eterna de que los acapulqueños nos hacen objeto por haberlos sacado de su condición de inocencia paradisiaca.

Pero lo peor vino no cuando Acapulco fue descubierto por los mexicanos, sino cuando llegaron los extranjeros, porque ésos traían más dinero y peores intenciones. Porque mientras los turistas mexicanos estaban dispuestos, hasta cierto punto, a aceptar las condiciones naturales de la región, los extranjeros llegaron decididos a transformar el medio: aprovechar la vista y eliminar el calor, estar cerca del mar y poder regresar a la oficina en cualquier momento; los nativos, si se acercan, que vayan limpios y dispuestos a servir de algo: sucios y holgazanes, que se vayan a la sierra.

La ciudad creció porque llegaron los ricos. Se abrieron carreteras, se descubrieron nuevos lugares, se desmontaron los cerros, se construyeron terracerías, y se hicieron casas y hoteles. Para esto fue necesario primero traer un ejército de trabajadores y más tarde, otro ejército de criadas.

Vista desde el mar, Acapulco es una ciudad moderna y llena de actividad, vista desde tierra es, en ciertas épocas del año, una ciudad fantasma.

Las casas de lujo, con jardines exuberantes y albercas cristalinas que se iluminan por la noche, están desocupadas entre cuarenta y ocho y cincuenta semanas de cada año. Todos los días llega un mozo, riega el jardín, enciende la luz de la alberca y se va a dormir en su propia casa, que está en la punta de un cerro y no tiene ni luz ni agua corriente.

Todos los días, cada acapulqueño hace algo que nunca se le ocurriría hacer si no fuera porque hay turismo. Hay quien adorna sombreros de petate hasta dejarlos en tal estado que no puede ponérselos nadie que no esté obnubilado; hay quien borda camisas que nunca se sabrá si son de hombre o de mujer; hay quien junta conchas y forma con ellas cajitas cuyo uso nadie se atrevería a prever; hay quien se pasa el día vendiendo boletos para una expedición que nunca se le ocurriría emprender; hay quien jura que está excelente un pescado que no se comería, etcétera.

Pero todo este conjunto de monstruosidades es el producto de la venganza a que me he referido. El acapulqueño no sabe lo que el turista quiere, pero ha descubierto que el turista es como un pescado fuera del agua. No sabe ni dónde está ni por qué está ni qué quiere. Por otro lado, es el intruso que vino a ocupar su lugar; el turista es el holgazán que sacó al acapulqueño de su holgazanería primitiva, lo obligó a trabajar, lo echó a una civilización precaria, en una condición sometida. No es de extrañar que el acapulqueño se vengue haciendo cajitas horribles y vendiéndolas al primer tonto que se las compre. *(17-iv-70.)*

II
La tierra es de quien la extraña

MIS MEMORIAS DEL SUBDESARROLLO (I)

La Reforma Agraria

En estos últimos días y con motivo de la muerte de Cárdenas, he estado oyendo panegíricos de la Reforma Agraria. Alguien dijo que era el primer paso hacia la dignificación del campesino mexicano; otro, que es uno de los factores fundamentales de nuestra independencia económica; un tercero, más conservador, afirmó que repartir las tierras entre los que trabajan es un acto de justicia elemental.

Sin discutir la validez de estas opiniones, quiero meter mi cuchara y aprovechar este espacio para narrar mis experiencias personales sobre la Reforma Agraria. El fenómeno que yo presencié es local y no se refiere más que a una pequeñísima parte de la República en un momento determinado, por consiguiente, es una muestra que no necesariamente puede ser susceptible de generalización, pero que, sin embargo, merece cierta reflexión, puesto que en ella se presentan ciertos factores que no son peculiares ni únicos del caso concreto que voy a exponer.

Es el siguiente. Se trata de una hacienda que era de mi familia. No voy a decir aquí que era una hacienda modelo y que estaba estupendamente administrada cuando llegó la Reforma Agraria. Nada de eso. Era una hacienda que fue muy buena durante el siglo pasado y estaba en plena decadencia en 1938, cuando fue repartida. Nunca fue una hacienda muy grande. Lo más que llegó a tener fueron tres mil hectáreas, contando una gran parte, aproximadamente la mitad, de terreno incultivable, que servía para que pastaran cabras o vacas acostumbradas a comer huizache. A principios de este siglo fue fraccionada y dividida entre cuatro hermanos. La parte que correspondió a mi padre, que fue la que yo más tarde administré, tenía unas trescientas hectáreas de tierras de primera y el resto era monte.

Las tierras de primera estaban constituidas principalmente por una planicie de tierra negra en donde se embalsaba el agua que bajaba, en tiempo de lluvias, de la sierra de Guanajuato. Esta agua se resumía en parte y en parte se soltaba en el mes de octubre y servía para regar otras tierras. En el terreno así mojado, se sembraba trigo y se levantaban unas cosechas que alcanzaban para sostener a las familias de treinta medieros y a la mía propia. No vivíamos en la opulencia, pero sí con tranquilidad. Debo advertir que nunca hubo necesidad de abrir cuenta en un banco.

Así estaban las cosas en 1938, cuando llegaron los ingenieros "de la Agraria", y empezaron a echar medidas, y a ver quién quería pedir tierras. Entonces ocurrió un fenómeno que generalmente ha sido pasado por alto. Consiste en que no todos los campesinos querían ser ejidatarios. Esto no tiene nada de asombroso: no toda la gente quiere ser independiente. Al contrario, la mayoría no quiere serlo. De los treinta medieros que teníamos, sólo siete pidieron ejido.

Esto provocó muchas complicaciones. Por ley nos tenían que quitar doscientas hectáreas, para dejarnos una pequeña propiedad, inafectable, de cien. Y así ocurrió: nos quitaron doscientas y nos dejaron cien. Ahora bien, como las doscientas que nos quitaron eran demasiadas para repartir entre siete, hubo necesidad de "importar" ejidatarios, y los trajeron de otras haciendas vecinas, en donde había más ejidatarios que tierras. Por otra parte, las cien hectáreas que le quedaron a la hacienda, que anteriormente habían sido diez faenas, tuvieron que dividirse entre los veintitrés medieros "leales", que no pidieron ejido. Es decir, que, en este caso, la Reforma Agraria no sólo perjudicó a los dueños de la hacienda, sino a un porcentaje considerable de los campesinos.

La planicie donde se embalsaba el agua quedó dividida en dos. La parte superior, que eran las mejores tierras, quedó en manos del ejido y la inferior, en las de la hacienda.

Aquí interviene otro factor que hay que tener en consideración. Esto ocurrió en el Bajío, que es un lugar en donde la gente del campo nunca ha visto el oro y no cree en los billetes. Cree en el maíz, que es lo que come. El maíz es la riqueza y la seguridad, y la única planta que merece ser cultivada. Entonces, ¿embalsar agua a la hora que hay que sembrar maíz? Ni hablar. Como la toma de agua quedaba en el lado que era del ejido, en toda la planicie de tierra negra, en donde antes se sembraba trigo, se sembró maíz.

Pero desgraciadamente esta tierra negra, que era tan propicia para sembrar trigo en tiempo de secas, lo era, precisamente, porque conservaba la humedad. A los dos metros de profundidad había una capa de limo comprimido que era perfectamente impermeable. En tiempo de aguas se convertía en un lodazal y las milpas que allí se daban eran una vergüenza.

¿Creen ustedes que con la experiencia del primer año fue suficiente? Nada de eso. Se siguió sembrando maíz y todos nos fuimos empobreciendo: los ejidatarios, los medieros y mi familia. Es una historia larga que seguiré contando otro día, pero quiero dejar bien claro que en lo que llevamos visto, nadie se ha dignificado. *(30-x-70.)*

MIS MEMORIAS DEL SUBDESARROLLO (II)

La suerte de los medieros

Relataba yo, el viernes pasado, la situación en que habían quedado los restos de la hacienda de mi familia en los años que siguieron a la introducción de la Reforma Agraria: la planicie de tierra negra, que antes había sido buena productora de trigo, estaba sembrada de unas matas enanas y amarillentas de maíz, que daban unas mazorcas del tamaño de una calabacita tierna. Hay que admitir que debido a la excesiva humedad del suelo, la producción de huitlacoche era abundante. Desgraciadamente en Guanajuato el huitlacoche se llama "cuervo" y a nadie se le ha ocurrido comérselo. Lo que quiero decir con esto es que todos estábamos quebrados: los ejidatarios, los medieros y mi familia.

Conviene aquí, antes de seguir adelante, hacer una aclaración sobre el significado de estos términos en el caso especial a que me estoy refiriendo, que no necesariamente es aplicable a toda la República. Un ejidatario es una persona que tiene yunta y que cultiva una parcela de entre siete y diez hectáreas. La parcela es propiedad de la Nación. El ejidatario tiene derecho a cultivarla, pero no a venderla, traspasarla u ofrecerla en garantía de un préstamo. En caso de muerte del ejidatario, los descendientes tienen derecho a seguir cultivando la parcela. El producto de la cosecha es, en su totalidad, propiedad del ejidatario.

El mediero, en cambio, en el caso particular al que me estoy refiriendo, es un personaje que le ha hecho un gran favor a mi familia al no pedir tierras. Este favor le ha sido recompensado de la siguiente manera: en vez de cultivar una tierra de diez hectáreas, ahora cultiva una de cinco, puesto que al llegar el reparto hubo necesidad de acomodar a todos los medieros en las tierras que quedaron y también, puesto que los terrenos de la hacienda se habían reducido en un 66%, mientras que el número de medieros se redujo sólo en un 23%. En resumen, al llegar la Reforma Agraria, los medieros tuvieron menos trabajo y menos ingresos.

El mediero es un socio de la hacienda: pone la yunta y el trabajo y recibe la mitad del producto de la cosecha. La hacienda, por su parte, pone la tierra, la semilla y una habilitación de cuatro hectólitros de maíz por mediero, que sirven para hacer parte de las tortillas que se comen él y su familia durante los meses anteriores a la cosecha. El mediero fue, en el caso a que me refiero, la verdadera víctima de la Reforma Agraria. Se quedó con una tierra más reducida y además siguió con la necesidad de partir la cosecha con la hacienda.

Aquí cabe hacer una advertencia. El mediero no es un invento porfiriano, sino posrevolucionario. Corresponde a una época en la que los dueños de las haciendas decidieron no invertir un centavo en las mismas. Prefirieron vender las mulas que tenían y entrar en sociedad con los campesinos, a esperar que se las robaran. Antiguamente la hacienda tenía medios para cultivar la totalidad de las tierras, con peones, a los que pagaba sueldos irrisorios.

Ahora voy a explicar una circunstancia que nadie comprendió claramente sino hasta demasiado tarde. Era la de que tanto los ejidatarios, como los medieros, como los dueños de la hacienda estábamos en el mismo barco. Como la toma del agua que anteriormente había permitido sembrar trigo estaba en terrenos del ejido, los ejidatarios tenían a su arbitrio la elección del cultivo del que todos deberíamos vivir. Eligieron mal, porque por razones atávicas preferían una mala cosecha de maíz en tiempo de aguas, que una buena de trigo en el de secas. Por otra parte, tanto medieros como ejidatarios vivían en la misma ranchería. Una ranchería es una comunidad y como tal, va creciendo conforme se multiplican las familias, y por ley natural, vive de los que producen los terrenos circundantes. Era indispensable aumentar la producción y las fuentes de trabajo, o bien, resignarse a que aumentara el robo, porque después de todo, no hay manera de evitar que alguien que pase junto a una milpa se lleve un elote.

Aunque nadie se dio cuenta de todas estas circunstancias, sí notábamos que cada día estábamos más pobres. Todos sabíamos que había que aumentar la producción. Para esto es indispensable invertir y para invertir se necesita crédito. Como los ejidatarios no son propietarios, no son sujetos de crédito —en los tres años de crédito que viví en la hacienda no supe de ninguno que consiguiera un peso en el Banco de Crédito Ejidal—; los medieros, menos; los dueños, en cambio, sí lo teníamos, porque aunque ningún banco se atrevía a prestar sobre las tierras, sí podíamos garantizar con la cosecha. Eso fue lo que hice al llegar a la hacienda. Pedir un crédito, limpiar una noria vieja que estaba en mis tierras y ponerla en operación. Con esto, me liberé de la necesidad de sembrar maíz en una tierra que no era propicia.

En el momento en que la noria empezó a funcionar comprendí que el verdadero negocio hubiera sido hacer la noria en terrenos del ejido y vender el agua al precio que los ejidatarios estaban dispuestos a pagar: la mitad de la cosecha. Por otra parte, me di cuenta de que, para que mi negocio fuera costeable, era indispensable eliminar a los medieros y sustituirlos por maquinaria. Ahora bien, esto era algo que no podía hacer, porque tanto los medieros como yo estábamos conscientes de que ellos le habían hecho un gran favor a la familia al no pedir tierras cuando llegó la Reforma Agraria. Cada conversación que tenían conmigo empezaba:

—Usted es como nuestro padre.

Por otro lado, cada uno de ellos veía su "faena" como su propiedad. Por estas razones durante dos años hice, con medieros, unas siembras de jitomate que tuvieron un resultado modesto, pero satisfactorio. Al tercer año me sentí agobiado por los compromisos de mis antepasados y vendí las tierras. Lo primero que hizo el comprador fue correr a los medieros y meter tres tractores. Ahora los ex medieros viven de lo que ganan sus mujeres cortando fresa o vendiendo chiles en el mercado de Irapuato. *(3-xi-70.)*

MIS MEMORIAS DEL SUBDESARROLLO (III)

Peculiares ejidatarios de Guanajuato

Hay guanajuatenses que sienten que, por el hecho de haber nacido tales, llevan la rebeldía en la sangre. La razón de que esto ocurra ha de ser el recuerdo del cura Hidalgo. Sin embargo, la región a que he estado refiriéndome en esta serie de artículos es una de las más conservadoras que he conocido.

Para ilustrar esto que acabo de decir voy a poner un ejemplo. Desde la punta del Cimarrón, que es un cerro que queda en terrenos de la hacienda, se puede ver, a lo lejos, el cerro de la Labor y los llanos de Celaya, en donde tuvo lugar la batalla decisiva de la Revolución Mexicana. Sin embargo, esta última, la Revolución, quedó en la memoria colectiva de los rancheros, no como la gesta épica que conocemos los que leemos libros y oímos discursos, sino como el recuerdo de tres incidentes.

El primero es que, cuando llegaron los villistas, se llevaron las vacas, y los dueños, es decir, los mismos rancheros y el administrador de la hacienda, tuvieron que ir a recogerlas, precisamente al Cimarrón, pagando rescate. Otro incidente, todavía menos heroico, es la historia de Cleto, el rezandero, que hasta hace poco todavía era sacristán.

Este hombre, que desde los catorce años está en olor de santidad, tenía la peculiaridad de haber recibido, como regalo, unos pantalones viejos que habían sido de un tío mío.

Pues bien, Cleto tuvo la mala suerte de ir a Irapuato a comprar chiles, llevándolos puestos, en los días en que esta plaza acababa de ser ocupada por el Ejército Constitucionalista. Eran unos pantalones negros, lo que hacía distinguir a Cleto del resto de la población, que usaba calzón blanco. No sólo hacían los pantalones que se distinguiera, sino que se parecían a los que usaban los federales huertistas, que acababan de abandonar la plaza. Cleto fue apresado y, según él, estuvo a punto de ser pasado por las armas. Se salvó del paredón gracias a sus modales afeminados y a las muchas personas que fueron a dar fe de no haberlo visto nunca con un fusil en la mano.

El tercer incidente inolvidable para la comunidad, eran los toques de diana que daban a las cinco de la mañana los yanquis que venían con Obregón y que estuvieron encuartelados en el Convento del Carmen. Eran tan fuertes los toques que se oían hasta el Pitayo.

Aquí se acaba la Revolución y empiezan otras consideraciones. Entre la gente tan conservadora, todo tiende a ser considerado propiedad privada. Los manteles de la iglesia, por ejemplo, eran "los manteles de Cleto", que era el sacristán. La "tierra del Valiente", era un terreno —de mi propiedad— que había sido trabajado, hacía muchos años, por un mediero llamado el Valiente Nicolás. El Valiente se retiró cuando empezó a sentir en las piernas dolores reumáticos. Le pasó la yunta a un tal Chano, que no tenía en qué caerse muerto. Éste trabajaba la tierra y recibía, por este concepto, el 25 por ciento de la cosecha. El otro 75 por ciento iba a dar a manos de Nicolás, que era el que firmaba el contrato, y siguió explotando la tierra, la yunta y a Chano.

Algo parecido ocurrió con el ejido. Muchos pidieron tierras, a muchos se las entregaron y a casi todos se les olvidó que eran propiedades de la Nación y que se les habían dado para explotarlas, no para quedarse con ellas.

Cuando llegué yo a la hacienda, en 1948, una tercera parte de las parcelas estaban baldías.

—¿Y estas tierras? —pregunté.

—Son de los ejidatarios —me contestó el mayordomo.

El "dueño de una estaba radicado en Los Ángeles, el de otra, se había ido de bracero, otro andaba de albañil en Irapuato y otro, el caso más notable, trabajaba de mediero. Pero cada cual, muy tranquilo, conservaba su tierra llena de mostaza, allí esperándolo, para cuando viniera una mala racha y no tuviera en donde refugiarse.

A nadie se le había ocurrido protestar y no había manera de lograr que las tierras se distribuyeran entre quienes las trabajaran. Si le decía uno algo al comisario ejidal, éste contestaba:

—¿Cómo que dársela a alguien que la trabaje? Si esa tierra es de mi compadre Chon Bola.

Chon Bola estaba borracho siempre y no tenía tiempo de trabajarla.

Chon Bola, llamado así porque siempre andaba armando bola, era el más notorio de los ejidatarios de la región. Había causado varias úlceras e infartos entre los propietarios de la hacienda de mi familia y de las vecinas. Era líder innato y agitador profesional. Había vivido veinte años de soliviantar gente, de hacerles creer que estaban a punto de conseguir las perlas de la virgen (y de juntar dinero entre los aspirantes a estos tesoros, para "hacer un viaje a México y hablar con el Presidente"). Para ayudarse, porque esto no le dejaba lo suficiente, desollaba burros muertos y abandonados y vendía las pieles, o bien, compraba reses enfermas de pulmonía y las vendía en forma de bisteces muy mal cortados. Era borracho perdido, de los molestos. El júbilo popular más notable que recuerdo, fue causado por la noticia de que Chon Bola había sido apuñalado en Irapuato. Lo dábamos por muerto. Yo fui el primer desengañado. Lo encontré saliendo del hospital y me enseñó la herida. Supongo que para estas fechas ya habrá muerto de congestión alcohólica.

No era prototipo de ejidatarios, afortunadamente. Ejemplo de esto son los hermanos Hernández, Marciano y Epigmenio, "el Mene".Cuando estaba yo limpiando la noria llegaron a ofrecer sus servicios y la mitad de la cosecha si les daba agua para sembrar un maíz de riego. Nunca he tenido socios más trabajadores ni más legales. Cuando entramos a cosechar su milpa no faltaba una mazorca. Desgraciadamente, ellos tampoco eran el prototipo de ejidatarios. *(6-xi-70.)*

MIS MEMORIAS DEL SUBDESARROLLO (IV)

Pretérito imperfecto

El casco de la hacienda es una construcción antigua de adobe recubierto de piedra. En el arco del mirador que está en la planta alta, hay, inscrita en el estuco, una fecha: 1692. La casa habitación es amplia, pero de sencillez espartana y en determinado momento puede cerrarse herméticamente y quedar convertida en fortaleza. En una de las habitaciones hay una tronera desde donde uno puede acribillar a cualquiera que se acerque al portón que, por su parte, encierra la casa, el pozo, una troje pequeña y los establos.

Es evidente que el que la construyó tomó sus precauciones. No sólo tomó precauciones, sino que en la edificación usó una cantera rosa que no se encuentra en veinte kilómetros a la redonda, y piedra volcánica que tuvo que ser traída de un cerro que queda a seis kilómetros. Con el material que sobró, alcanzó para formar unas cercas de un metro de alto y un kilómetro de longitud.

La casa mira al oriente, al monte y al Cerro Grande. La ranchería, que queda atrás de los corrales, y está perfectamente aislada de la casa grande, tiene forma de pentágono y está circundada por un foso que sirve al mismo tiempo de desagüe y de defensa. Por las noches, cuando todo el ganado ha sido recogido, se cierran dos puertas y la ranchería queda aislada del mundo exterior.

Cerca de la casa hay dos eras y un aventadero, en donde se desgranaba todo el producto de la cosecha antes de guardarse en las dos trojes, que son enormes.

Lo admirable de estas construcciones es lo bien planeadas que fueron. Cada una de ellas ofrece una solución, no original, pero sí perfecta, a una variedad enorme de situaciones: desde una cosecha abundantísima, hasta un ataque militar.

Dicen las malas lenguas que esta hacienda fue, en un principio, propiedad de las monjas del Convento de la Soledad, en Irapuato. Aunque nunca he confirmado este dato, sí creo que la hacienda haya sido inicialmente bien eclesiástico, porque la fecha en que la compró mi bisabuelo corresponde a la de la aplicación de las leyes de Reforma.

En el siglo que estuvo en manos de la familia, hubo de todo. Desde el florecimiento de principios de siglo hasta la decadencia de 1950, que me tocó presenciar.

Muertos los bisabuelos, cuando la hacienda pasó a poder de mi abuelo, éste construyó un baño con todos los adelantos modernos, y abrió en la sala un ventanal, para quitarle lo oscuro, por si a alguien se le ocurría leer el periódico.

A la misma época corresponde la adquisición de la trilladora inglesa, que era roja y tenía forma de animal prehistórico, y el famoso tractor que funcionaba con leña y que nunca conocí. También compró un cochecito de caballos, que servía para que las señoras fueran de día de campo.

Al leer estas líneas, no faltará quien esté pensando en la época porfiriana, en la explotación inicua del campesino y en las tiendas de raya. Quiero advertir que, por más que busqué, no encontré en la hacienda ni calabozo, ni cámara de tormentos. Lo que sí encontré fue, en cambio, en la mente de los campesinos viejos, el recuerdo de un tiempo en el que las mazorcas eran más grandes, las trojes estaban llenas y en el que una cuartilla alcanzaba para comprar un almuerzo con carne.

La Revolución puso punto final a todo esto. No porque haya afectado directamente a la hacienda, sino porque les quitó a los dueños las ganas, y hasta cierto punto, los medios, de seguir invirtiendo. Hubo en ellos algo que se podría llamar bancarrota moral.

Una anécdota sirve para ilustrar este periodo de decadencia. En 1920, hubo un vendaval —lo que llaman allá ''un aigronazo''— que arrancó las láminas del cobertizo donde se guardaba la maquinaria. En vez de componer el desperfecto, guardaron la trilladora en el corredor de la casa y las láminas en la troje. Estas mismas láminas fueron después usadas para formar un caño de riego. Eran cincuenta y dos. Se las robaron una noche en que se durmió el velador.

En 1938, cuando llegó la Reforma Agraria, el mal estaba hecho. Se habían vendido las mulas, se trabajaba con medieros, la producción había disminuido y las necesidades habían aumentado, porque las familias, la nuestra y las de los campesinos, se habían multiplicado. Cuando se hizo el reparto y no se pudo seguir sembrando trigo, se vendió la trilladora inglesa como fierro viejo.

Cuando llegué yo a la hacienda, en 1948, quedaban todavía las guarniciones de un estante, cubiertas de tamo y roídas por las ratas. En un estuche de cuero, también mordisqueado, estaba la llave de tuercas, de acero cromado, que había servido para desarmar la trilladora. Por más que traté, nunca encontré una tuerca moderna que se ajustara a ella.

El casco se había convertido en un elefante blanco. Durante tres años estuve contando las vigas podridas que era indispensable cambiar. Lo admirable no es el número de vigas podridas, que aumentaba cada día, sino que nunca tuve dinero para cambiar ninguna de ellas.

A los tres años de andar por ese caserón, con el pescuezo torcido, mirando hacia arriba, comprendí que había llegado el momento de largarse y dejar el lugar a otros que no estuvieran pensando en reparar techos, sino en hacer producir la tierra. Así fueron los nuevos dueños, de los que hablaré en otra ocasión. *(10-xi-70.)*

La barrera del idioma

El primer problema que encontré al llegar a la hacienda a la que me he estado refiriendo, era de comunicación. En primer lugar, en 1948 estaban todavía en uso muchas palabras del siglo XVI —trujo, joyo, jierro— además de otras de origen desconocido y probablemente de intervención local, como "pacencioso" por pachorrudo, "abuja" por aguja, y "abujilla" por bujía, y, por último, muchas de importación braceril, como "troca" por camión de redilas, "carapila" por tractor de orugas, "paipa" por tubo de succión, etc. Pero si el vocabulario era en parte del siglo XVI, el estilo epistolar y de la conversación era, en general, barroco purísimo.

Por ejemplo, no había carta que no comenzara: "le escribo a Ud. esta carta con el objeto de desearle que al recibirla se encuentre usted gozando de cabal salud, en compañía de su apreciable familia…", aquí entraba un párrafo en el que se hacía referencia de las condiciones atmosféricas —generalmente adversas— otra referencia a las plagas de Egipto y otras más al hambre que se avecinaba y ya se estaba vislumbrando; para terminar, al cabo de dos páginas de escritura laboriosa, una petición concreta, que era el verdadero objeto de la misiva: el autor pedía que se le facilitaran cien pesos, o que se le perdonara la deuda que tenía con la hacienda, o bien, que se le permitiera que sus chivas pastaran en el jardín de la misma.

Ahora bien, leer esta clase de cartas requiere un adiestramiento especial. La petición era, por lo general, insignificante comparada con el cuadro general que se presentaba, que era de lo más deprimente. Al principio, yo leía las cartas de cabo a rabo y terminaba sentado en un sillón, mirando el atardecer, sin fuerzas para levantarme. Después leía el último párrafo y contestaba que sí.

Pero para entenderse por carta es necesario estar ausente. Cuando estaba yo en la hacienda y alguno de los campesinos, incluyendo el mayordomo, tenía necesidad de arreglar algún asunto conmigo, se sentaba en la barda del aventadero, que quedaba frente a mi ventana y esperaba pacientemente a que yo lo viera allí sentado, comprendiera que me estaba esperando a mí y no disfrutando del paisaje, y saliera a hablar con él.

La barda del aventadero, el tronco de mezquite que estaba junto al zapote y la raíz de la pitolaca, eran mi despacho. Allí arreglé todos los asuntos que tuve en los tres años que viví en la hacienda.

Recién llegado cometí muchas torpezas. Una de ellas consistió en pasar a los que venían a buscarme a la sala y decirles que se sentaran. No me había dado cuenta de que un sillón es, para un campesino, como un continente misterioso. Se quedaban petrificados, sin saber dónde poner el sombrero, ni las rodillas, ni la mirada. En la barda del aventadero, en cambio, estábamos en igualdad de circunstancias y ellos se sentían con mayor libertad.

Otra torpeza que cometía al principio, era dejarlos que ellos llegaran, por sus propios medios, al meollo de la conversación. La emprendían errática, que pasaba por la sombrilla de mi bisabuela, la infidelidad de mis mozos, el parto de la Pomposa, la incompetencia de mi mayordomo, etc. Eran tremendos chismosos y cada conversación duraba entre una y dos horas.

Más tarde, con la experiencia, adopté otro sistema. Consistía en salir a encontrarlos, con la mano extendida y las siguientes palabras:

—Buenas tardes. ¿Qué se ofrece?

Para dar por terminada la conversación había otra fórmula infalible, que era decir:

—Muy bien. En eso quedamos.

Debo admitir que no tenía yo la misma prisa en terminar todas las conversaciones. Había unas que me divertían muchísimo y que dejaba prolongar por horas. Muchas de éstas las tuve con mi mayordomo a quien admiré mucho y con quien hice buenas migas.

Para él, todo estaba dotado de voluntad propia —y generalmente adversa a sus intenciones—. El candado no "quería entrar" en la armella, el tubo "no se dejaba" meter en el cople, había una piedra "que no dejaba" que se cerrara la válvula de la bomba. Hasta la gente le parecía rejega. Por ejemplo yo le decía:

—Mañana vamos a necesitar dos peones.

Y él me contestaba:

—Voy a invitarlos. A ver si quieren venir.

No sé por qué decía esto. Estábamos en un rancho en donde constantemente había un mínimo de cuarenta o cincuenta desocupados. Si algo nunca nos faltó fue mano de obra.

Una vez, cité a un perforador de Irapuato, que me dijo:

—Voy mañana, en la "tardecita".

La tardecita quiere decir entre las tres de la tarde y el oscurecer.

A las dos de la tarde llegamos mi mayordomo y yo al puente de la Laja, que era el lugar convenido. Pasaron dos horas, al cabo de las cuales el mayordomo me preguntó:

—Bueno: ¿qué este hombre dijo que venía hoy?

—Sí —le contesté—. Dijo que venía hoy, en la tardecita.

Él quedó muy conforme.

—¡Ah! Pues si dijo eso, es que sí viene. Sin falta.

Pasaron otras dos horas. Ya el sol se estaba poniendo. El mayordomo preguntó:

—¿Dijo él que venía hoy?

—Sí, en la tardecita.

—Entonces, con seguridad que viene.

A las ocho de la noche regresamos a la hacienda, sin ver traza del perforador. En el camino, el mayordomo comentó:

—¡Qué raro! ¿Cómo dijo que sí venía y no vino?

Como si nunca hubiera visto a alguien que faltara a una cita. *(13-xi-70.)*

65

MIS MEMORIAS DEL SUBDESARROLLO (VI)

Vino nuevo en odres viejos

En las tierras del ejido había una parcela cuyo producto estaba destinado a sufragar los gastos de la escuela. Ahora bien, como por lo general el profesor no estaba capacitado ni tenía tiempo de andar arando, esta parcela la trabajaba algún voluntario que recibía en compensación una parte de la cosecha. Hay que tener en cuenta que en esta región todos son pobres, pero nadie ha dado un golpe gratis.

En 1948, cuando llegué a la hacienda, no había escuela ni había maestro. Antiguamente, la educación de los habitantes de la ranchería —que eran mil quinientos— había estado en manos del "Maestro Rana" —llamado así porque estaba baldado y caminaba con los brazos, dando saltos como una rana— y de una lideresa que usaba un texto que decía:

"Quiquiriquí, canta el gallito
amo ya no tenemos aquí..."

El Maestro Rana era de paga, la lideresa tenía sueldo del gobierno. Con el paso del tiempo el Maestro Rana falleció y la lideresa pidió su traslado a campos más fértiles y medios menos reaccionarios. La ranchería quedó mucho tiempo olvidada de la Secretaría de Educación, y así la encontré yo.

Al cabo de algunos meses llegó una nueva maestra. Era una joven de veintitrés años, recién salida de la Normal, bastante guapa y muy limpiecita. Venía acompañada de su hermana y de su padre que estaba muy orgulloso de tener hija profesora. Se instalaron en un cuarto de la casa grande que les presté. No tenía goteras, pero era lóbrego y se decía que allí espantaban.

La maestra daba las clases a la sombra del pirul. Al tercer día decidió que sólo iba a enseñar a niñas, porque los muchachos eran muy groseros y se metían con ella... como que era la mujer más guapa de la región. En los dos años siguientes los hombres se quedaron asnos y las mujeres aprendieron a leer y a bordar manteles, que estaban destinados a envolver las tortillas que sus dueñas habían de llevar a sus respectivos maridos —analfabetos— a la hora del almuerzo.

He contado esta historia nomás para que se vea en manos de quiénes había quedado parte de los medios de producción gracias a la Reforma Agraria. Por regla general, los padres preferían que sus hijos anduvieran cuidando chivas que aprendiendo a hacer letras. Si, además, la maestra se negaba a recibirlos en clase, tanto mejor. En los años siguientes llegó un maestro que fue un verdadero apóstol, pero el mal ya estaba hecho y muchos se quedaron en la ignorancia completa.

Por otra parte llegaron los nuevos dueños, que iban a sustituirme a mí y a mi familia. Llegaron porque tenían dinero propio, crédito y el convencimiento de que habían encontrado la fórmula para levantar cosechas magníficas.

El primero de ellos fue un hombre que había trabajado varios años en negocios de refrigeración y que pasaba sus vacaciones de cacería. En una de éstas había descubierto un yacimiento de oro que producía un mineral de una ley nunca antes vista. No sólo nunca vista, sino que nunca se vio. La mina nunca llegó a explotarse más que como tema de conversación.

Su primer contacto con la agricultura lo tuvo cuando un deudor insolvente le pagó con un terreno. Él hizo tres norias, puso fertilizante, sembró fresa y cada vez que lo encontraba uno en la calle, lo oía decir, abriendo mucho los ojos:

—¡Estoy levantando ocho toneladas por hectárea!

A mil pesos la tonelada, ocho mil pesos, por cien hectáreas, ochocientos mil pesos al año.

Este fue el que me compró a mí. Su primer acto consistió en correr a los medieros. Después hizo tres norias, compró tres tractores y sembró una serie de cosas. Un año heló en septiembre, y él me dijo:

—¡Esta helada me ha arrebatado de las manos medio millón de pesos!

Otro año, llovió en abril, y él dijo:

—Esta llovizna me ha tumbado entre trescientos y cuatrocientos mil pesos que ya tenía prácticamente en la bolsa.

Así pasaron los años hasta que apareció el señor Cordonette, un pobre hombre que había pasado la vida trabajando en unos laboratorios y andaba buscando en qué invertir el dinero que había juntado para retirarse. El que me había comprado a mí, que andaba muy perseguido por los acreedores, le vendió a Cordonette, dejó la agricultura, en la que había tenido tantos éxitos, y se dedicó a la construcción y a la compraventa de bienes raíces.

El señor Cordonette había soñado con una vida como la que llevaban los antiguos hacendados. Compró dos yeguas y construyó una casa que se llamó más tarde "la casa blanca", no porque fuera blanca, sino color de cemento, porque nunca alcanzó el dinero para pintarla. Lo último que supe del señor Cordonette fue que había regresado a su antiguo empleo ... No. Me equivoco. Tuve otra noticia posterior. Supe que vendió las tierras en una suma que parece exorbitante, pero que pensándolo bien es bastante inferior a lo que me pagaron a mí, más la inversión que se hizo, más lo que se ha devaluado la moneda. El nuevo comprador es un hombre que se dedica a la compraventa de semillas y tiene tierras por todos lados. Es un latifundista moderno. *(17-xi-70.)*

EN UNA HACIENDA DEL BAJÍO

Servidumbre y grandeza

Por una razón que por más que hago no alcanzo a recordar, pero que debió ser de mucho peso, nunca tuve llave del portón de la casa de la hacienda.

El único ejemplar de esa llave, de unos treinta centímetros de largo, estaba siempre en el bolsillo de Trene, el mozo, o bien colgado de la pared, junto a la imagen de la Virgen del Perpetuo Socorro que había en el cuarto en donde vivía la servidumbre.

Teóricamente no había necesidad de que yo tuviera llave, puesto que había un mozo al que se le pagaba un sueldo exclusivamente para que cuidara la casa, y ese mozo tenía tres de familia, por consiguiente la casa nunca debería estar sola. En la práctica, sin embargo, la cosa era diferente, porque cuando Trene iba al pueblo solo, dejaba la familia en la casa de la hacienda, "cuidando", pero cuando iba al pueblo con Joaquina, su mujer, los hijos, Lucita y Fidel, se iban a casa del abuelo, temerosos de que algún percance les ocurriera en el caserón de la hacienda, cuyo portón se quedaba, en estas ocasiones, cerrado con llave.

—La casa está muy segura —me explicaba Trene— echo la llave y nadie puede entrar.

En efecto, nadie podía entrar, ni yo, que era el dueño. O mejor dicho, era imposible entrar sin hacer estropicio. Como no me daba la gana sentarme a esperar a la "servidumbre", un día rompí el alambrado de los moscos y usando una tarjeta de visita, abrí la aldaba de la ventana de la sala. Otra vez, brinqué por un lugar que se llamaba "los excusados viejos", y, provisto de un barretón, arranqué de cuajo la puerta de la sala. Una tercera vez, cogí un pedazo de viga y cargué contra el portón, usándola de ariete. Al tercer golpe cedió el portón, y pude entrar en mi propia casa, pero la compostura del desperfecto me costó doscientos pesos.

Trene había sido elegido por mi madre para que fuera el mozo de la hacienda y en esa función se quedó hasta que vendimos lo último que nos quedaba del casco, en 1960.

La única virtud que no todos estaban de acuerdo en reconocerle a Trene, era la de barrer con una minuciosidad notable.

Cuando yo estaba solo en la hacienda, Joaquina, la mujer de Trene, era la encargada de alimentarme. En la mañana me daba un té de hojas de naranjo, un huevo frito en salsa de chile y frijoles. Al mediodía, un huevo frito en salsa de chile y frijoles. Afortunadamente, en esa época, me gustaban tanto las hojas de naranjo, como los huevos fritos en salsa de chile, y los frijoles.

La manera de servir la mesa obedecía a un ritual muy bien establecido. Primero aparecía Trene con una tortilla a medio mascar en la boca y preguntaba:

—¿Que si ya quere comer?

Siempre contesté afirmativamente. Él entraba a la sala, que también servía de comedor y de despacho, abría un armario y de él sacaba los trastos necesarios para servir la comida. Se retiraba, y unos diez minutos más tarde entraba Trene, primero, llevando la jarra del té, Joaquina llevando un plato con el huevo frito en salsa de chile, Lucita con el plato de los frijoles, y Fidelito, un niño que tenía la peculiaridad de no saber decir más que "mamá" y "papá" a los ocho años, con las tortillas.

En tiempo de invierno, las mujeres entraban de rebozo y los hombres de sombrero, y en verano, las mujeres seguían de rebozo, pero los hombres venían de camiseta.

La primera vez que me llevaron a la hacienda, en 1932, la casa había estado en manos de la familia Zamora, que habitaba en un galerón en donde se decía que espantaban. Víctor Zamora, el trojero de esa época y cabeza de la familia del mismo nombre, había recibido las llaves y "la parabela" —la Parabellum— que era un pistolón que guardaba bajo la almohada y que servía para disparar al aire cuando se sentía amenazado por algún peligro inminente. Afortunadamente nunca hubo desgracias personales.

Doña Jose, la mujer de Víctor, padecía de unas melancolías que allí se llamaban "espanto", y para curarse mandó traer una bruja de Tomelópez, que se encerró con la paciente en el galerón, hizo sahumerio y efectuó una limpia en la que murmuró unas palabras que a mí, que estaba con los otros niños con la oreja arrimada a la puerta, me sonaron "bugui, bugui, bugui".

De nada sirvió la limpia, y doña Jose falleció pocos meses después, Víctor se vino a la ciudad con las hijas y acabó sus días de portero en un edificio de departamentos. Trene, que ya tenía tiempo de trabajar de mozo, tomó entonces posesión de la casa.

Nunca se le entregaron las llaves de la troje, porque nadie, excepto mi madre, le tenía confianza. Cosa injusta, puesto que cuando regresamos a la hacienda, en 1948, después de quince años de ausencia, Trene le dijo a mi madre, con mucha solemnidad:

—Voy a entregarle una caja que me dejó encargada el difunto don Víctor.

Trajo la caja, y la abrió. Adentro encontramos un frasco con vinagre, una botella de aceite rancio, un cucurucho con azúcar de terrón y tres velas. Eran los restos del bastimento que mi madre había dejado quince años antes. Por eso, ella, cada vez que alguien llegaba con quejas de Trene, decía:

—A mí nunca me ha faltado nada. Hasta el aceite rancio me guardó. *(8-i-71.)*

DESPLAZADOS

La ciudad de los pobres

Según parece, la causa número uno del crecimiento demográfico de la ciudad de México es la natalidad: sus habitantes se reproducen con un incremento de entre 3.5 y 4 por ciento anual. La causa número dos es el desplazamiento de gente que viene del campo o de ciudades más chicas a vivir en México.

Este segundo grupo es del que me voy a ocupar en este artículo en el que quiero tratar problemas relativos a la tenencia de la tierra.

La mayoría de los que llegan a México de la provincia tienen como característica principal la de estar desocupados y venir a buscar trabajo. Por consiguiente, tienen poco dinero o nada. Llegan a una ciudad en donde es casi imposible encontrar vivienda barata para alquilar. Podemos imaginar el proceso: primero llegar solo a casa de amigos o parientes, segundo, encontrar trabajo, tercero, mandar por la familia, cuarto, empezar a construir un jacal propio en terreno ajeno.

Aquí hay lugar para muchas consideraciones de orden moral. Gente que pagó mensualidades durante diez años a uno que decía ser dueño del terreno, que resultó no tener escrituras, otros que han pagado en mensualidades tres o cuatro veces lo que debería costar el terreno, gente que es paracaidista profesional, que tiene por oficio invadir, adquirir tenencia y después vender, etc.

El resultado de este movimiento son colonias que parecen ciudades sin drenaje, con agua de pipa, sin alumbrado público. ¿Que llega una carta? Sea usted cartero y póngase a buscar el lote 42 de la manzana F de la colonia Prolongación Papaloapan.

En el origen de las colonias está el dicho: ''Palo dado ni Dios lo quita''. Lo primero que debe hacer el aspirante es encontrar un terreno vacío y poner tres palitos para construir un jacal, irse a vivir allí, si alguien viene a reclamarle ya sabe con quién entenderse, si no viene nadie, arreglar un poco más el jacal. Si aparece un inspector que quiere cobrar contribuciones, pagarlas. Después de eso, que le echen al gato, en quince años el terreno es suyo.

Según los testigos, en el momento en que se regularizan, las colonias se transforman, las casas de cartón se vuelven de mampostería, les salen más cuartos, al cabo de un tiempo echan un segundo piso.

Las autoridades, por su parte, tienen que andar con tiento, procurando no aplastar callos. La situación legal de la mayoría de las colonias ha de ser un nudo gordiano: la mayoría de los terrenos han de haber sido antiguamente agostaderos improductivos, ha de haber intestados, manos muertas, linderos imprecisos, prestanombres, predios que deben ciento cincuenta años de contribuciones, terrenos ejidales, etc. A esto, agregar la situación de los fraccionamientos que se hicieron en los doce años en que estuvo prohibido hacerlos.

Según se está viendo, la tendencia actual del gobierno es la de facilitar la regularización de estas propiedades. Está bien. O, mejor dicho, no se puede hacer otra cosa. La desgracia ya ocurrió: ya se hicieron un millón de casas amorfas, construidas donde cayeron y muy feas de aspecto. ¿Qué hacer? Pues regularizarlas y responsabilizar a sus dueños.

Por otra parte, el hecho de que no se podía hacer otra cosa, no debe hacernos perder de vista que la solución tendrá por fuerza que provocar nuevos problemas. En primer lugar, los propietarios pobres tienen los mismos defectos que los propietarios ricos. Dicen: "Esta casa es mi reino, y en ella hago lo que quiero, y la disfrutarán mis hijos, y los hijos de mis hijos, y sus nietos y sus bisnietos, y así hasta la consumación de los siglos seguiremos siendo dueños de estos ciento veintiocho metros cuadrados". Este sentimiento tan válido, le da a la ciudad una rigidez tremenda. En segundo lugar, la regularización causa precedente y será un estímulo más para los provincianos que quieren venirse a México. En tercero, condena a la ciudad a crecer horizontalmente, en forma de arrabales, que estarán por su constitución, lejos de las fuentes de trabajo. Pero si la ciudad del futuro nos parece espeluznante, regresamos al origen del problema: todo empezó, dije, porque en México es imposible adquirir viviendas baratas en alquiler. ¿No será éste el momento de inventar algo para fomentar esta clase de negocio? *(16-iv-76.)*

CASAS

Ciudad de los Palacios

En 1932 mi familia se mudó a una casa porfiriana de la calle de Londres, que era decente pero modesta y rentaba cien pesos. El portón daba a un vestíbulo que tenía piso de mármol en el que no había más que seis escalones y dos estatuas de bronce. Este cubo enorme, donde hubiera cabido la mitad de un departamento duplex moderno tenía una utilidad minúscula, servía para comunicar el nivel de la calle con el de la casa, que estaba un metro más arriba, para apantallar a las visitas, que al ver el mármol y las estatuas quedaban convencidas de que estábamos en la opulencia, para que la mujer que llevaba de vez en cuando a vender dulces de almendra se quedara esperando mientras iba mi abuela con la charola a escogerlos.

Rumbo al fondo de la casa, el vestíbulo daba a una azotehuela, la azotehuela a un pasillo en donde estaban los roperos, el pasillo a otro patio y el patio a la cocina. Para llevar un plato de la cocina al comedor, la criada tenía que recorrer treinta metros. Si algún visitante tenía la necesidad de pasar al baño —cosa que ocurría rara vez en aquella época—, tenía que caminar cuarenta metros, abrir y cerrar cuatro puertas y recorrer la casa de cabo a rabo.

Debajo de la duela había sótanos que cuando no estaban inundados se llenaban de ratas.

Era una casa como había muchas en la ciudad. Me gusta recordarla porque ahora resulta inexplicable. El dueño la había mandado hacer para alquilarla y rentaba cien pesos. En las ventanas había vidrieras, visillos, puertas de madera, cortinas de encaje en el centro y a los lados otras de terciopelo, en las paredes había lambrines, en el piso, alfombras. Pero no entraba el sol, era helada y no había manera de calentarla.

El terreno en que habían construido esta casa estaba destinado a albergar elefantes blancos. Fue destruida y edificada dos veces. Ahora es un hotel al que llegan pocos clientes.

De este esplendor porfiriano miasmático escapamos para

ir a vivir en una casita estilo colonial californiano. Había un *hall* duplex de cuyo techo colgaba un candil de cobre estilo antiguo con ocho focos figurando llamas, chimenea, una escalera de granito negro por donde se rodó una prima después de una cena de Nochebuena y, lo más notable, un baño verde pistache. En el *hall* había dos ventanales como de iglesia gótica que hubieran tenido buena vista, porque del otro lado estaba el bosque de Chapultepec, pero la alternativa que puso el constructor era emplomados o vidrio blanco. Mi madre escogió el vidrio blanco.

Mi madre tuvo que vender esta casa en una época de arranquera y creyó que el recuerdo melancólico de aquella casa que ella había hecho con tanto cariño y tenido que vender iba a perseguirla el resto de su vida. No fue así. Nos mudamos a un apartamento que era mucho más cómodo. Cuando paso frente a ella, me detengo a verla. Le han hecho varios cambios, que no la han mejorado. Por ejemplo, el portón de madera de medio punto es ahora cuadrado y de fierro. Los ventanales tienen ahora vidrios amarillos, etc. Pero el lugar se ha transformado y es habitable. Está en la salida de un túnel.

Durante dieciséis años vivimos en un departamento. Era un edificio construido en los veintes por alguien muy civilizado: cuatro departamentos en dos pisos y en el sótano un conserje espiritista que hacía sahumerios. Pagábamos renta congelada. Durante los últimos diez años nadie le puso mano a la casa, que empezó a cuartearse, porque alguien construyó un edificio junto. Por las hendiduras oíamos los pasos de unas criadas que subían a lavar. Un día, mi madre consideró que la alfombra de la escalera estaba muy vieja y mandó cambiarla por otra que ella compró, muy elegante, que parecía forro de asiento de tren de primera. En vez de agradecer la mejora, la dueña del edificio hizo una escena, porque no le habíamos pedido permiso y estábamos socavando su autoridad. Para contentarla decidimos pagarle cincuenta pesos más de renta.

Cuando llegaron los cargadores y sacaron los muebles, me quedé mirando aquel lugar desolado donde había vivido tan a gusto tantos años. No sólo se veía asqueroso, sino que se estaba cayendo. A los dos años lo tumbaron. Desde hace diecisiete es solar.

Lo que me extraña de lo que he relatado es que ninguna casa se tumbó para hacer un edificio donde vivieran muchas familias. Lo que era un desperdicio sigue desperdiciándose, sólo que ahora es más feo. *(2-iv-76.)*

EL FLANCO IZQUIERDO

Los buenos vecinos

1954

Después de mucho buscar he encontrado una joya: un terrenito en Coyoacán que está dentro de mis posibilidades. Es más caro de lo que yo hubiera querido pagar, pero no tan caro como para no poder pagarlo. Un lugar ideal para invertir los últimos pesos de mi familia. El terreno es largo y estrecho —un chorizo, dicen escépticamente mis amigos— y tiene dos jacarandas. Creo que es el lugar ideal para, el día en que me venga un golpe de suerte, construir mi casa. Lo compro.

1956

Hoy pensábamos poner la primera piedra. No se pudo por dos circunstancias. La primera es que cuando ya se habían trazado las cepas de la cimentación apareció un señor de pelo gris bien vestido, que se identificó como propietario del solar de junto y nos demostró que estábamos invadiendo su terreno. Con el mal humor consiguiente, volvimos a trazar las cepas. Al empezar la excavación apareció el segundo problema: lo que creíamos ser terreno firme resultó ser las ruinas de una casa vieja que estuvo allí edificada en un tiempo. Hay necesidad de cavar más hondo. Hay que sacar más tierra: todo el cascajo que sale, lo echamos en el terreno del señor de pelo gris, bien vestido.

1958

Hoy, pasando a través del terreno del señor de pelo gris, bien vestido, entró en mi casa un bandido y se robó un vestido de percal amarillo que acababa de ser planchado y una llave Stillson.

1959

Hoy, pasando a través del terreno del señor de pelo gris, bien vestido, unos bandidos llegaron hasta mi casa y con un gancho, sacaron un canario muy cantador con todo y jaula.

1960

Parece que nuestras molestias están a punto de terminar. Alguien viene a protegerme el flanco izquierdo. El señor de pelo gris, bien vestido, va a tener cuidador en su terreno. Hoy vino con una pareja, gente humilde, y les dio posesión. El hombre, inmediatamente, se puso a mover piedras de un lado al otro del solar, en un intento de construir una casa para guarecerse él, su mujer y sus cuatro hijos.

1960 (una semana más tarde)

El intento ha sido abandonado. La familia se fue. El solar está vacío otra vez.

1961

Parece que ahora sí, alguien va a protegerme el flanco izquierdo. El señor de pelo gris, bien vestido, trajo y les dio posesión a los nuevos cuidadores. Son dos familias de dipsómanos.

1961 (dos semanas más tarde)

Ya se fueron los dipsómanos. Hay por ahí quien dice que es milagro: varias personas devotas de la vecindad ofrecieron una manda a Santa Rita de Casia si se obtenía este resultado.

1962

Ahora sí llegó el que va a protegerme el flanco izquierdo. Este tipo tiene cara de ganador. Llegó, y en un santiamén hizo una casa. Bajo el portal, de lámina, está su mujer con su niño en brazos. Marido y mujer son jóvenes y muy guapos. Una pareja con futuro.

1963

Hoy me asomé a la ventana y descubrí el oficio de mi vecino: es ropavejero. Tiene el terreno atestado de botellas —cerros de botellas— y para ir de un lado a otro sin romperlas, la familia tiene que caminar por veredas.

1964

Anoche descubrí, con alarma, que mi vecino cambió de oficio. Ahora engorda puercos. Según parece cambió veinte toneladas de vidrio y de fierro viejo por una puerca Duroc, campeona, de cinco metros de largo, que se rasca en la pared de mi comedor, haciendo vibrar la cristalería.

1968

Hoy vino de visita un diplomático a mi casa. La alabó mucho , pero dijo: "ese olorcillo que llega, ¿es humano o hay chiqueros?"

1969

Mi vecino, además de criar puercos, tiene ahora gallos de pelea. Para cuidar sus pertenencias ha adquirido doce perros.

1970

Mi vecino, provisto de un garrote, dejó vacía, de un solo golpe, la mandíbula superior de su mujer.

1970 (quince días después)

Para reconciliarse, compraron radio de transistores.

1971

Un olor sofocante me despertó en la madrugada. Según parece, los vecinos se van, con todo y gallos, puercos y perros. Quemaron todo lo que no pudieron llevarse: entre otras cosas, dos docenas de llantas viejas.

1972

Acabo de enterarme que nuestro viacrucis está a punto de terminar. Van a construir tres casas en el solar de junto —que ya no es del señor de pelo gris, bien vestido— lo cual quiere decir que tres familias decentes vendrán a protegerme el flanco izquierdo. (7-vii-72.)

EN TERCERA PERSONA

Los Caporetto ya no viven aquí

Cuando los Magenta supieron que iban a pasar seis meses en el extranjero descubrieron que el único problema que les quedaba por resolver era qué hacer con la casa, con la cual tenían una relación parecida a la que tiene un hombre con una mujer a la que quiere muchísimo sin dejar de reconocerle sus excentricidades. La cocina, por ejemplo, se había incendiado un año antes, en un momento festivo, y las llamas que salían de una sartén con aceite ardiendo, además de consumir las cortinas de gasa, habían dejado en partes del techo un tizne que fue imposible lavar y en otras partes el esmalte se había ampollado, desprendido y dejado pelón el concreto. Luego estaban las cochinillas, una plaga que invadió la casa desde que fue construida, a la que los Magenta se habían acostumbrado. La puerta de un baño no cerraba a veces o bien no se abría, había salitre en tres muros y, si alguien jalaba sin cuidado las sillas del comedor, a tres de ellas se les desprendía una pieza del respaldo. Por otra parte estaban las plantas. En la casa había dos árboles que daban demasiada sombra y tiraban basura seis meses del año, Cleo Magenta tenía en su terraza unas macetas a las que tenía especial afecto y que había que regar con frecuencia, por último había unas begonias enanas en una cajita de vidrio con tierra, a las que Bruno Magenta echaba cada semana el agua que le cabía en la palma de la mano.

A veces los Magenta imaginaban a los inquilinos que iban a alquilar la casa. Una familia de Minnesota con tres niños era una posibilidad.

—Francamente —dijo un día Cleo Magenta— yo prefiero que se quede en la casa alguien que cuide las plantas a que nos pague renta.

Estas reflexiones y la noticia de que los Caporetto, que habían vivido siete años en Chihuatlán, estaban por regresar a México, hicieron que Bruno Magenta llamara a larga distancia a estos personajes que habían sido muy amigos suyos en otra época.

—Bueno—contestó Ivette Caporetto.

—Habla Bruno Magenta. Me han dicho que ustedes regresan a vivir a México.

—Eso es lo que quisiéramos —dijo Ivette—, pero no hay nada seguro —explicó la situación del trabajo que ellos tenían, que era un enredo.

—Pues por si deciden venirse —le dijo Bruno— te aviso que nosotros vamos a salir del país seis meses. Ustedes podrían quedarse en la casa mientras y pagarían los gastos, que son de dos mil quinientos pesos mensuales.

—Voy a decirle a Dorian a ver qué piensa.

Pasaron tres semanas, Bruno volvió a llamar a los Caporetto, otra vez contestó Ivette.

—¿Qué pasó? —preguntó Bruno.

—Todavía no hay nada seguro.

—Nosotros nos vamos el primero de septiembre.

Tres o cuatro días más tarde, cuando los Magenta estaban todavía en la cama, sonó el teléfono. Bruno contestó. Era Dorian Caporetto.

—Nos vamos a México.

—¿Quieres decir a mi casa?

—Sí. A tu casa.

—No sabes cuánto me alegro.

—Mandaremos los muebles a una bodega y en seis meses tendremos tiempo de orientarnos.

—Entonces puedo considerar que esto ya es un trato hecho.

—Casi.

—¿Cuándo sabes definitivamente?

—El domingo. Yo te llamo.

Los dos últimos parlamentos de Dorian Caporetto estaban destinados a tener consecuencias muy serias en las relaciones entre las dos familias. El sábado siguiente sonó el teléfono, Bruno contestó y un hombre con acento argentino le dijo:

—Mire, yo soy médico y acabo de llegar de México. Tengo un puesto en la Universidad. Nuestro amigo común N me dice que ustedes están por salir del país seis meses. Yo quisiera alquilar su casa amueblada.

—Llega usted tarde —dijo Bruno— acabamos de dejársela a unos amigos. Ya el trato está casi hecho.

—¿Casi?

—Quedaron de confirmarme mañana.

—¿Por qué no me permite ver la casa por si algo pasa y el trato con sus amigos no se hace?

—Bueno, venga —dijo Bruno y le dio las señas.

Bruno y Cleo Magenta anduvieron por su casa mirándola con ojos de presunto arrendatario.

—¿Cuánto pedimos? —preguntó Cleo, mirando el techo de la cocina.

Bruno se encogió de hombros, jaló una silla y se quedó con la pieza del respaldo en la mano.

—Quinientos dólares.

(Esta conversación ocurrió antes de la devaluación.)

Cuando llegaron los argentinos, que tenían muy buena presencia —el señor era biólogo, la señora psiquiatra, tenían dos hijos ya grandes—, no vieron las cochinillas ni les interesó el techo de la cocina ni jalaron las sillas.

—No tienen ustedes idea —dijo la señora— de las casas que he visto últimamente.

Cuando supieron lo que los Magenta pedían por su casa ofrecieron un quince por ciento más, con tal de que se las dejaran.

—Estamos bordando en el vacío —dijo Bruno—, porque la casa está dada. Estoy seguro de que mañana nuestros amigos van a confirmar que se vienen.

Pero la mañana del domingo pasó y los Caporetto no hablaron. En la tarde, Cleo Magenta trató telefónicamente de localizarlos en tres ciudades sin conseguirlo.

—Yo creo —dijo al colgar el aparato— que si quisieran la casa ya hubieran llamado.

—Cinco mil pesos al mes libres no nos caen mal —dijo Bruno.

El lunes temprano, Bruno llamó a Chihuatlán. Contestó Dorian.

—¿Qué pasó? —preguntó Bruno— ¿Todavía quieren la casa?

—Claro. En eso habíamos quedado.

—Tú quedaste de confirmar ayer.

—No. El otro día te dije que era definitivo.

Bruno colgó el teléfono.

—Que sí vienen— le dijo a Cleo.

—¡Fuck! —dijo Cleo.

Los Caporetto fueron a México el sábado anterior a que los Magenta partieran. Dorian le entregó a Bruno quinientos dólares que éste había pagado de cuatro meses adelantados de la hipoteca y Bruno le dijo a Dorian:

—Aquí, encima de este escritorio voy a dejar los recibos en un sobre amarillo.

Cleo le dijo a Ivette dónde se quedaban las llaves, qué hacer con la correspondencia, cuánto ganaban la mujer que iba una vez por semana a hacer la limpieza y el jardinero; después las dos mujeres fueron a ver las plantas. Los hombres entraron en la cocina y Bruno le preguntó:

—¿Qué tomas?

—Manhattan.

En la casa no había ni Cinzano ni whisky americano ni amargo ni cervezas. Dorian tomó cuba libre, Bruno un tequila y salieron a reunirse con las mujeres en la terraza.

—Si logramos hacer un jardín en Chihuatlán, que es tan árido, con más razón lo haremos aquí que hay tanta agua —dijo Ivette.

Fue una manera incorrecta de plantear el problema. Bruno estuvo a punto de explicar que no se trataba de ''hacer'' un jardín, sino de regar el que ya existía, pero prefirió callarse la boca. La conversación fue errática. Los Caporetto estaban absortos en la liquidación de sus trabajos en Chihuatlán, en el empaque de sus muebles y en el traslado de la bodega, los Magenta, en cambio, estaban pensando en dejar la casa y en su viaje al extranjero.

—Voy a traer unas plantitas —dijo Ivette antes de despedirse.

Entre los cuatro bajaron del coche unas veinte macetas pequeñas con plantas de varias clases que pusieron en el poyo. Cuando los Caporetto se fueron, Cleo Magenta dijo:

—Aquí hay una planta asquerosa —y señaló una que era carnosa, morada y negra.

Esa noche cenó con ellos Eduardo Silenio.

—Los Caporetto tienen una planta asquerosa —dijo Bruno.

—No es posible —dijo Eduardo—. No hay plantas asquerosas.

Fue con Bruno a donde estaba la planta y dijo:

—Ah, pues sí. Es asquerosa.

Los Magenta salieron del país como lo habían proyectado. Durante un mes y medio no tuvieron noticias de los Caporetto.

—Podían escribir una carta —dijo Cleo—. No sabemos siquiera si están en la casa.

Ellos habían salido de la casa a las seis de la mañana. Se suponía que los Caporetto habían llegado al siguiente medio día. Los Magenta, por su parte, hubieran podido hablar por teléfono, pero no lo hicieron porque en el fondo sabían que los Caporetto estaban en la casa.

Al mes y medio llegó por fin la carta esperada. Era una amenaza de embargo de la compañía hipotecaria en contra de Bruno Magenta por retrasarse en sus pagos. Iba acompañada de un recado de Ivette, que decía:

"Bruno: Llegó esta carta de la compañía hipotecaria. ¿No habrá una equivocación? Porque tú nos habías dicho que habías pagado hasta diciembre. Ivette"

Bruno contestó inmediatamente:

"Claro que hay una equivocación. Lo que me parece estúpido es que me mandes la carta a mí, que estoy a cinco mil kilómetros de distancia y no puedo hacer nada, en vez de ir tú con los recibos que dejé encima del escritorio, a las oficinas de la compañía hipotecaria, que está en Reforma 96, y aclarar el problema. Bruno"

El mismo día en que Bruno envió su respuesta a México, los Magenta recibieron un sobre, que Ivette había puesto en el correo cuatro o cinco días antes de la amenaza de embargo, en el que iban varias piezas de correspondencia importante y una carta de ella en la que explicaba con detalles las novedades y les decía lo contentos que estaban Dorian, ella y Alfa, su hija, en la casa. "Puse en el refrigerador", decía entre otras cosas, "la lata de azafrán que ustedes dejaron, para que se conserve fresco, porque actualmente vale una fortuna".

Bruno escribió a Ivette otra carta tratando de componer la brusquedad de la anterior, pero Ivette ya nunca escribió a los Magenta. Bruno la imaginó diciéndole a Dorian:

—Yo, a estos tipos no vuelvo a escribirles una letra.

—Es bueno decirle a Ivette —dijo Cleo—, que tire el azafrán a la basura, porque es falsificado y echa a perder la paella.

Pero ni ella ni Bruno aclararon nunca nada a este respecto.

En diciembre los Magenta decidieron que en vez de regresar a México en marzo preferían hacerlo en abril. El día de Año Nuevo Bruno escribió a Dorian una carta preguntándole si estaban dispuestos a quedarse en la casa un mes más. Cuando los Magenta llegaron a Londres a fines de enero encontraron allí la respuesta: los Caporetto habían empezado a construir una casa y querían quedarse en la de los Magenta no sólo marzo, sino abril y mayo, época en que Dorian consideraba que la suya estaría habitable. Cleo y Bruno Magenta discutieron esta carta de sobremesa, en el departamento que habían alquilado cerca de Portobello Road.

—Dorian se está abriendo de capa —dijo Bruno—, pero me parece una sangronada pedirles que nos paguen renta.

—Haz lo que tú quieras —dijo Cleo, quien para esas fechas había decidido que los Caporetto como inquilinos habían dejado mucho que desear.

Esa noche Bruno Magenta escribió a Dorian una carta que él consideró una obra maestra no sólo de estilo, sino de galantería. Decía, entre otras cosas, esto:

"...Lo único que nos impide quedarnos más tiempo en Europa es la falta de dinero. Entonces, te propongo una cosa: tú me prestas mil dólares, que yo te pagaré cuando buenamente pueda, y ustedes se quedan en la casa abril y mayo, que nosotros pasaremos en Grecia..."

Y agregó más adelante: "...Mándame la respuesta a esta proposición a mi nombre, c/o American Express, en Atenas, a donde llegaremos a fines de marzo, y si es afirmativa, el dinero en dólares, por dicha vía y a la misma dirección."

Los Magenta llegaron a Atenas el 22 de marzo y se hospedaron en The Blue House —un hotel de tercera— en la calle Boucarestiou. Al día siguiente, acabando de desayunar fueron al American Express. De los Caporetto no había ni carta diciendo si aceptaban o no el trato, ni dinero en la oficina de remisiones. Esa tarde Bruno Magenta trató de llamar a México por teléfono, le dijeron que había tres horas de retraso en las llamadas, canceló la suya y escribió otra carta a los Caporetto, suponiendo que no habrían recibido la anterior, volviendo a proponerles el trato de los mil dólares prestados por dos meses de ausencia y repitiendo la frase "que te pagaré cuando buenamente pueda". Después, los Magenta hicieron maletas y se fueron a vivir en una isla. Bruno regresó a Atenas el día 15 de abril. encontró en el American Express un telegrama de los Caporetto que decía:

"Aceptamos el trato. Contacta a los —aquí entra el nombre de un matrimonio mexicano— que estarán en el Hilton el día 15. Saludos".

Bruno se reunió con el matrimonio mexicano media hora después en el lobby del Hilton. Ellos le dieron mil dólarers en billetes, Bruno les dio las gracias. La señora le dijo entonces:

—Dice Dorian que ya mejor no regreses a México.

—Dile a Dorian —contestó Bruno— que regresaré aunque sea nomás para darle un disgusto.

A mediados de mayo los Magenta recibieron otra carta de Dorian. La construcción de su casa había sido más lenta de lo que habían calculado, él querría quedarse en la de los Magenta otros dos meses, les sugería quedarse en Europa hasta septiembre, pero no ofreció mandarles otros mil dólares.

"Regresamos a mediados de junio", contestó Bruno.

A fines de mayo los Magenta se reunieron con Eduardo Silenio. Salió a la conversación que antes de salir de México habían cenado con los Caporetto.

—¿Cómo está el jardín? —preguntó Cleo.

—Me pareció un poco seco.

Bruno regresó a México una semana antes que Cleo, el 21 de junio, después de anunciarse por cable a los Caporetto:

"Llego martes a comer".

En la puerta de la casa alguien había pegado una calcomanía que decía, "oigo radio éxitos". Aunque tenía la llave en la bolsa, Bruno tocó el timbre. Ivette abrió la puerta y dijo:

—¡Hola!

Con tanta expresión que Bruno sintió que deveras tenía gusto de verlo. Bruno cogió las maletas y entró. En el zaguán había empaques de cartón corrugado retorcidos y húmedos.

—Es que ha llovido a cántaros —explicó Ivette.

Dorian apareció en la puerta de la sala.

—¿Cómo te fue? —preguntó.

—Muy bien —contestó Bruno—. Óiganme, no vayan a creer que tienen que irse hoy mismo. Yo puedo dormir en un sofá o irme a un hotel.

—No hace falta —dijo Dorian—. Ya tenemos departamento.

Bruno miró a su alrededor y la sala le pareció más oscura. Los Caporetto habían colgado en la pared dos cuadros casi negros que él detestaba.

—Quiero una copa —dijo.

—No hay nada de beber —dijo Ivette—. Ayer nos llevamos todas las botellas.

La ropa, en cambio, no se la habían llevado. Estaba tirada en el *hall*, en montón. Bruno se quedó mirando una docena de zapatos de Dorian, que siempre le habían parecido ridículos.

—¿Dónde comemos? —preguntó Dorian.

Comieron en un restaurante. La conversación fue animada, pero Bruno se dio cuenta de que él, en el fondo, estaba esperando que los Caporetto le dijeran lo contentos que habían estado en su casa.

—¿Estuvieron a gusto en la casa? —preguntó.

—Sí —dijo Dorian.

—Una cosa debo decirte —dijo Ivette—: es urgente que arregles la instalación eléctrica, porque los focos se funden con mucha frecuencia.

De regreso a la casa Bruno notó que su enredadera había invadido la casa de junto.

—Es que tu jardinero es muy malo —dijo Dorian.

—La muchacha —dijo Ivette— no ha venido en varias semanas. Por eso está todo polvoso.

En la tarde Bruno notó que todos los sartenes tenían *fond de cuisine*. Cuando los estaba lavando se dijo:

—Cuando menos podían haberme dado las gracias estos hijos de la chingada.

Cuando empezó a oscurecer y encendió la luz, creyó que estaba quedándose ciego. Había cuatro lámparas sin foco y las demás lo tenían de cuarenta watts. Habló a la tienda y pidió diez focos de cien watts, que fueron insuficientes. Cuando la luz se hizo descubrió que las macetas de los Caporetto habían estado diez meses sobre la alfombra del comedor, dejando huella y nidos de cochinillas.

—Estas huellas sobre la alfombra —se dijo Bruno— costarán a los Caporetto mil dólares que me prestaron y que nunca volverán a ver.

Cuando Cleo llegó a México descubrió que todas sus plantas estaban secas.

—No haber regado esas plantas —dijo Bruno— costará a los Caporetto mil dólares.

Cuando buscaron dónde poner la ropa sucia descubrieron que los Caporetto se habían llevado el chunde.

—Mil dólares cuesta el chunde —dijo Bruno.

Poco tiempo después, en una oficina, Bruno encontró a Ertha Glands, amiga de los Caporetto.

—¡Cómo eres —dijo Ertha—, ya regresaste del viaje y no les diste tiempo a Dorian y a Ivette de terminar su casa!

—¡Mil dólares cuesta esa frase! —dijo Bruno.

Y Ertha no entendió. (*Vuelta no. 19, junio de 1978.*)

III
Misterios del Distrito Federal

CIUDAD DIABÉTICA

Donde se juntan las tribus

Según alcanzo a acordarme, los habitantes de esta ciudad siempre han sido quejumbrosos. En febrero se quejaban de las tolvaneras, en agosto, de las inundaciones, los que vivían en ciertas colonias, de la falta de agua; otros, de haberse quedado en una esquina esperando un tranvía que no pasó por haberse descompuesto en La Rosa, otros, de que los indios comían caña y escupían el bagazo donde cayera, las muchachas decentes, de no poder salir a la calle solas por el peligro que había de que alguien les faltara al respeto. Cerca de los mercados, igual que ahora, se pudrían piñas en la cuaresma y había quién se quejara de eso.

Eran quejumbrosos, pero en el fondo de su cerebro brillaba la luz de la esperanza. Pensándolo bien hace treinta años esta ciudad estaba poblada por optimistas. Vivían con la idea de que los defectos de la ciudad no eran algo intrínseco ni propio de la naturaleza urbàna, sino accidental y remediable. Nomás que salga este gobierno y entre otro más honrado, solían decir, se van a hacer obras que convertirán ésta en una ciudad moderna y civilizada.

Las obras que iban a redimir la ciudad estaban siempre en el horizonte; secar el lago de Texcoco, ensanchar San Juan de Letrán, traer el agua del Lerma, hacer la plaza de toros más grande del mundo, etc.

No sólo los habitantes eran optimistas, sino también los técnicos. Había la idea, por ejemplo, de que la solución general de todos los problemas de tránsito eran las glorietas. Si éstas se construían lo bastante espaciosas en la intersección de varias avenidas, se produciría el tránsito continuo.

En una época de embotellamientos alguien llegó a la conclusión de que lo que parecía un fenómeno múltiple —había conflictos en cuatrocientas esquinas—, era en realidad un mal único debido a la congestión constante producida en los alrededores de la estatua de Cuauhtémoc. La solución era muy sencilla. Se trataba de tumbar no sé cuántas manzanas, ensanchar la glorieta de Reforma e Insurgentes para dar cabida a todos los coches que llegaran por estas dos calles y después construir una serie de rascacielos alrededor —todos proyectados por el mismo arquitecto—, que iban a convertir automáticamente esta zona en la más elegante de México.

Este proyecto ambicioso es uno de los fracasos que no nos tocó ver. No se llevó a cabo no porque hubiera habido un clamor popular en contra, sino porque al regente de la ciudad que le tocó estudiarlo no le gustó, o lo consideró demasiado caro, o se dio cuenta de que estaba basado en una premisa falsa. Lo que quiero subrayar es que fue él quien decidió, no el público. Una de las características fundamentales que hay que tener en cuenta para entender los problemas de la ciudad de México es que desde su fundación ha sido sede de los poderes y centro de la gravedad política del país. Es decir, que aquí vive mucha gente, pero el que decide y el que cuenta es el gobierno. Y así ha sido siempre.

Volviendo al optimismo, tengo la impresión de que ya se esfumó. Los que viven en esta ciudad actualmente no suelen decir que se quedan aquí porque les guste, ni porque "fuera de México todo es Cuautitlán" —antes sí había quien dijera estas frases—, sino que buscan otras justificaciones, como por ejemplo, que aquí están los frijoles, o la escuela de los muchachos, etc. Desde luego, nadie, que yo conozca, cree que esta ciudad va a estar mejor nomás que pasen veinte años. El futuro de aquí a veinte años es una visión que muy pocos se atreven a contemplar.

El gobierno y los técnicos también han perdido el optimismo. Ya nadie pretende llegar a soluciones totales. Las declaraciones de los funcionarios están hechas en un tono que recuerda al que heredó el elefante blanco. "Tengan ustedes en cuenta", parecen decir, "que nuestros antepasados fundaron esta ciudad donde no debían. El águila debió pararse en otro lado. Aquí no se pueden hacer agujeros, ni hay dónde tirar la basura, ni hay agua suficiente para beber. Por si fuera poco, nadie imaginó ni en sueños que iban a venir once millones a vivir aquí. Nosotros hacemos todo lo humanamente posible pero con sobrevivir dense de santos''. *(26-iii-76.)*

ESTA CIUDAD (I)

Llamen al médico

Hace muchos años, cuando era niño, estaba orgulloso de la ciudad. Creo que todos estábamos orgullosos de la ciudad. Recuerdo todavía el gusto que me dio encontrarla en el libro de Geografía Humana, catalogada entre las ciudades mayores de un millón de habitantes. Mucho más chica que Londres, un poco menor que Buenos Aires y Río de Janeiro, y un poco mayor que Sidney y Melbourne. Recuerdo también, una época en la que decíamos con orgullo:

—Pero si yo venía aquí a jugar futbol y ahora ya es una colonia con casas de dos pisos.

Pero lo que pasó con nuestra ciudad es semejante al caso de la señora que tuvo un hijo muy grandote. Todas sus amigas le decían:

—¡Ay qué niño tan grandote!

Y pasó el tiempo, y le preguntaban:

—¿Cómo está el niño?

Ella contestaba muy orgullosa:

—Pues crece y crece.

—Hasta que el niño, de año y medio de edad, llegó a medir 2.85. Tuvieron que tumbar parte de la casa y hacerla dúplex. Ya nadie le preguntaba a la madre por su hijo, ni a ella le daban ganas de contar que seguía creciendo. Para dormir, el niño necesitaba tres camas y no podía salir a la calle porque le estorbaban los alambres de la luz. Y nadie habló del niño, hasta que éste se comió a la criada, y alguien tuvo el valor de decirle a la madre:

—Oye, llévalo al médico.

Así ha pasado con las ciudades, no sólo con ésta. Hace apenas treinta años eran objeto de orgullo y ahora son una enfermedad incurable.

O, más bien, son como un monstruo, con el que tenemos que vivir y al que tenemos que observar y conocer si queremos evitar que nos aplaste. Por eso voy a escribir una serie de artículos a este respecto, con el objeto de poner en orden mis ideas, y los voy a publicar por si de algo le sirven al lector.

En primer lugar, hay que considerar la siguiente circunstancia: La ciudad de México fue fundada hace siete siglos por una de las tribus más agresivas de que se tenga noticia, en el centro de un lago. El agua circundante servía de defensa en tiempo de guerra, de vía de comunicación en tiempo de paz, y de alimentación en cualquier tiempo. Si no hubiera habido lago, a nadie se le hubiera ocurrido fundar una ciudad aquí, y si no hubiera habido tribus hostiles alrededor, no hubiera tenido caso fundarla en el centro de un lago. Ahora bien, con el tiempo, el lago se secó y las tribus circundantes se mezclaron y perdieron su hostilidad. Lo único que quedó fue el lodo, el hundimiento y las tolvaneras. Así que, como primera conclusión podemos decir que la ciudad está aquí, porque aquí la pusieron, pero que con su presencia en este lugar no obedece a ninguna necesidad real.

Si los aztecas no hubieran tenido un imperio, los españoles hubieran fundado la ciudad cerca de la costa del Golfo, para quedar más cerca de casa. Esto hubiera hecho de los mexicanos grandes navegantes y, por consiguiente, buenos comerciantes, jarochos, muy alegres, mirando hacia el altiplano como quien ve el desierto. La historia hubiera sido diferente. Pero no fue así. Los españoles se internaron en el continente y con ese solo hecho determinaron una de las características fundamentales del México moderno, que es su egocentrismo.

En segundo lugar hay que considerar las causas del crecimiento de la ciudad.

Hay caseríos que se convierten en grandes ciudades porque estaban situados cerca de una buena bahía, o de un gran río, otros, que crecieron porque estaban en el centro de una zona agrícola importante, o porque se descubrió algún mineral en las cercanías, o porque estaban en la confluencia de dos caminos importantes, o situados a igual distancia de las fuentes de dos materiales que se tienen que unir, como el hierro y el carbón, circunstancia que los hacía un centro ideal para la fabricación del acero, etcétera. Nada de esto ocurrió en el caso de la ciudad de México, que fue fundada con la intención de servir de sede a los poderes.

La capital fue, desde un principio, un invento burocrático.

En una sociedad paternalista, como siempre lo ha sido la nuestra, el hecho de albergar los poderes, confirió a la ciudad un prestigio tremendo. Aquí vinieron a dar los más ricos y los más pobres, basándose en la enseñanza del dicho de que "el que a buen árbol se arrima..."

Al factor de prestigio, que es la causa más importante del crecimiento de la ciudad, se han unido dos jinetes del Apocalipsis: el Hambre y la Guerra. Cada vez que ha habido guerra o revolución, la ciudad se ha llenado de refugiados, que vinieron en busca de protección, que se acostumbraron a no hacer nada y a quienes no hubo manera de hacer regresar a sus lugares de origen. Por otra parte, a fuerza de cultivar la tierra con procedimientos retrógrados, el suelo se empobreció, la agricultura se hundió, y hubo que inventar nuevas soluciones. Una de ellas fue la industrialización. Como sede industrial, la ciudad de México no tiene más virtud que la de estar cerca del principal mercado de la República y del centro de comunicaciones más importante. La industria significa fuentes de trabajo y esto hizo crecer a la ciudad todavía más.

El cuarto y último factor de crecimiento de la ciudad de México es la tendencia congénita que tienen los mexicanos a reproducirse desaforadamente y sin ton ni son. *(10-v-69.)*

ESTA CIUDAD (II)

¿En dónde estamos?

La primera impresión que tiene uno al llegar a la ciudad de México, es que no existe. Quiero decir, que pasa un tiempo antes de que uno se dé cuenta de que lo que ha estado viendo a las orillas de la carretera son casas. Aunque el resultado es el mismo, la impresión varía según el punto cardinal por el que esté uno aproximándose a la ciudad. Si llega uno por el sur, parece que lo que está uno viendo son formaciones geológicas; si es por el poniente, parece que son objetos ornamentales, parecidos a unas casas, que han sido puestos allí con la intención de engañar a un posible invasor y hacerle creer que allí hay casas; por el norte, las casas parecen montones de salitre. Pero es una impresión momentánea. Al cabo de unos cuantos kilómetros, empiezan a aparecer las primeras loncherías, los puestos de tacos y las vulcanizadoras; entonces comprende uno que ha llegado a la ciudad de México.

Este espejismo se debe a dos circunstancias concurrentes. La primera es que México, como todas las ciudades de Latinoamérica, es una comunidad en la que los ricos viven en el centro y los pobres en la periferia. Cabe anotar que en los Estados Unidos ocurre exactamente lo contrario y que el grado de prosperidad de una persona está en razón directa de la distancia entre el centro de la ciudad y la casa donde habita. Esta diferencia se debe a que nuestras revoluciones han sido provocadas por pobres rurales, mientras que las de nuestros vecinos lo serán por pobres urbanos.

La segunda circunstancia es que, una vez formado un cordón de miseria alrededor de la ciudad, la nueva clase media, cada día más numerosa, no encontró lugar donde establecerse, y se vio obligada a emigrar, imitando a los ricos norteamericanos y a formar nuevos núcleos, de casas ornamentales, en lugares que se llaman "Lomas de Jalatlaco", "Lomas del Chiquihuite", "Lomas del Llano", etcétera.

Antiguamente, la claridad de la nomenclatura de nuestra ciudad era objeto de orgullo para algunos mexicanos.

—Tiene una lógica perfecta —decían—. Si te dicen: "calle de Londres", ya sabes que está en la colonia Juárez, porque todas las calles de esa colonia tienen nombres de ciudades europeas. Que te dicen: "calle de Guanajuato", ya sabes que está en la Roma. Que te dicen el nombre de un constituyente, ya sabes que está en San Rafael.

Ya en esa época había algunas irregularidades; por ejemplo, Ébano y Sor Juana Inés de la Cruz estaban en la misma colonia. Pero puede decirse que, en general, la nomenclatura de la ciudad tenía cierta lógica.

Pero pasó el tiempo, la ciudad fue creciendo y en su crecimiento se fue comiendo, como una amiba gigantesca, a los pueblos que la rodeaban. Y ocurrió que no había pueblo que no tuviera una avenida Juárez, una calle Reforma, y otra Hidalgo. En consecuencia, en la actualidad existen en la ciudad de México 44 calles, avenidas y callejones, sin relación entre sí, que se llaman Juárez. Esto, sin contar con la calle de "los" Juárez, que eran otros Juárez, los pintores, que está en Mixcoac.

Pero éste no fue el único problema, porque la ciudad no sólo se comió a los pueblos, sino que también se fue por los llanos, y hubo que hacer nuevas calles y ponerles nombre.

Aquí hemos llegado a un punto que siempre me ha provocado gran curiosidad: ¿quién inventa los nombres de las calles y bautiza las colonias?

En algunos casos es más o menos sencillo saber quién inventó los nombres. Por ejemplo, supongamos que hay una colonia que se llama San Mateo Tepetlapa; es lógico suponer que había una comunidad que se llamaba Tepetlapa desde la Edad de Piedra, a la que llegó, recién pasada la Conquista, un misionero español y dijo:

—¡Nada de Tepetlapa, se llama San Mateo!

Por eso ahora se llama San Mateo Tepetlapa, para hacer gala de nuestra cultura mestiza, y nuestro talento para quedar bien con todos.

Pero hay otros casos más extraños. ¿Por qué, por ejemplo, en la colonia Lago, las calles no tienen nombres de lagos? Hay una avenida Lago, y paralelas a ella, una calle Don Juan y otra Don Luis. ¿Por qué no le ponen a la avenida Lago, Ciutti, y a la colonia Zorrilla?

A veces se me ocurre que los nombres de las calles los inventó la esposa cursi de algún contratista.

—¡Ay, y a otra ponle "Gladíolos"! Con lo que me gustan a mí los gladíolos. Y "Azucenas", ¡tan lindas que son!

Otras calles, parece que fueron bautizadas por un bromista.

—Esta calle se va a llamar Modesto Sánchez Bergamota.

—¿Por qué?

—Porque me da la gana.

A veces la inspiración del padrino se seca a la mitad del trabajo, la colonia Minerva es un ejemplo: hay calle Agricultores, calle Mieses, calle Cereales, etc. y de repente, Sur 125, Sur 126, etc. Así no se llega a ninguna parte. *(17-vi-69.)*

ESTA CIUDAD (III)

El coche de los asesinos

Las ciudades, como las amibas, se dividen al crecer. La nuestra es, actualmente, un conglomerado de pequeños núcleos dentro de cada uno de los cuales una persona puede ejercer la mayoría de sus funciones y satisfacer la mayoría de sus necesidades, siempre y cuando éstas sean suficientemente frugales. Yo, por ejemplo, puedo, sin necesidad de desplazarme más de dos kilómetros, cambiar un cheque, comprar zapatos, ir a la peluquería, comprar pescado, etc. Esto es un adelanto con respecto a la ciudad de hace cuarenta años, en la que, para efectuar cualquiera de estas operaciones tenía uno que ir al centro.

Hay dos cosas, sin embargo, que a todo el mundo le quedan más lejos que nunca: el trabajo, y las diversiones. Por alguna razón misteriosa, la gente que trabaja en Naucalpan vive en Balbuena. Y por otra razón, no misteriosa, pero imbécil, en la región del sur de la ciudad, en donde viven un millón de personas, sólo hay un cine sin pulgas, de 70 mm., en el que sólo se exhiben películas para oligofrénicos.

Esto echa a perder todo. Hay que desplazarse.

Diariamente, cada mexicano sale de su casa, viaja catorce kilómetros en una ciudad reumática, utilizando un camión o un coche, trabaja ocho horas, viaja otros catorce kilómetros de regreso, llega a su casa de humor negro, se encuentra con que su mujer quiere ir al cine y viaja otros ocho kilómetros para llegar al más cercano. Este trajín, aun en el caso improbable de que la película sea buena, resulta agotador.

El desgaste producido en las condiciones propias de la gran ciudad y por lo ilógico de la distribución de habitaciones y trabajos, se eleva a la décima potencia, debido a la siguiente circunstancia: los conductores de vehículos de la ciudad de México son, todos sin excepción, homicidas. Lo son en potencia o en acto; por imbecilidad, incapacidad, distracción, vocación, talento adquirido o necesidad.

Según los peritos, México es, con las posibles excepciones de Roma y Tokio, la ciudad del mundo en donde peor se maneja.

Las causas de este fenómeno son de dos especies, unas impalpables, de las que sólo se puede hablar en términos hipotéticos, y otras perfectamente claras y evidentes.

Los motivos desconocidos de por qué los mexicanos manejan tan mal tienen una manifestación que fue apuntada muy certeramente por uno de los más grandes antropólogos que han visitado nuestro país.

Se paró en una esquina a ver pasar vehículos, y me dijo:

—Oye, ¿pero qué les pasa? Manejan unos contra otros.

Es un poco aterrador, pero es cierto: todos quieren pasar antes. O, mejor dicho, todos tratan de pasar antes, aunque no quieran. Y si no intentan pasar antes, se quedan parados en una esquina el resto de sus días.

¿Por qué esta lucha despiadada en un pueblo que es, de por sí, tan pacífico? Complejos sexuales, frustraciones, instintos atávicos... Vaya usted a saber. El caso es que un mexicano se sienta frente a un volante y cambia de personalidad.

Claro que hay otros factores más fáciles de determinar. La ignorancia es uno de ellos. Las mujeres, por ejemplo, no se han dado cuenta todavía que el carril del centro, en una avenida, es el de alta velocidad, y viajan por él a treinta kilómetros por hora. Esta circunstancia obliga a los que tienen prisa a rebasar por la derecha, que es una brutalidad, y a todos los vehículos que circulan por una avenida a pasar de un carril a otro (esto se hace partiendo de la suposición, completamente gratuita, de que todos los conductores cercanos son gente despierta y con reflejos muy rápidos).

Pero hay otras causas de la mala circulación en nuestra ciudad, que son perfectamente evidentes. Una de ellas, la más notoria, es que el Departamento de Tránsito no se ha dado cuenta de que existen peatones.

Hay la posibilidad, que de ser cierta sería todavía peor, de que el Departamento de Tránsito se haya dado cuenta de que existen peatones, pero los considere desechables, por pobres, o bien, estorbos a la circulación que deben ser eliminados, o bïen, carne de cañón.

El caso es que, en lo que al Departamento de Tránsito respecta, el que cruza una calle, lo hace por su cuenta y riesgo, por donde Dios le dé a entender (siempre y cuando no pise el pasto del camellón), o, en el mejor de los casos, subiendo y bajando una escalera de seis metros de alto.

Si a todo esto agregamos que los conductores mexicanos son unos asesinos que toman una curva a gran velocidad y se van sobre los peatones diciendo, para sus adentros: "¡quítate, estorbo!", o para sus afueras: "¡ábrete, buey!", no debe extrañarnos el hecho de que la ciudad, la nuestra, la de los palacios, se está convirtiendo en una serie de islas, rodeadas por un mar, turbulento y venenoso, de automóviles conducidos por energúmenos torpes y maldicientes. Ya hay que ir pensando en hacerse de amigos en la manzana, porque ése va a ser nuestro límite de operaciones. *(15-vii-69.)*

HUMOR NEGRO DEL 74

Preludio de una nueva vida

Este artículo está dedicado a todos aquellos que en estos días abren el periódico y se quedan paralizados al ver tanta mala noticia. De la parálisis pasan a la fascinación abúlica —lo que se llama el "humor negro"— que los impulsa a leer el periódico de cabo a rabo hasta llegar a la página de los cines, en donde también abundan las malas noticias.

—Hay que hacer algo —le dicen al primer familiar que pasa cerca de donde ellos están leyendo el periódico— para evitar caer en el hoyo.

El otro, que ve la realidad con ojos robustos, contesta:

—¿Cómo que evitar caer en el hoyo? Estamos en el hoyo.

Eso agrava la enfermedad.

Pero no hay que dejarse vencer por el humor negro. Hay que ver la realidad de frente, sin espantarse. Después de todo —conviene repetir mentalmente— no hay mal que por bien no venga.

Para empezar la curación, dejemos de ser cósmicos. Olvidemos los secuestros, las cartas bomba, las matanzas de chilenos, las guerras arábigas... Quedémonos con lo que nos afecta directamente: el alza de los precios y la escasez de energéticos. Analicemos y veremos que lo que estamos viviendo no es el fin de un mundo querido sino el principio de algo muy interesante.

Tomemos por ejemplo las declaraciones que hizo hace unos días un alto funcionario. No se sabe todavía —dijo, *mutatis mutandis*— de qué manera se va a reducir el consumo de combustible en el D.F. Señaló dos alternativas posibles: prohibir el tránsito de ciertos vehículos en ciertos días, o bien —como se hace en los países más adelantados del mundo— declarar un alto total de todos los vehículos de motor en los fines de semana.

Meditemos un instante y nos daremos cuenta de que esta declaración tan sencilla y sus alternativas abren posibilidades de emprender una nueva vida a multitud de personas.

Supongamos que los martes se prohíbe el tránsito de vehículos cuya placa termina en 3 ó en 5 —o suma 14, ó contiene la letra Q—. Va a ser necesario, como apuntó el mismo funcionario, crear un nuevo cuerpo de policía para vigilar la aplicación de esta medida. Ya tenemos el rayito de esperanza: ¡cuántas personas que actualmente no dan golpe, a quienes sus familias tildan de buenos para nada, son, sin embargo, capaces de distinguir el 3 del 4, de sumar hasta catorce y de tocar un silbato! Para éstos se abre una nueva vida más digna y más creativa que la que han llevado hasta la fecha.

Pero supongamos que un clamor público de que vamos derecho a un estado policial impida la aplicación de esta regla tal como la he descrito, y que se decida, en vez de crear un nuevo cuerpo de policía, ''organizar al pueblo a nivel cuadra''. Se harán juntas de vecinos y se procederá a elegir, por votación democrática, un jefe de manzana, quien será el encargado de determinar —de acuerdo con las necesidades de los vecinos— cuáles coches se quedan parados qué días, y cuáles están de guardia al servicio del vecino que los necesite. ¿No es esto el umbral de una nueva hermandad?, ¿de una nueva autoridad?, ¿de una nueva vida?

Ahora bien. Supongamos que en vez del estado policial o la organización a nivel de cuadra, se opta —como en los países adelantados— por declarar un alto total en el D.F. durante sábados y domingos.

La solución está a la vista y es muy agradable. Todos los que tienen coche se van el viernes en la tarde a Cuernavaca, pasan el fin de semana haciendo carreras de coches y no vuelven a la ciudad hasta el lunes en la mañana, según sus urgencias. Los que no tienen coche pasarán sábado y domingo jugando a la pelota en la avenida Juárez. ¿Se puede pensar en fines de semana más creativos?

Pero aunque cada una de estas alternativas ofrece grandes ventajas y magníficas oportunidades a millones de personas, hay que reconocer que la verdadera solución está en otro lado.

Si de lo que se trata es ahorrar combustible, es más sencillo, creo yo, vender, en vez de gasolina, algo que huela a gasolina, que cueste lo mismo que la gasolina, pero que sea en realidad otro compuesto: cera de Campeche adulterada, por ejemplo. De esta manera se producirá la descompostura en el coche, o bien en el conductor, el aborrecimiento de la locomoción motorizada. De esta manera todos llegaremos, por un camino más directo —aunque a pie— a una nueva vida.. *(4-i-74.)*

ARTES MENORES

Viajar en camión

Se considera que viajar en camión es un placer, una necesidad o una desgracia, según el grado de candidez y de optimismo del observador. Yo lo considero más bien un arte, que hay que aprender y dominar. En mis largos años de usuario de camiones he logrado descubrir y establecer las reglas que voy a expresar a continuación, con el fin de que si a algún lector le puede interesar, se sirva de ellas.

Para esperar un camión: hay que hacerlo rezando el rosario, pidiéndole a Dios que no venga muy lleno y que el conductor quiera pararse; al esperar un camión hay que correr constantemente de un lado a otro de la cuadra, tratando de leer los letreros de una hilera de camiones que están, cada uno, oculto por el de enfrente. Hay que observar también el semáforo que rige la circulación de la cuadra, avanzar hacia el centro cuando está en alto, y retroceder hacia la esquina cuando está en siga.

Para abordar el camión: hay que ser el primero en el abordaje, golpeando, si es necesario, a las mujeres reumáticas y a las madres de familia, con prole, que estorban el paso, sin hacer caso de los gritos de "¡ya no hay caballeros en México!".

A bordo: hay que bloquear la entrada y pagar con un billete de veinte pesos, para obligar al conductor a arrancar antes de que acabe de subir todo el pasaje. Hay que recordar esta máxima: cada pasajero es un enemigo, mientras menos haya, mejor.

Si el camión va repleto, se abre uno paso a codazos, diciendo siempre "con permiso", hasta llegar a los lugares transversales, en los que no se sabe si caben tres o cuatro. Una vez allí, dice uno "hágame un campito", y sin esperar más, se sienta uno encima de dos pasajeros y se pone a leer el periódico. En la mayoría de los casos alguna de las dos víctimas se levantará furiosa y se irá. Entonces ya puede uno ocupar cómodamente el espacio libre.

En el caso de que se desocupe el lugar de junto, hay que

abrirse de piernas y fingirse dormido o babear, con el objeto de evitar que alguien se siente. Mientras más alejado esté uno de los demás pasajeros, mejor.

Comportamiento hacia las mujeres: las mujeres en los camiones no tienen ninguna prioridad, ya bastante hemos hecho permitiéndoles votar y hacer ridiculeces en público. Si se acerca una anciana dando tumbos y le pregunta a uno: "Ay, señor, ¿no se compadece usted de mí?", hay que contestar: "No".

Si el camión va vacío y somos jóvenes, muy jóvenes, estudiantes de preparatoria, por ejemplo, hay que subirse en bola y echando relajo. El momento de subirse en un camión representa una de las pocas oportunidades que tiene un joven de expresarse en público y dar a conocer su personalidad. Para lograr esto conviene hablar a voz en cuello y decir frases llenas de originalidad, como: "el de atrás paga, chofer", correr hacia el extremo posterior del camión, metiéndoles zancadillas a los compañeros y sentarse en el último asiento, forcejeando.

Una vez sentado, si hay compañeros de uno en la calle, conviene gritarles algo ingenioso, como por ejemplo: "Ese Tiras, ¿dónde dejaste al Cejas?". Si no los hay, conviene quitarle la pluma al más torpe de los compañeros y amenazar con arrojarla por la ventanilla. Esto provoca una gritería y un forcejeo que indefectiblemente producen muy buen efecto en los demás pasajeros. Les levantan el ánimo y les dan ganas de volver a ser jóvenes para echar relajo.

Si somos una joven bella, hay que subirse al camión moviendo la melena poniendo cara de "¡Ay, qué desgracia! ¡Yo aquí! ¡Si yo soy de Mustang!". Luego, hay que sentarse junto a otra dama, por miedo a que nos toquen las piernas.

Si se sube uno con niños, no hay que ser egoísta. Hay que permitirles entrar en contacto con los demás pasajeros, que probablemente han sido privados por la naturaleza de la dicha de ser padres o madres. A los niños hay que permitirles jugar con las solapas del señor de junto, con los pelos de la señora de adelante y lamerle la mano al que va agarrado de la manija de enfrente.

El camión es nuestro hogar, aunque sea por un momento. Mientras viajamos en él hay que actuar con toda naturalidad, como si estuviéramos en nuestra propia casa. Si estamos cansados, echamos un sueño, si tenemos catarro, escupimos en el piso, si tenemos hambre, comemos un mango. Si se sube un cantante o un recitador, hay que ponerle atención, aunque después no le demos ni un quinto.

Si bien hay que conservarlos a distancia, conviene ser amables con nuestros compañeros de viaje. Si uno de ellos ha venido escupiendo, por ejemplo, conviene que al levantarnos para bajar del camión le digamos, a guisa de despedida: "lo felicito. Ha escupido usted catorce veces. Es un récord". Estas son cosas que levantan el ánimo. Si alguien va viajando en el estribo, en vez de decirle "quítate, estorbo", conviene decirle: "allí va usted bien, no estorba nada" y darle un pisotón.

Por último, hay que recordar que el conductor de un camión es como el capitán de un barco. Él sabe dónde para y hay que aceptar sus determinaciones, aunque nos lleve tres cuadras más lejos, nos deje a media calle, entre coches desaforados, o nos obligue a bajarnos en un charco. (11-vii-69.)

LOS MISTERIOS DEL DISTRITO
FEDERAL (I)

El metro patrón

El domingo decidí ensayar la nueva línea del Metro. Llegué a la estación Ermita como pude, pagué mi boleto y después de subir una escalera, recorrer un pasillo y bajar otra, llegué al andén, en compañía de una docena de personas que habían tenido la misma idea que yo: la de pasar la mañana del domingo experimentando una nueva sensación por la módica suma de uno veinte. Llegó el tren corriendo silenciosamente entre una nube de aire caliente y espantando a una señora que estaba de espaldas y no lo había visto acercarse; lo abordamos con rapidez y... ¡arranca!

En el asiento que estaba frente al mío iba una pareja que viajaba en compañía de una cubeta llena de moronga. Como olía a rayos me fui a sentar en otra parte. Desde allí pude observar el comportamiento de los pasajeros. La mayoría de ellos eran bisoños en el arte de viajar en Metro, y lo hacían sentados muy derechos, mirando al frente, sin cruzar palabra con sus compañeros. Estoy seguro que no faltó quien rezara un rosario en secreto por el buen éxito de la travesía, la que en efecto, llegó a su término sin más incidente que el susto que nos dio la voz del conductor al anunciarnos que estábamos llegando a Pino Suárez y "por causas ajenas a su voluntad se vio obligado a dejarnos en el andén de salida". Como no conocíamos el de entrada no hubiéramos notado la diferencia, por lo que el aviso no tuvo más efecto que el de dejarnos convencidos de que había ocurrido un accidente.

Dos cosas cabe apuntar. Una es que un señor que viajaba con su familia, muy endomingados —probablemente iban a oír misa en la Profesa—, sacó una cajetilla de cigarros y estaba disponiéndose a fumar, cuando un joven que ocupaba el asiento vecino le advirtió:

—Está prohibido fumar.

El viejo se quedó un momento sorprendido y después

guardó la cajetilla, diciendo:

—Muchas gracias por haberme avisado, joven. Está bueno saber eso.

Relato este incidente, porque es una de las rarísimas ocasiones que me ha tocado ver a un mexicano intervenir con el objeto de hacer respetar una disposición. Y la única vez que he visto que semejante intervención tenga éxito.

De por sí cuesta trabajo decidirse a intervenir, y cuando interviene uno, generalmente la respuesta es del orden de:

—¿Usted es Corona del Rosal o quién para venir a decirme a mí que no fume?

El éxito de la intervención causó gran satisfacción al que la hizo, que se pasó el resto del viaje mirándonos a los demás pasajeros con una pequeña sonrisa que quería decir: "hay que ayudar a los ignorantes a respetar las leyes".

La otra cosa que quiero decir aquí se refiere a los comentarios que he oído referentes a "la dignidad con que los mexicanos, hasta los más humildes, viajan en el Metro".

Hay que ser consecuentes. ¿Cómo quieren que viaje uno con dignidad en un camión repleto, con empujones, frenones y virajes imprevistos, y entre personas que o se van de bruces o se quedan dormidas?

Si un sistema de locomoción tiene buen movimiento, muchas puertas que se abren sin necesidad de que uno grite: "¡Bajan, chofer!" o "¡Puerta, favor!", y abundantes agarraderas, no cuesta ningún trabajo viajar con dignidad. ¿Qué se esperaba que hiciéramos los mexicanos al tener Metro?, ¿fogatas en el interior de los trenes?

Este comentario sobre la dignidad de los que viajan en Metro es clásico del concepto que los mexicanos tienen acerca de ellos mismos. Se humillan para ensalzarse. Esperamos de nuestros compatriotas una conducta verdaderamente detestable y después nos asombramos de que no lo hayan hecho tan mal.

Pero volviendo al Metro y dejando a un lado el momento de oro del civismo mexicano que acabo de relatar, quiero decir que al llegar a Pino Suárez transbordé a la otra línea. Gracias a este transbordo pude observar dos cosas. Una es que mientras más se acostumbra la gente a viajar en un sistema de locomoción y más se familiariza con cierto tipo de vehículo, peor lo hace. En vez de crearse pericia, se crean mañas.

Los que viajan en la línea de Zaragoza ya son viejos lobos de mar. Ya escupen en el piso y se paran frente a las puertas que están en uso, estorbando a los que bajan y suben.

La otra cosa que observé se refiere al uso de las escaleras eléctricas. Las familias se van elevando, como Elías en el carro de fuego, todos parados en el mismo escalón. Bloqueando el paso. Si alguien tiene prisa, se aguanta. ¿Por qué no usan esos micrófonos por los que dan tantos avisos, para instruirlos? El que no tiene prisa se pega a la derecha y sube a la velocidad de la escalera eléctrica y deja la izquierda libre para que quien sí la tiene suba dando zancadas. Esto es elemental: Pero el que no sabe es como el que está ciego. *(11-viii-70.)*

La lucha contra el dragón

—Vamos al cine —me dijo mi mujer la otra tarde.

Yo estuve de acuerdo, decidimos ir a ver Contacto en Francia, nos pusimos la chamarra y salimos a la calle. Como somos dos de los cinco últimos peatones conocidos que quedan en Coyoacán, había que buscar algo que nos llevara a las calles de Frontera.

Esperar un taxi en la esquina de mi casa es una locura, porque ningún taxista en sus cinco sentidos se mete por Francisco Sosa en una tarde de sol, porque sabe que se va a quedar atorado en el eterno conflicto de tránsito que hay afuera de la sucursal de "La Siberia". Fuimos a la plaza de Coyoacán, cruzamos la calle de Centenario dando brincos, una señora con tubos y un niño al lado nos echó encima el Volkswagen al cruzar Carrillo Puerto, la insultamos, ella se ofendió, se fue con cara de *lésse majesté* y nosotros nos quedamos en una esquina a esperar "lo primero que pase"

Eran las 6 de la tarde. Por alguna razón misteriosa, no había peseros, un taxista que acababa de comer tacos —y que fue el único desocupado que pasó en veinte minutos— nos despreció por llevarse a una gorda con cinco hijos que iba a Peralvillo, así que "lo primero que pasó", cuando ya estábamos en peligro de perder el comienzo de la película, fue un "Violeta".

Francamente, cada vez que me subo en un "Violeta" pienso que el "Colonia del Valle-Coyoacán" es un transporte de príncipes.

Como hacía mucho que no pasaba un "Violeta" —yo sospecho que los despachadores de esta línea son grandes bromistas—, el camión se fue llenando —con ayuda de los gritos del chofer: "pásenle para atrás"— hasta que llegó un momento, cuando cruzamos Obrero Mundial, que parecía el Hoyo Negro de Calcuta.

Entre el pasaje se encontraba el albañil que compró radio de transistores, el jovenazo moderno, con alamares en la bragueta, que forcejea con sus amigos, el niño de tres años que se entretiene chupándole el dedo al señor que va junto, los novios, que en un enfrenón se caen, todavía besándose, sobre los que van sentados; el cobrador de cuentas morosas que se sienta con las piernas separadas, se duerme inmediatamente y recarga la cabeza en el hombro de la señora que está a su lado, etc.

Cuando nos bajamos del camión mi mujer y yo, tuvimos otra vez la discusión sobre si conviene o no comprar coche.

Íbamos caminando por Durango y yo le explicaba a mi mujer:

—Hubieras visto esta colonia hace veinte años. Era un lugar de primera, puras casas elegantes. En esa esquina, donde ahora es estacionamiento y rascacielos de consultorios, había una huerta.

El único vestigio que queda del pasado es un lugar que siempre me intrigó, que se llama ''La Palma'', que tiene una palmera colgando de la fachada, que parece cabaret y es en realidad tintorería.

Pues allí, frente al hospital, cerca del Centro Social Vanguardias —que fue el imperio del padre Pérez del Valle— entre los camiones que regresan de Toluca, se exhibe Contacto en Francia, una película que parece hecha bajo los auspicios del Departamento del D.F., para levantarnos el ánimo a los habitantes de la ciudad de México.

En efecto, después de ver los habitantes de Brooklyn, los pasajeros de ''Violeta'' me hubieran parecido dioses griegos, y después de las calles que vi en la película, la de Durango me pareció en perfecto estado de conservación.

Pero, francamente, el saber que otras ciudades están en un estado de descomposición más avanzado que la nuestra es un consuelo muy ramplón.

El problema de México es muy serio y al mismo tiempo, de una simplicidad notable. Los que tienen medios se ven obligados a comprar coche: unos para no dar lástima y otros para no pasar tantas molestias —con coche se pasan molestias, pero son menos vejatorias—. Bueno, pues una vez que todos los que tienen modo compran coche, la ciudad se descompone, porque no fue proyectada para que cada habitante ocupe ocho metros cuadrados. Imaginemos, por ejemplo, lo que es proyectar un cine: por cada cinco butacas, hay que dejar espacio para estacionar un coche.

Pero volviendo atrás, ¿por qué compra coche la mayoría de la gente? La razón número uno es porque los servicios públicos son deficientes. Se sube usted en un camión, paga 50 centavos y le dan exactamente 50 centavos de servicio: es decir, lo llevan, pero como si fuera res al matadero. *(9-ii-73.)*

COCHES

Deus ex Machina

Cuando entré en Ingeniería, en 1945, fuimos quinientos "perros", es decir que en la escuela ha de haber habido unos mil estudiantes y unos cien maestros. El lugar de estacionamiento para la escuela estaba en la calle que desemboca en Tacuba en el costado sur de Minería, comprendía desde la esquina hasta la puerta cochera del Correo. Han de haber cabido diez coches. Siempre había lugar. En la actualidad una escuela que tiene una población de mil cien personas de clase media, entre estudiantes y maestros, de edades entre los diecisiete y los treinta y cinco años, con horarios apretujados entre las siete y las diez de la mañana y las cinco de la tarde y las nueve de la noche, requeriría espacio de estacionamiento con cupo para unos doscientos coches.

Sería ridículo pretender que los habitantes de la ciudad en aquella época éramos más sanos o más felices que los de ahora. La mayoría éramos más pobres. Eso es incontrovertible. Los que no tenían coche no era porque no lo quisieran, sino porque no podían comprarlo. Pero hay dos circunstancias que es necesario subrayar: una, carecer de coche era incómodo a veces, pero nunca humillante, dos, la ciudad era muy diferente, porque la mayoría de las escuelas, los negocios, las oficinas y las diversiones estaban concentrados en un cuadro de dos kilómetros por lado. Los que vivían en la periferia tomaban el "rápido" de San Angel y se iban a su casa a dormir, porque no había otra cosa que hacer en esos rumbos.

En treinta años han pasado tres cosas: la población del D.F. aumentó más rápido de lo que nadie se había imaginado, el gobierno siguió durante varios años una estrategia de descentralización que en vez de resolver los problemas urbanos los ha multiplicado —el habitante medio de la ciudad recorre el triple o el cuádruple de la distancia que recorría hace treinta años para 'cumplir con sus obligaciones'— y, por último, se creó entre los miembros de la clase media una apetencia de movilidad que hace indispensable la posesión de un coche.

Estos tres factores han transformado a la ciudad y la han convertido en esta cosa que vemos con horror cuando entramos en el valle de México: una mancha negra. Cuando estamos en ella y salimos a la calle es un caos. O bien llegamos a la esquina y no podemos cruzar porque hay un torrente de coches, o bien vamos en coche y no podemos avanzar porque hay embotellamiento.

El problema es muy serio y nos afecta a todos. Somos prisioneros de la ciudad y urge poner todo lo que esté de nuestra parte para hacerla habitable.

El coche es la principal fuente de problemas urbanos. En la actualidad, una buena parte de la población tiene coche y considera que su uso es indispensable para trasladarse de su casa al trabajo, del trabajo a los lugares de diversión, etc. Todos los días se agregan nuevos coches al tránsito. Digamos que hay dos millones de personas en la ciudad que tienen coche en la familia. Digamos que hay otros nueve millones de personas que no lo tienen. ¿Por qué no lo tienen? ¿Porque no lo quieren? Sí lo quieren y apenas puedan lo comprarán. Es decir, que en un futuro ideal cada habitante de la ciudad, excepto los niños de pecho, tendrá coche. Porque el coche no sólo es medio de transporte, sino símbolo de rango. Sale uno en el coche no tanto para desplazarse, sino para no dar lástima. Es decir, que el problema no sólo es material, sino moral, y tiene una perspectiva infinita —y negra— porque a nadie se le va a prohibir comprar un coche.

Pero las soluciones sí tienen límite. Es decir, se pueden tumbar más árboles y hacer más calles anchas, como ha estado haciendo este gobierno, pero llegará un momento en que no haya más árboles que tumbar, ni espacio para hacer más calles, ni para que en las calles corran los coches.

La tesis del gobierno actual es que puesto que el derecho de tener coche es sagrado, el problema del tránsito es insoluble a largo plazo. Lo más que se puede hacer es ir corriendo adelante de él, como si fuera un toro.

Yo creo que esta perspectiva es errónea. En el futuro

no muy lejano se tendrá que aceptar que se está llegando al límite de saturación y que hay necesidad de inhibir el uso del automóvil particular. O bien directamente, como se hizo en Europa durante el racionamiento, o bien indirectamente, fomentando un sistema adecuado y decoroso de transporte colectivo. *(29-iii-76.)*

LOS MISTERIOS DEL DISTRITO FEDERAL (II)

Sólo para no peatones

Para comenzar quiero advertir que todo lo que voy a decir en este artículo es el fruto de las observaciones que he hecho en mi calidad de peatón. Porque soy peatón no sólo irredento sino consumado. Esta circunstancia me proporciona una perspectiva de la que carece la mayoría de los mexicanos, quienes en las últimas dos generaciones, por olvido o por complejo de clase, ven pasar la vida como desde un coche.

Por eso estas líneas están dedicadas, con todo respeto, a los no peatones, y tienen por finalidad demostrarles un nuevo aspecto de la realidad.

En primer lugar voy a hablar de los charcos. Los charcos fueron una institución muy conocida y de gran arraigo en nuestro país. Servían de punto de referencia. En Irapuato, por ejemplo, solía decirse:

—Se cayó en el charco que está afuera del Casino.

Era un charco que estaba en ese lugar desde junio hasta fines de octubre y volvía a aparecer en las cabañuelas.

Conozco un libro que en la primera página dice: "Impreso en tal y tal y de venta en la librería de la viuda de Godínez, que está en el Portal Mayor, entre la panadería y el charco".

Los charcos servían también de abrevadero, para hacer navegar barquitos de papel, para remojarse los pies, y de criadero de moscos. Eran charcos naturales; el agua que cae y no se resume ni corre, forma charco.

Si en la actualidad los charcos han pasado al olvido se debe, no a que hayan desaparecido, sino a que los grandes cerebros de nuestro tiempo viajan en coche y sus portadores nunca se mojan los pies. Pero los charcos siguen existiendo.

En verdad, se han multiplicado. Aparte de los producidos por la combinación de varios fenómenos naturales, como son la lluvia y la incapacidad congénita de los mexicanos de formar un pavimento que tenga una pendiente racional, existen nuevas especies de charcos cuyas causas son sencillas, aunque no naturales.

En Coyoacán, por ejemplo, en la calle Centenario, suele aparecer un manantial de aguas que alguna persona piadosa podría considerar milagrosas. En realidad son potables. Al cabo de dos o tres meses de manar, es descubierto por los empleados del DDF, y reparado.

Pero a los seis meses. con una puntualidad diabólica vuelve a brotar. Las aguas corren en parte y en parte forman charco y el charco sirve para que los conductores de vehículos se sientan pilotos de acuaplano y se diviertan viendo las caras que ponen los peatones al quedar empapados.

Otros charcos se deben a la idea que tienen algunas personas, como por ejemplo, los dueños de taquerías, de que ''de puertas afuera, todo es ganancia''. Riegan generosamente la taquería, espolvorean detergente, frotan el cochambre y expulsan el líquido así obtenido (que no tiene nombre científico) hacia la calle, y una vez, allí, que corra, y si no corre, que se resuma, y si no se resume, que se estanque, no importa. Al fin y al cabo, la taquería ya quedó limpia.

Basta de charcos.

Ahora voy a hablar de banquetas.

Las banquetas mexicanas, que nos parecen tan naturales a los que vivimos aquí, son causa de gran nostalgia para los mexicanos expatriados. Los que viven en Los Ángeles, por ejemplo, cantan una canción muy triste que comienza: ''Banquetas de mi tierra... etc.''

Las primeras banquetas fueron construidas con el objeto de que por ellas transitaran peatones. En la actualidad, y gracias a los adelantos modernos, tienen otros usos. Algunas de ellas sirven para estacionar coches (ver las de Francisco Sosa en Coyoacán, o las de Reforma, cerca del Caballito). Otras sirven para poner puestos de periódicos o de jugos de naranja.

Sirven también para que los que están esperando un camión estorben a los que van pasando. O bien para enterrar en ellas postes de la electricidad, postes del alumbrado, postes del teléfono, y postes que soportan los cables del trolebús. Sirven también para abrir zanjas y poner ductos sin estorbar el tránsito de los coches, estorbando nomás el de los peatones. Aquí cabe hacer un paréntesis para felicitar al que proyectó unos arbotantes que tienen una base igual al ancho de la banqueta (véase otra vez Francisco Sosa), y al que inventó la idea de poner letreros que dicen ''perdone usted las molestias que le causa esta obra'' y que deberían contener la siguiente cláusula: ''perdone y dé la vuelta con riesgo de su vida''.

La originalidad de nuestras banquetas es admirable y se debe, en parte a que el dueño de cada casa hace la banqueta como le da la gana. Que el dueño tiene tres coches y un garaje muy amplio, el peatón camina doce metros por un chaflán de treinta y cinco grados de pendiente; que al dueño le gustan las superficies pulidas, el peatón camina como en patines; que al dueño no le alcanzó el dinero para terminar la banqueta, el peatón camina en el lodazal.

Otro rasgo notable de nuestras banquetas se debe a que hay un pequeño sector de nuestra población que vive de robarse las tapas de las atarjeas y otro pequeño sector que no encuentra en dónde tirar la basura. Estas circunstancias hacen que el peatón vaya pensando: ''¿qué encontraré en el próximo agujero? ¿Un perro muerto? ¿Una rata comiendo arroz?''. Y más le vale ir pensando esto. De lo contrario, el siguiente transeúnte va a encontrar en el agujero un peatón con la nariz sangrando. *(31-vii-70.)*

IR A PIE

¿Para qué sirven las banquetas?

Las palabras "tránsito", "circulación urbana", "vía pública", etc., tienen la propiedad de evocar en el que las oye, imágenes de coches parados, choferes furiosos, policías gesticulantes: se oyen, con los oídos del alma, imprecaciones, silbatazos, claxonazos, arrancones; se huelen, con las narices del espíritu, humos de gasolina Pemex mal quemada.

Es decir, los automóviles son tan caros, tan útiles, y estorban tanto, que se han apoderado no sólo de la calle, sino del concepto de tránsito. Los encargados de resolver los problemas de tránsito tienen la cabeza llena de coches, no piensan más que en dónde estacionarlos, por dónde meterlos, cómo llevarlos más rápidamente al otro extremo de la ciudad, con qué frecuencia y a qué intervalos detenerlos para permitir el paso de los que van en sentido perpendicular, etc.

Esta manera de pensar es no solamente errónea, sino antidemocrática. Los que van en coche son muchos, quizá demasiados, pero los que vamos a pie seguimos siendo muchos más. Sin embargo, nadie se acuerda de nosotros. Esta ciudad se distingue de las demás por ser la única en el mundo cuyos gobernantes han resuelto —o mejor dicho, intentado resolver— los problemas del tránsito sin tener en cuenta la existencia del peatón.

(Con todo, hay que admitir que la ley nos protege: si el peatón es nadie mientras va caminando, en el momento en que cae al suelo, atropellado y muerto, se convierte en un némesis formidable y el automovilista que le echó el coche encima —en el supuesto de que sea agarrado por la policía— va a dar a la cárcel acusado de homicidio).

Aprovechando esta época de reflexión en que los expertos se juntan para examinar el pasado y buscar las soluciones del futuro, yo quiero intervenir para decir, sobre el tema de "vialidad", lo siguiente:

La vialidad urbana es de dos clases, la de vehículos y

la de peatones. En nuestra ciudad, la vialidad de vehículos no ha sido resuelta, la de peatones no ha sido ni siquiera considerada.

En México el peatón cruza las calles cuando puede, por donde puede y si puede. No son uno ni dos sino muchos los atropellados ante los ojos del policía que dio la señal de "siga" al atropellante porque no vio ningún automóvil que viniera en sentido perpendicular. En México los peatones son invisibles a los policías, y a los automovilistas.

El automovilista mexicano, por su parte, tiene un orgullo de clase sin igual en el mundo. Considera que por el hecho de tener coche tiene el paso, y ve al peatón como un ser despreciable que le estorba el paso brincándole enfrente, en su intento patético de llegar a la banqueta.

Pero cruzar la calle sin protección no es más que uno de tantos problemas de la vialidad pedestre. Hay otros peores.

La banqueta, que debería ser santuario y oasis del que va pasando, es cada día menos transitable. Las razones de este fenómeno son varias. La primera, es que las banquetas se van haciendo cada día más angostas. Esto se debe a que cada vez que el Departamento del D.F. decide arreglar una guarnición se echa veinte centímetros —o un metro, si se puede— sobre la banqueta, con objeto de aumentar el ancho del pavimento y facilitar la circulación de vehículos. La segunda es que cada vez hay más obstáculos en la calle, como postes nuevos, postes viejos, postes útiles y postes dejados allí en recuerdo de líneas de trolebús que ya fueron canceladas. Obstáculos de primer orden son también los arbolitos que pone el Departamento en banquetas de un metro de ancho. Los arbolitos duran poco, pero el agujero donde fueron puestos se queda allí para siempre, en espera de alguien destinado a romperse un tobillo. Son también obstáculos los anafres, las sartenes para hacer quesadillas, los mostradores de tacos de cabeza, los que se paran en la banqueta a comer tacos de cabeza, los que atraviesan en la banqueta la pierna gangrenosa para pedir limosna, los que esperan un autobús que pasa por otro lado, las que se sientan en la banqueta a pelar nopales, los taqueros que lavan la taquería con cuidado todas las no ches y riegan en la banqueta el producto de esta labor higiénica, un caldo mitad cochambre y mitad detergente. *(14-v-76.)*

LOS MISTERIOS DEL DISTRITO FEDERAL (III)

¿Quién es el encargado?

Iba yo camino a mi casa cuando encontré en la calle donde vivo un taxi del aeropuerto que se había detenido. El chofer se había apeado y estaba preguntándole a un transeúnte:

—¿No sabe usted dónde queda el número 63?

El transeúnte, que no conocía el rumbo y creía que el chofer era retrasado mental, volteó para mirar el número de la casa más cercana y dijo:

—Pues si éste es el número 5, lo más lógico es que el número 63 quede en aquella dirección —y señaló.

Yo, que iba pasando muy cerca, me reí y me detuve a explicarles.

—No, mire: esta cuadra en donde estamos fue abierta muchos años después que la cuadra de junto, fue bautizada con otro nombre, y la numeración era independiente. Pero ocurrió que los encargados de poner las placas en las esquinas no se enteraron de esta circunstancia y al ver las dos cuadras al hilo, les pusieron el mismo nombre. A esto se debe que en cada una de las cuadras haya numeros duplicados. Pasaron muchos años, y al cabo de ellos, el encargado de dar los números oficiales, se dio cuenta de la situación. Aceptó como *fait accompli* que las dos cuadras formaran parte de una misma calle y trató de darles continuidad a los números, empezando por un extremo y terminando en el opuesto. A esto se debe que las últimas casas que se construyeron tengan una numeración más elevada que las primeras y que junto al número 5, esté el 43, y junto al 43, el 11. La idea de este hombre era de llegar, con el tiempo, a tener una numeración que progresara en orden lógico. Se cuenta que acostumbraba decir, de vez en cuando, en la sobremesa, entre sorbos de café y con la mirada puesta en el retrato de bodas:

—Un día de estos voy a poner en orden la numeración de la calle de Reforma, en Coyoacán.

No se le concedió. La empresa a que había dedicado varias horas de su vida quedó truncada por la jubilación.

Llegó un nuevo encargado de dar los números oficiales y, en su inexperiencia, ignorante de los planes de su antecesor y de que en la misma colonia hay varias calles de Reforma que no tienen relación entre sí, les aplicó a todas la misma numeración, haciéndola acumulativa. A esto se debe que después del número 11 esté el 128. Todo esto —terminé diciéndole al chofer que me escuchaba boquiabierto— me hace suponer que el número 63 que es el que usted busca, esté, o bien en la calle de Reforma que está a la vuelta del Callejón del Palo, o bien en la calle del mismo nombre que está en la colonia Atlántida, o bien en la que va a salir a la avenida Esfuerzo del Pueblo, o en la que queda llegando al Canal de Cuemanco.

Dicho esto, me despedí y entré en mi casa.

Éste es uno de los misterios del Distrito Federal, pero no es el único. Hay otros que me gustan más. Por ejemplo, hay veces que me pongo a pensar quién será el encargado de las banquetas de mi rumbo. Trato de imaginar qué aspecto tendrá, qué pensará, qué libros le interesarán, a qué dedicará sus ratos de ocio.

Es un hombre muy original. Todo me hace suponer que ha partido del concepto funcional de que las banquetas son unas plataformas que sirven para clavar postes. Cree, también, que la banqueta perfecta es la que carece de pendiente, está hecha con material impermeable y tiene bordes. De esta manera se logra, con gran economía (el menor aguacero o una criada regando), un espejo de agua que dura un mes, en el que, si la gente no fuera tan salvaje, se podrían echar truchas o lirios acuáticos.

Otro misterio es el de a quién se le ocurrió embellecer el "zócalo" de Coyoacán. Las obras que se llevaron a cabo son un ejemplo interesante de inspiración híbrida. El resultado evoca reminiscencias de Disneylandia, la Ciudadela de Teotihuacán y la Plaza de Armas de Saltillo. En el piso se usaron ciento veinticinco mil prismas rectangulares de piedra sacada del cerro del Meco, que hubo necesidad de pulir con cincel y que tiene dos particularidades notables. La primera es que se raja con el asentamiento y la segunda es que en su superficie pueden conservarse durante dos años los restos de una paleta helada, a menos de que se lave con escobeta.

Pero esto no es todo. El misterio más interesante es el de quién contrató a los que vinieron a hacer los trabajos, que duraron seis meses. Eran doscientos hombres, de extracción popular, pero de procedencia desconocida, que fueron los que inspiraron la obra monumental del profesor Homer C. Smith intitulada *Supervivencias de la tecnología cavernícola en la sociedad moderna*. Es un libro que nos denigra. *(12-vi-70.)*

ESTA CIUDAD (IV)

Enfermedades crónicas

La ciudad de México es, como todas las del mundo, un monstruo enfermo. Su curación, como la de los pacientes monstruosos, implica no sólo el diagnóstico y la prescripción del tratamiento, sino la localización de los órganos enfermos. Su caso es parecido al de una persona que fuera a ser operada de la vesícula biliar, y los médicos, al cortar, encontraran, en vez de vesícula, el apéndice. Acabarían haciéndola picadillo. Y si cinco años más tarde trataran de operarla del apéndice, encontrarían, en vez de éste, el bazo, porque los órganos del monstruo, además de no estar donde deben, van viajando constantemente.

La ciudad, dicen las autoridades, tiene mala circulación. Entonces, hay que abrir grandes avenidas. El diagnóstico y el tratamiento prescritos son, en el mejor de los casos, simplistas, porque, en realidad, la ciudad tiene mala circulación porque las concentraciones de trabajo no corresponden a las concentraciones de habitación. Las zonas industriales son zonas que se establecen para construir fábricas y los obreros que trabajan en ellas viven donde pueden.

Por otra parte, la principal preocupación de las empresas al instalar una fábrica es facilidad en la recepción de materias primas, en la distribución de los productos y en los impuestos bajos, mientras que la de los obreros es la de conseguir habitaciones al alcance de sus posibilidades. A estos intereses contradictorios se debe que haya quien tenga que tomar tres camiones para llegar al trabajo.

A pesar de lo amorfo de la ciudad, pueden establecerse ciertas reglas. Por razones de clima, las clases más altas tienden a emigrar hacia el sur y el occidente de la ciudad, en su intento de huir de las tolvaneras del lago de Texcoco y de la aglomeración del centro. Esto quiere decir que las clases pobres se concentrarán en el oriente y en el norte de la ciudad. La industria, por su parte, busca las vías del ferrocarril y los impuestos más bajos del estado de México; es decir, el norte. Todo esto tendría cierta lógica, si no fuera porque los camiones que van del oriente al noroeste de la ciudad pasan siempre por la Diana. ¿Por qué? Porque así es la ruta. El periférico es para los ricos. Los pobres tienen que pasar por lugares en donde nada tienen que hacer más que echar a perder el paisaje.

Pero supongamos que fuéramos un gobierno lleno de buenas intenciones y con suficiente dinero en las cajas para llevarlas a cabo. ¿Qué haríamos? Probablemente haríamos, en la ciudad colonial, es decir, en el primer cuadro y las zonas adyacentes, una ciudad ficticia de lujo, que explotaríamos con fines turísticos; en la periferia crearíamos una serie de núcleos modelo, cada uno de los cuales estaría dotado de una zona industrial, una zona comercial y una zona residencial. De esta manera, lograríamos que la gente viviera, trabajara y encontrara sus diversiones dentro de los límites de una comunidad que no pasara del medio millón de habitantes, en donde todos los elementos no quedaran, entre sí, a una distancia mayor de dos o tres kilómetros. De esta manera se resolverían muchos problemas. El de la circulación, entre otros.

Nomás que esto implicaría una planificación muy elaborada y, desde luego, medidas dictatoriales, porque supondría, por una parte, la expropiación de todos los terrenos del Distrito Federal, y por otra parte, su redistribución, a fuerzas. Tendríamos que decirle a cada empresa dónde ir a poner su fábrica, y a cada obrero, dónde irse a vivir. Ser despedido de un empleo, significaría perder la casa. Por consiguiente, los trabajadores quedarían por completo en poder de la empresa, y pasarían a ser propiedad de la misma, como si fueran esclavos. Los trabajadores nos odiarían por haberles quitado su movilidad, los empresarios nos odiarían por haberles colgado a los trabajadores del pescuezo y los antiguos propietarios nos odiarían por haberles comprado, a fuerzas, sus terrenos. Habría una crisis y nuestro gobierno, lleno de buenas intenciones, caería.

Por eso todas las ciudades del mundo son caóticas. La sociedad se ha transformado, pero las instituciones siguen siendo las mismas del siglo XVIII. Vivir en un monstruo es el precio que todos pagamos por conservar la propiedad, la libertad, el anonimato y el derecho a no aprender un oficio, ni desempeñar un trabajo correctamente. Pero, como ya sabemos, el respeto al derecho ajeno...

Dejando el terreno de la utopía y regresando a la realidad, podemos pensar, con cierto esfuerzo, que esto no puede seguir así indefinidamente, y que en el futuro todo se va a arreglar convenientemente. Pueden ocurrir muchas cosas buenas. Una de ellas es que nos cayera una plaga de peste bubónica que matara al 75 por ciento de los habitantes de la ciudad; otra, que las compañías petroleras se convirtieran al catolicismo, comprendieran que de nada sirve ganar el mundo si va uno a perder el alma, dejaran de explotar los pozos y permitieran la producción industrial de coches eléctricos, del tamaño de una silla de ruedas. Otra, que se descubriera una ciudad, más rica que ésta, en Tehuantepec, por ejemplo, y muchos se fueran a vivir allá. Estaría bien, ¿no? *(8-viii-69.)*

LA CASA ESTÁ ASEADA

Malos ambientes atmosféricos

El otro día pasaron aquí, por mi casa, unas nubes negras, que hicieron pensar a los optimistas que había llegado el tiempo de aguas y que ya íbamos a salir del calor. Poco después y gracias a un golpe de viento providencial, se disiparon, y más tarde se supo que aquellas nubes nunca tuvieron agua, sino que estaban formadas por polvos del lago de Texcoco, partículas azufrosas, monóxido de carbono, sales amoniacales, y un poco de arsénico. Nada de alarmar. Eran tan inocuas como las emanaciones de los nuevos automóviles, los cuales, de todo lo que echan por el escape sólo un 5 por ciento es letal.

Este suceso me puso a pensar sobre la polémica relámpago que se suscitó hace algunos meses con motivo de la contaminación del aire en el Distrito Federal. La cosa fue así, después de siglos de estar cantando no sólo a la pureza de nuestras costumbres sino también a la del aire que respiramos, los habitantes de la ciudad de México nos enteramos, gracias a estudios hechos por científicos extranjeros, de que hemos vivido en uno de los ambientes más venenosos del mundo. Este descubrimiento causó cierta alarma, pero afortunadamente las autoridades intervinieron con presteza, tomaron determinaciones y el jefe del Departamento del D.F. informó, *mutatis mutandis,* que: a pesar de que no se tiene noticia de que en los hospitales de la ciudad haya sido atendida alguna víctima del aire contaminado, se tomarán las medidas pertinentes para purificarlo.

Esta declaración es, a mi entender, mucho más alarmante que la circunstancia que la provocó. Ir a los hospitales a preguntar quién está enfermo de aire contaminado, no es tomar al toro por los cuernos, sino querer tapar el sol con un dedo. Si el que la gente se muera de envenenamiento es la señal que esperan para entrar en acción ya nos podemos ir mudando a otra parte, porque cuando eso suceda será, probablemente, demasiado tarde.

Pero resolver el problema de la contaminación del aire

no es cosa fácil, ni empresa que pueda llevarse a cabo en un día. Porque el aire no se contamina por capricho o por descuido, sino como resultado de las operaciones normales de una sociedad industrial. En la región de los Grandes Lagos por ejemplo, la contaminación del ambiente es producida, en un elevado porcentaje, por los desperdicios gaseosos de las fábricas y de las fundiciones, mientras que en la ciudad de Los Ángeles, la principal fuente de contaminación son los automóviles.

Ahora bien, para comprender la magnitud del problema es indispensable tomar en consideración lo siguiente: que mientras más barato, es decir, menos refinado, sea el combustible que se use, mayor y más nocivo será el desperdicio y por consiguiente más elevada la contaminación. Es decir que las medidas que se tomen para disminuir las impurezas del aire, irán siempre encaminadas a aumentar los costos de producción y, por consiguiente, serán siempre contrarias a los intereses de las grandes empresas.

Esta última circunstancia es, en nuestro medio, de importancia fundamental, puesto que es indispensable crear quinientos mil nuevos empleos cada año. De estos quinientos mil empleos, una gran parte corresponde a la industria. Es decir, México está obligado a fomentar la creación de nuevas industrias, y, por consiguiente, a dar facilidades a las empresas. Si se formula y se aplica una legislación rigurosa con respecto a la contaminación del aire, se obliga automáticamente a las empresas industriales a aumentar sus costos de producción, que es exactamente lo que éstas no quieren hacer. Entonces, hay peligro de que las empresas se ahuyenten y vayan a establecer sus industrias en países más pobres que todavía no se den cuenta de que se les está envenenando el aire, o que prefieren morir de envenenamiento que de hambre.

Esta es la razón económica de por qué no es muy probable que en México se dicten leyes rigurosas con respecto a la contaminación del aire.

Pero en Europa el problema es más viejo y tampoco ha sido resuelto. Los primeros muertos por el smog ocurrieron en Londres hace veinte años. Se tomaron medidas muy vigorosas, una de las cuales consistió en echar al mar parte de los desperdicios que anteriormente se liberaban en la atmósfera. No ha habido más muertos por el smog, pero las aguas contaminadas han ido a dar al Mar del Norte y las víctimas han sido varias especies marinas y los pescadores de Noruega y Dinamarca.

La contaminación del aire y del agua va en aumento en todas partes del mundo. Las dificultades para resolver este problema no son sólo económicas sino que en muchos casos son técnicas, pero la peor de todas estas dificultades es la inconsciencia de los gobiernos. El de Estados Unidos, por ejemplo, después de anunciar una campaña contra la contaminación, ha destinado a este concepto una cantidad que es 132 veces menor que la destinada a la defensa. *(7-iv-70.)*

DIARIO DE UN LOCO
El canto de los tinacos

Lunes 10

Una mujer, que vive cerca de mi casa, me pregunta: "¿Ustedes tienen agua?". Le contesto que sí. Que afortunadamente en los quince años que hoy cumplimos de vivir en la misma casa, nos ha faltado todo menos el agua.

Ella me dice que desde hace varios días le falta el agua. Esta mañana salió al jardín y vio que todo estaba tan triste, que mandó regar el níspero con el agua en que se lavaron los trastes.

Martes 11

Desde hace meses estoy pensando jubilar la manguera con que se riega el jardín de mi casa y sustituirla por una nueva. He ido posponiendo esta compra hasta hoy, que entré en un supermercado y en un momento de extravagancia compré la manguera más larga, más vistosa y más cara que había en existencia.

Creo que con este acto provoqué la cólera divina, porque al llegar a mi casa con la manguera envuelta en un bulto semejante a una rosca de Reyes extemporánea, encuentro a la familia con caras largas, frente a la puerta, esperando mi llegada, lista para darme la mala noticia:

—No hay agua.

Me estremezco. Estoy convencido de que esta frase se ha usado ya varias veces para anunciar el principio del fin de varias civilizaciones. Por mi mente pasan varias imágenes: carreteras atestadas de gente que huye hacia el Papaloapan, el polvo invadiendo el Zócalo y las campanas de Catedral tocando a muerto.

Miércoles 12

En las últimas veinticuatro horas oigo gorgoritos, sueño con agua corriente, al despertar creo oír el canto de los tinacos. Pura ilusión. No hay gota de agua.

Mi familia hace llamadas telefónicas para dar aviso de nuestra situación y a cambio recibe noticias alentadoras: _

135

hay una familia que vive en la Zona Rosa que tiene ocho
días de no bañarse. En la colonia Mártires del Progreso,
la situación es todavía más angustiosa. Allí, desde 1966 no
han visto gota de agua en las llaves.

La situación es angustiosa, pero nada nueva. Mi mente
se vuelve al pasado en busca de consuelo y recuerdo lo siguiente: hace treinta años vivíamos en un departamento
que tenía en el baño una tina. Que yo sepa, nadie se bañó
nunca en ella, porque usábamos la regadera. La tina servía para llenarla de agua a las 2 de la tarde, "para lo que
se pudiera ofrecer". Esta misma agua la tirábamos al día
siguiente para usar la regadera, que estaba encima de la
tina. A las 2 volvíamos a llenarla. En ninguna otra época
hemos gastado tanta agua, pero como había escasez teníamos por fuerza que acaparar. Si no llenábamos la tina a
las 2, a las 3 no encontrábamos gota de agua en las tuberías, porque los vecinos llenaban sus tinas y si sobraba, llenaban cubetas.

En cuanto al abastecimiento de agua, la región donde
yo vivía no era mala. Había otras peores en las que el su-
ministro terminaba a las 9 de la mañana. La razón de este
privilegio, aseguraban los amargados —era época en la que
los reaccionarios eran antinorteamericanos— era la pro-
ximidad de la embajada de los Estados Unidos, que quedaba a dos cuadras. El Gobierno, decían, por quedar bien
con extranjeros, les daba servicio con el agua que quitaba
de los labios de mexicanos sedientos y mugrosos.

Jueves 13
Desde mi ventana veo que un hombre ha subido a la azotea de una casa vecina. Destapa el tinaco, asoma al interior, ve que está vacío, vuelve a taparlo y baja de la azotea
por una escalera de mano desvencijada.

Recuerdo que en una de las primeras películas hechas en
México por productores extranjeros, aparecía Michelle
Morgan —en el papel de una mujer cuyo marido acaba
de morir del cólera— en un cuarto de hotel de tierra caliente, que se desnudaba, se ponía debajo de la regadera,

136

se enjabonaba... y en ese momento se acababa el agua.

Cuando vi la película: aquella mujer guapa, extranjera, desnuda, enjabonada, mirando con incredulidad la regadera seca, tuve el estremecimiento propio de la revelación. Aquello era México. Todo lo demás eran puras mentiras: el cólera morbo en Alvarado, Carlos López Moctezuma de médico, Gerard Phillipe de cura renegado, judas tronando a la media noche...

Viernes 14
Subo a la azotea de mi casa, destapo el tinaco, veo que está vacío y vuelvo a bajar. *(14-iv-72.)*

ENTRE VECINOS

El coche que pita

Estoy en el cuarto principal de la casa de la hacienda. Me he puesto, cosa extraña, corbata y un suéter color arena, que no es mío, para sentarme en una mecedora a leer el periódico. Miro a mi alrededor. Encuentro varios cambios. Todo el papel tapiz y parte del aplanado se ha caído y el adobe asoma en varios sitios de la pared. Noto también que han abierto dos grandes ventanales y que los han cubierto con cortinas de manta. A través de las cortinas puedo ver que en el jardín —en el lugar en donde estaban los zapotes— alguien ha construido un jacal. Cada vez que levanto los ojos del periódico encuentro a sus habitantes. Son un hombre y una mujer, tienen la cara redonda y la piel esponjosa; sus vestidos no están desgarrados, pero evidentemente la pareja no se los ha quitado, ni cambiado, ni lavado, en meses.

Otro cambio que noto en la casa es que los sonidos se filtran a través de las paredes. Oigo la conversación de mis vecinos, que no me interesa, pero que tampoco me deja leer. Hay que hacer algo. Dejo el periódico a un lado y me pongo de pie. Decido decirles algo que sea corto, perentorio, incontrovertible y contundente. Me paro frente a un espejo a ensayar:

—Háganme ustedes el favor de callarse la boca.

Mi voz sale engolada y bastante ridícula. Ensayo varias veces cambiando la entonación y la forma de la frase. Mientras tanto, la situación en el jardín ha empeorado. Ha llegado un visitante. Este trae un overol gris y botas de hule. Ahora llegan otros dos, de calzón blanco. La conversación sube de volumen. ¡Están tomando pulque en mi jardín, junto al limonero! Empieza una discusión. Se vuelve pleito. La mujer trata de separar a los que se están peleando. El grupo se desplaza y sale de mi campo visual. Ahora sí, va a ser indispensable intervenir. ¿Qué les diré? Asomo al otro ventanal y desde allí veo el desenlace: mi vecino acaba de darle una cuchillada a uno de los de calzón blanco y le ha abierto la barriga. La mujer lanza un grito estridente y prolongado, y abraza al heridor, mientras los otros dos sostienen al herido. Se dan cuenta de que está muerto, se inclinan lentamente para depositarlo en el suelo. Entonces, intervengo yo y digo con voz tronante:

—Óiganme ustedes: háganme favor de no dejar cadáveres en mi jardín. Llévenselo a otra parte.

Ellos me miran asombrados y sus rostros se vuelven círculos blancos. Despierto.

Es, otra vez, el coche que pita. Estoy en mi cuarto. Mi mujer ha encendido las luces y está cerrando furiosa las ventanas, en un intento patético de no oír el coche que pita.

El coche que pita es el coche de alguien que vive cerca de mi casa, cuyo claxon se pega cada vez que se reúnen las condiciones atmosféricas adecuadas. Esto ocurre una vez al mes, cerca del cuarto creciente, entre las cuatro y las seis de la mañana.

La primera vez que oí el coche que pita estuve a punto de enloquecer. No sabía si el ruido iba a durar una semana, un mes o toda la vida. Ahora ya no me molesta tanto. Ya sé que es cosa de esperar unos diez o quince minutos a que se descargue la batería y santo remedio. El ruido se acaba tan de improviso como empezó.

En vez de desesperarme o de levantarme a cerrar ventanas, he optado por emplear los diez o quince minutos que dura el sonido en tratar de imaginar a los dueños del coche que pita. Es una familia admirable. En cinco meses no han tenido dinero para cambiar el claxon. En diez minutos no les da tiempo para ponerse una bata y salir a arreglarlo. También es posible que se trate de una familia que tiene sueño de campesino —gente que sueña que está dormida—, que ni siquiera se han dado cuenta de que el coche pita y creen que hay un bromista que les descarga la batería.

Prefiero imaginar a un matrimonio en piyamas, en una cama matrimonial king-size. El cuarto está a oscuras, pero ambos están despiertos. La esposa dice:

—Ya está otra vez pitando el coche.

El marido contesta:

—Sí.

Ella dice:

—Se va a descargar la batería.

Él contesta:

—Sí.

Ella dice:

—¿No será bueno que te levantes y arregles el claxon?

Él contesta:

—Vamos a esperar otro ratito a ver si se calla solo.

El diálogo continúa hasta que se descarga la batería. Cuando esto ocurre, el marido dice: "ya ves, te lo dije...", se da la vuelta en la cama y queda dormido al instante. Entre las consideraciones que se han hecho, estoy seguro de que no entra ninguna de éstas:

—Ya despertamos a cuarenta familias.

—Hay cuarenta familias refrescándonos la memoria de nuestra santa madre.

—No salgo porque uno de los vecinos está esperándome con una M-5, listo para venadearme. *(26-ix-72.)*

140

LOS RATOS DE OCIO

No sólo para trabajar vive el hombre

Al final de una entrevista que me hicieron hace algunos meses, la entrevistante me dijo:

—Ya nomás faltan las fotos. Yo quisiera, para darles más ambiente, que te las tomaran en algún café que frecuentes o en algún paseo que te guste.

Huelga decir que esta mujer no es mexicana. Sin embargo, noté con horror que no frecuento ningún lugar más que mi casa y que los paseos que me gustaban ya no los puede dar nadie.

Hace treinta años había más cafés, más cantinas y más billares que en la actualidad y hace treinta años la ciudad tenía dos millones de habitantes.

En aquella época la idea de tener una o dos horas libres provocaba automáticamente la de irse a un café a pasarlas platicando con amigos, o con amigas, leyendo un libro, mirando volar las moscas, o escribiendo poemas, como hacía Tomás Segovia. Cuando llegaba el momento de irse pagaba uno lo que costaban dos cafés y la propina. Si a alguien, por perversidad se le ocurría comer algo, pedía un tamal. Los demás se iban a su casa a cenar el recalentado de la comida.

En 1955, después de un ensayo de una obra que estaba montando Seki Sano, éste dijo: "vamos a tomar un café". Fuimos a un café y él pidió milanesa a la Holstein. Ahora comprendo que este fue el primer indicio de que los vientos estaban cambiando.

No sé qué les pasó a los dueños de cafés, si les entró la codicia, si les subieron las rentas o ambas cosas. El caso es que pusieron manteles sobre las mesas, inventaron menús horribles y ahora ven con malos ojos al que entra en su negocio a pasar el rato y tomar nomás café.

Desgraciadamente, la gente, sobre todo los jóvenes, sigue teniendo ratos libres y tiene que pasarlos forcejeando en una esquina o yendo a toda velocidad en el coche de su papá de un lado a otro de la ciudad a perder el tiempo.

Lo que les ha sucedido a las cantinas es más misterioso. No es que los hombres se hayan vuelto menos borrachos. Beben igual o más que hace treinta años, y sin embargo, en vez de que las cantinas aumentaran al mismo ritmo de la población, han ido disminuyendo. Estoy seguro de que hay rumbos en la ciudad en que no hay una cantina en cinco kilómetros a la redonda. Esto es una vergüenza.

Las cantinas de México, como todo, estaban concentradas en el primer cuadro. Primero el mal gusto de los dueños —creyeron que el plástico era más elegante que la madera— y luego la picota del demoledor, las están acabando.

Según un amigo mío, el enemigo número uno de las cantinas han sido los bancos. Estaban en esquinas que son los terrenos que prefieren los bancos para poner sus sucursales.

Es posible. Otro factor que también hay que tener en cuenta es que la mujer se ha convertido en elemento dinámico de nuestra sociedad. Muchas actividades que antiguamente los hombres hacían entre hombres, ahora las hacen en compañía de sus mujeres, entre otras, tomar copas, y los cantineros de México, con una terquedad heroica, prefirieron morir en su puesto que dejar entrar mujeres en sus negocios.

Uno de los paseos que más me gustaba hacer cuando llegué a vivir en Coyoacán, consistía en ir por la avenida México hasta Viena, tomar esta calle, pasar por la casa de Trotsky y salir al río, subir por el bordo e ir caminando entre los árboles hasta Churubusco, visitar el Convento y salir por General Anaya a Héroes del 47 para regresar a Coyoacán.

Este paseo, que ahora es como acordarse de los Teocalis, lo hice muchas veces adulto y escritor. El río lo modificaron dos veces y en la actualidad sólo es transitable en coche y a alta velocidad porque es espantoso. Claro que el río era maloliente y que había que abrir el paso al progreso. De acuerdo, pero el paseo que he descrito es algo que antiguamente podía hacer un habitante de la ciudad en sus ratos de ocio y que ahora ya no puede hacer, a menos de que sea masoquista.

Antiguamente podía uno discutir con varios amigos caminando por la Reforma. ¿Quién puede ahora oír lo que dice el otro en la Reforma? ¿Quién puede oír lo que dicen sus propios pensamientos? *(5-iv-76.)*

LLUVIA EN EL ALMA

Pasatiempos para días de lluvia

Por la calle llena de charcos va una mujer en piyamas, con rizadores en la cabeza.

—¡Qué milagro! —le digo, porque ella siempre va en coche.

—Voy a la esquina a comprar... —aquí entra una serie de nombres de revistas que yo no leo ni en la sala de espera de un dentista—. Es que, ¿sabes? con estos días nublados, me dan unas ganas muy raras de leer cosas que no me interesan.

Esto, pensé, es un aspecto diferente y novedoso de la sicosis de día de lluvia.

Hay personas, en su mayoría mujeres, que se deprimen cuando amanece nublado.

—Yo soy la hija del sol —dicen, o palabras con el mismo efecto— y en los días lluviosos me dan ganas de no haber nacido.

Ante estos conceptos lacrimosos yo respondo diciendo, con voz llena de entusiasmo:

—A mí, los días lluviosos me encantan.

Y me asomo a la ventana.

En días nublados, el universo se vuelve íntimo. No alcanza uno a ver más que el árbol que está a media cuadra y ya. Desaparece la sensación vertiginosa que da pensar, en días claros, "aquí derecho queda la nebulosa de Andrómeda, que es como otra Vía Láctea y está a quién sabe cuántos millones de años luz".

Enciendo la luz.

¿Qué cosa más agradable, por ejemplo, que rebanar una piña, alumbrándose con un foco, a las dos de la tarde?

Las visitas llegan empapadas. Al despedirse, ya medio borrachos, los paraguas se confunden y cada quien se lleva el mejor que encuentra. En la casa queda sólo uno, defectuoso, al que se le sale el mango.

Cuando está uno invitado a comer fuera, habla uno por teléfono:

—Pues fíjate, que ya estábamos arreglados, cuando empezó el aguacerazo, y nada que se quita.

Puras mentiras. Está uno en pantuflas.

Experiencias literarias. Los días lluviosos deben ser un regreso al seno materno. Se recomienda encerrarse en casa, tomar té con aguardiente y ponerse a leer.

Los libros leídos en tardes lluviosas, dejan en el alma una huella indeleble —como la que dejó en la mía *Scaramouche* de Rafael Sabatini, una tarde lluviosa de 1941—, pero hay que estar prevenido y tener en casa, siempre, listos, tres o cuatro libros propios para el caso, porque no hay nada más ridículo que tener que salir a la calle, en día lluvioso, a comprar un libro.

Se recomiendan lecturas —a menos de que la casa tenga goteras— de viajes al Polo Norte, relatos de la vida entre los esquimales, *Cumbres borrascosas, Moby Dick, Aventuras de Cabeza de Piedra,* libros en los que los personajes pasen malos ratos y sufran por intemperismo.

Evitar a toda costa libros en los que salga el sol. Aquellos cuya acción se desarrolla entre corridas de toros o en la fiesta de San Fermín en Pamplona, como *El sol también se levanta,* de Hemingway, son particularmente nocivos.

Escribir es difícil. No hacerlo más que cuando no queda más remedio.

Otras actividades. Se recomienda inventar nuevas variedades de ponches, hacer un ensayo de *boeuf a la Wellington*, poner los papeles en orden —i.e. quemarlos en la chimenea—, inventar una nueva manera de jugar solitario —los tendidos de menos a más en vez de más a menos, y sobre el as va el rey, sobre el rey el dos, sobre el dos la reina etc., por ejemplo—, escribir correspondencia atrasada —"querido Pepe, hace tanto que estoy queriendo escribirte, pero por una cosa u otra..." Se recomienda, también, no contestar el teléfono. *(18-vi-74.)*

ESTA CIUDAD (V)

¡Viva el Zócalo!

Hay ciudades que se formaron a lo largo de ríos, como París y Londres, otras que se formaron en el interior de una bahía, como Río de Janeiro, otras, que se construyeron en una isla como Nueva York. Los ríos son ejes, el mar es un límite. Esto quiere decir que las ciudades construidas en estas condiciones, siempre tendrán un orden dictado por la naturaleza del terreno. Nuestras ciudades, en cambio, que están enmedio de llanos desérticos (aunque hayan sido lagunas), no tienen ejes naturales, ni más límites que las montañas, que todavía quedan muy lejos. Ahora bien, a falta de límites y ejes, es indispensable que las ciudades tengan, cuando menos, un ombligo. Ese ombligo es la plaza mayor.

La plaza mayor de una población es el centro de la vida de la misma. Allí es donde está la sede de los poderes, el civil y el religioso. Si es posible, el social también; en la plaza mayor se junta la gente a platicar, a oír la música, a bolearse los zapatos; allí se da cita para ir a cualquier parte, porque en una ciudad bien organizada, todos los transportes llegan a la plaza mayor y de allí salen transportes para cualquier punto de la ciudad.

En el centro de la plaza mayor debe haber un quiosco, para que suba la orquesta y toque. Cualquier cosa que no sea quiosco en el centro de una plaza mayor, es una aberración.

La plaza mayor de nuestra ciudad empezó mal. Se llama Zócalo porque en su centro se empezó a hacer algo que nunca se terminó. Este hecho ha dado lugar a que periódicamente aparezca alguien con un nuevo plan para reformar el Zócalo.

Pero vamos a ser francos. El problema del Zócalo es que no funciona como plaza mayor. El Presidente despacha en Los Pinos, la Catedral la están componiendo desde hace veinte años, y en el centro de la plaza nadie se puede sentar a leer el periódico.

El Zócalo funciona como plaza mayor cada noche del 15 de septiembre y cuando hay motines. Para eso, que la dejen como está. Funciona perfectamente. Es el centro simbólico de la ciudad.

La idea de hacer un agujero rectangular con un astabandera en el centro y exhibiciones de piezas arqueológicas en los lados me parece peligrosísima. ¿Dónde se para la gente para gritar "¡Viva México!" o para protestar por algo?

Por otra parte, la exhibición de piezas arqueológicas tiene el siguiente defecto: a los únicos que les interesa la arqueología son los turistas. Los turistas ya invadieron las plazas de toros, los hoteles, los restaurantes y los mercados. Los resultados están a la vista. Se acabaron los buenos toreros y los buenos toros, los hoteles subieron de precio, la comida en los restaurantes es abominable y los mercados están llenos de adefesios. ¿Para qué dejarlos que invadan el Zócalo? El único sentido que tendría ponerles una atracción en el centro sería atropellarlos al cruzar; pero eso se puede hacer en cualquier calle.

En lo que se refiere al funcionamiento del Zócalo, hemos llegado a la conclusión de que no es útil más que en determinadas ocasiones, pero en esas ocasiones funciona muy bien. Ahora, si nos ponemos a estudiar el aspecto estético de la cuestión, podemos hacer las siguientes consideraciones:

El Zócalo no es la Plaza de las Tres Culturas, ni la Ciudadela de Teotihuacán. Es un cuadrilátero de edificios coloniales o seudocoloniales (algunos de ellos muy feos). La manera de arreglarlos correctamente sería hacer, en el centro, una plaza colonial: el Caballito en el centro. Claro que esto no se puede hacer. Nadie quiere tener la estatua de un rey cretino en el centro de la ciudad.

Entonces, quedan varias alternativas: poner en el centro una estatua que contraste, simbólicamente, con la colonial; la estatua de Cuauhtémoc, por ejemplo, víctima de la colonia; la del Cura Hidalgo, por haber sido el que inició el fin de la colonia; un monumento mixto, que represente al Cura Hidalgo y a Cuauhtémoc dándose la mano y pisando a Carlos IV. Esto tendría la ventaja de que se podría usar el Caballito, que es una buena estatua, y la desventaja de que las figuras de Cuauhtémoc e Hidalgo tendrían que ser de quince metros de alto. También se puede hacer otro monumento mixto de la siguiente manera: Cuauhtémoc, de un lado, deteniendo a la Coatlicue, que está siendo derribada por un Hernán Cortés de perfil lombrosiano, que a su vez, está siendo atravesado por una espada empuñada por el Cura Hidalgo, quien lleva en la otra mano el estandarte con la Virgen de Guadalupe. Sería un poco abigarrado, pero interesante, porque la Coatlicue sería la verdadera, que es una pieza de gran valor. Además, es una representación sintética de nuestra historia.

Otra cosa que se puede hacer es reconocer que la colonia ya se acabó, quitar al Zócalo, y poner en su lugar el Monumento a la Revolución en el centro y las Pirámides de Teotihuacán a los lados. Esto sería original y estaría más de acuerdo con nuestra ideología.*(22-viii-69.)*

LOS MISTERIOS DEL
DISTRITO FEDERAL (IV)

¿Qué hicieron con mis impuestos?

La mañana del 27 de diciembre fui al portal de mi casa, recogí el periódico del suelo, pasé un ojo veloz por entre las frases célebres dichas por nuestros gobernantes el día anterior y después abrí el periódico en la página que contiene las Predicciones Astrológicas del Doctor Faustus. Lo que pronosticaba este sabio para los de mi signo —Acuario— en ese día era lo siguiente:

"No firmes hoy nada sin haber antes reflexionado lo suficiente. Es posible que intenten hacerte víctima de un engaño o comprometerte en algo peligroso".

Tuve un escalofrío y después se me olvidó esta predicción siniestra. Subí a mi cuarto y estuve trabajando toda la mañana, sin acordarme de los peligros que me acechaban. A las dos de la tarde sonó el timbre.

Cuando abrí la puerta vi ante mí un joven de apariencia inofensiva. Parecía deportista: sudadera, helado de pistache y bicicleta. No entiendo de dónde sacó los papeles.

—Traigo una notificación del predial —me dijo—. Firme aquí.

Estaba poniendo los puntos de la diéresis cuando me acordé del Doctor Faustus. Era demasiado tarde para reflexionar antes de firmar, tuve que hacerlo después. Me quedé pensando un rato en la historia de mis impuestos prediales.

No soy el señor al que le dio el infarto al ver la notificación. Ni siquiera se puede decir que de los papeles que me ha mandado el C. Tesorero éste sea el que más susto me ha dado —el que más susto me dio fue uno que tenía una errata y decía 12.6 por ciento en vez de 12.6 al millar pero de todas maneras me quedé pensando.

Es cierto que en muchas otras ciudades pagaría impuestos más fuertes, es cierto también que inclusive aquí podrían cobrarme más caro, debo admitir que el valor catastral de mi casa es razonable.

Hace dieciocho años, cuando me cambié a esta casa, pagaba 25 pesos bimestrales, ahora pago 900. Claro que el valor de todo ha subido, que el de mi casa ha aumentado y que 23 pesos eran demasiado poco aún para aquel entonces. Sin embargo, la diferencia entre 23 y 900 es de tal magnitud que no puede atribuirse solamente al paso del tiempo, sino a un cambio en la administración de la ciudad y en la calidad de los servicios públicos. Podría suponerse que hemos pasado de una comunidad rudimentaria a una ciudad moderna.

Abro la puerta de mi casa y asomo a la calle. Hace dieciocho años, aquí a los lados, había muladares. La gente, en vez de esperar el camión, venía a tirar la basura en los solares. Recuerdo que alguien tiró un día un perro muerto y yo tuve que vaciarle encima un costal de cal para matar los gusanos.

Ahora la cuadra está limpia. ¿Quién acabó con los muladares, el Departamento Central? No precisamente: los que construyeron sus casas en los solares. Ahora todos los vecinos de la cuadra le pagamos al barrendero para que se lleve nuestra basura a otros solares que están más lejos de aquí.

Miro al pavimento. Aquí, junto a mi puerta hay una depresión en la que se forma un charco famoso, que dura desde el primero de mayo hasta el quince de septiembre. Nadie ha pavimentado esta calle en dieciocho años. Miro al cielo: se ve cuadriculado. Está lleno de cables. Todavía no hay conductos subterráneos. Cada año, por noviembre, pasan los taladores de la Compañía de Luz y hacen pedazos los árboles de la cuadra —yo sospecho que les pagan por kilo—. Miro a las casas de los lados. Todavía no arreglan la numeración. Hace 18 años mi casa era la número 7, quedaba entre el 1 y el 10. Ahora es la número 48 y sigue quedando entre el 1 y 10.

Pero no todo está igual que hace 18 años. Hay tres innovaciones. Una es el foco del farol que está en la calle: antes era incandescente, ahora es mercurial. Otra es un arbolito que plantaron el otro día. En tiempo de aguas —es decir, cuando no le haga falta— se va a regar solo, con lo que salpica el charco. Está exactamente abajo de los cables y cuando crezca y sea frondoso, lo van a hacer pedazos cada noviembre los taladores de la Compañía de Luz. La tercera innovación es la entrada de una atarjea que estaba en perfecto estado y fue sustituida por otra nueva sin razón aparente.

Francamente estas mejoras no justifican el aumento de los impuestos. ¿En qué se emplearán los que yo pago?, ¿en quitar y poner focos de colores?, ¿en hacer fiestas dominicales subpopulares?, ¿en subvencionar delfines?, ¿en echar a perder las pocas calles decentes que había en la ciudad —ejemplos, Melchor Ocampo y calzada de Tacubaya—?, ¿en hacer pedazos el bosque de Chapultepec? *(5-i-76.)*

MEMORIA DE TRES REGENTES

Para que se acuerden de mí

La administración de Casas Alemán se ha quedado en mi memoria resumida en tres imágenes diminutas. En la primera aparecen unos trabajadores haciendo agujeros en las banquetas de la avenida Juárez y poniendo en ellos unos postes plateados con dos placas soldadas en el extremo superior. En las placas hay letreros que dicen: Av. Juárez/ Eje Oriente-Poniente, y San Juan de Letrán/Eje Norte-Sur —o algo por el estilo—. Estas placas se llamaron, durante unos días, "la nueva nomenclatura". No recuerdo qué ventajas tenía, pero sí que Madero se llamó Juárez lo mismo que la calle de Ejido. Supongo que fue un intento de cuadricular la ciudad y darle a cada punto sus coordenadas. Recuerdo que lo primero que hizo la siguiente administración fue mandar otros trabajadores a quitar los postes plateados. Otra imagen es la expresión de asombro de unos amigos que iban conmigo en un coche, cuando vieron, en otros postes plateados, en una avenida recién abierta, un letrero que decía: "Avenida Fernando Casas Alemán". Es la que hoy se llama Universidad.

La tercera imagen es la más dramática. Es una mañana de inundación en las calles de Isabel la Católica. Las señoritas que van al trabajo cruzan las calles caminando por tarimas temblonas, o bien en brazos de cargadores borrachos de La Merced. Yo me quito los zapatos al cruzar Uruguay y al llegar a la puerta del despacho donde trabajo en donde el agua cubre la banqueta, veo flotar unos papeles que dicen "Casas Alemán para Presidente".

Estas imágenes son subjetivas y por consiguiente, injustas. Los recuerdos son arbitrarios y dicen tanto del que los recuerda como del recordado. Cada regente deja una huella en la mente de sus gobernados y yo aquí estoy exponiendo las que me dejaron varios.

Al evocar a Uruchurtu, lo primero que se me viene a la cabeza es el recuerdo de varias cosas que él prohibió. Por ejemplo, amanecer en "El Gusano", discutiendo con un electricista sobre la existencia de Dios, es una experiencia que francamente no se me antoja repetir. Sin embargo, me molesta que, gracias a Uruchurtu, sea imposible repetirla. Él cerró "El Gusano", y otros cientos de cabarés. Hizo de México una ciudad respetable, cuando que su gran —¿único?— atractivo, en tiempos avilacamachistas y alemanistas fue ser abiertamente indecente. Hay menos pleitos de cantina probablemente, pero la ciudad sigue siendo igual o más inmoral que hace veinte años, nomás que ahora es más aburrida.

Uruchurtu prohibió hacer fraccionamientos, creyendo que así iba a frenar el crecimiento de la población y lo único que logró fue echar la ciudad sobre el estado de México.

Pero era tan enérgico que dejó cosas positivas. Abrió la ciudad como cirujano. Los primeros recorridos del Periférico lo dejaban a uno con los pelos de punta. No sabíamos que vivíamos en un lugar tan feo. Barrios que durante siglos habían estado ocultos para todos menos para los que vivían allí, se presentaron en toda su miseria a los que iban pasando en los coches. Recuerdo también que la gente creía —equivocadamente— que una vez que miradas civilizadas se posaran en aquella mugre, ésta iba a desaparecer y a convertirse en edificios lujosos. Nadie se imaginaba que el Periférico en sí iba a ser fuente de infección.

Uruchurtu administró la ciudad en beneficio del automovilista. Durante su gobierno se abrieron grandes avenidas y disminuyó el número de autobuses urbanos.

En materia de comunicación urbana, yo creo que la construcción del Metro es la obra más importante que se ha hecho en la ciudad. Tiene la ventaja de que beneficia a todos y no sólo a los que tienen coche, que siguen siendo una minoría.

Los defectos que tiene el Metro son los mismos que tiene el sistema político mexicano. Es mitad servicio público y mitad monumento al regente que lo mandó hacer. A esta segunda característica se debe que se haya quedado, no a medias, sino en el esqueleto. Los sucesores no podían terminar el monumento a otra persona. Han dicho, por un lado que es incosteable, y por otro que no se pueden aumentar los pasajes, porque con eso se perjudicaría a mucha gente pobre. Yo creo que el peor perjuicio que se le puede hacer a la gente pobre es mandarla al trabajo en un camión que tarda veinte minutos en pasar, va repleto, y tarda hora y media en llegar a su destino. Eso en día que no hay embotellamiento. *(17-iv-76.)*

EN PRIMERA PERSONA

La vida en México en 1977

LOS MISTERIOS DEL D.F.

(Octubre/un lunes)

Despierto lleno de expectación morbosa: este día será un hito en los anales de Coyoacán; la calle de Francisco Sosa, que durante veinte años ha estado abierta al tránsito de oriente a poniente, cambiará de sentido hoy —dicen— y el tránsito irá de poniente a oriente.

Los pasos que las autoridades han dado para efectuar este cambio trascendental en las vidas de los que por aquí vivimos han sido tan sigilosos y al mismo tiempo tan obvios como los que dieron los ejércitos aliados para desembarcar en Normandía.

El viernes pasado amanecieron las flechas en las esquinas indicando el sentido que la calle tendrá en lo futuro. Son signos relativamente bien dibujados y claramente visibles. Sin embargo, o nadie se ha fijado en ellos en los últimos tres días, o a nadie le importa meter el coche por una calle llena de flechas que apuntan en sentido contrario, porque el tránsito siguió el rumbo tradicional.

Yo sé que hoy, lunes, cambia el sentido la calle porque me lo dijo el señor N, un comerciante vecino, hombre bien relacionado que tiene amigos en la Delegación. Me dijo:

—El lunes cambia de sentido la calle. Es una imbecilidad.

Me enseñó un plano que le regalaron, en el que está marcado cómo va a funcionar la región en el futuro. Visto en el papel, el cambio que se va a efectuar parece admirable por lo innecesario. Se pretende, parece, que todo el tránsito que antes iba por Francisco Sosa —una calle que une a Coyoacán con San Ángel—, entre ahora por Belisario Domínguez, que dé vuelta a la izquierda en Melchor Ocampo, vuelta a la derecha en Progreso, y que al llegar a Universidad dé vuelta a la izquierda o a la derecha, según le convenga y luego otra vuelta a la derecha o a la izquierda según para donde vaya. Es decir, cuatro vueltas en vez de ninguna.

Salgo a la calle a ver el efecto de la nueva disposición. Desencanto. La medida ha sido pospuesta un día, porque los técnicos del Departamento no lograron "reprogramar" a tiempo el semáforo que está frente a la gasolinera.

Martes

A las ocho de la mañana empieza el estruendo. Los coches que acostumbraban entrar por Sosa, que son muchos, se topan con una patrulla que está atravesada en la bocacalle, y después de enderezar su curso tienen que ir a Taxqueña —nadie toma la nueva ruta que describí antes con tanto cuidado—. La congestión va creciendo conforme avanza el día y afecta el tránsito de toda la región. A las dos de la tarde hay un alto casi total. Mi mujer, que viene de San Ángel, tuvo que ir a dar a Copilco y entrar por Pino: 52 pesos de taxi. La calle de Francisco Sosa está desierta.

Viernes

Ayer quitaron la patrulla que estaba atravesada en la bocacalle. Evidentemente —dicen los vecinos— se la llevaron a otro lado que es mejor negocio. De cada diez coches que pasan por Centenario uno entra por Sosa, a pesar de las flechas y de los coches que vienen perplejos antes de echarse en reversa, estorbando el tránsito de manera espectacular. Otros, más brutos, se siguen de frente, sin hacer caso a los gritos "sentido contrario" que da la gente que va por la calle.

Hoy, al cruzar, recordé el cambio de sentido, me aseguré de que no venía ningún coche del poniente y estuvo a punto de atropellarme con su bicicleta el mandadero de la carnicería, que había entrado en sentido contrario.

Lunes

Después de discutir con varios el nuevo sistema vial, en un intento de adivinar sus causas, me quedo con tres posibilidades: a) se trata de conservar Francisco Sosa y su belleza tradicional convirtiéndola en una calle inútil; b) se trata de molestar a alguien que vive en Taxqueña; c) es una medida para evitar que secuestren a los millonarios que viven en Francisco Sosa al salir de sus casas: el coche de los secuestradores, en su huida, en vez de desembocar en las mil alternativas que ofrecía el rumbo antiguo: Avenida Universidad, Insurgentes, Revolución, Cuernavaca, etc., se quedará atorado en la esquina de Tres Cruces, permitiendo así que lo alcancen los guaruras, cuando se repongan del susto.

UN DIA DE CAMPO

Noviembre/viernes

Mañana iremos de día de campo con unos amigos que están pasando unos días aquí. Hemos decidido ir al Nevado de Toluca para repetir el viaje que hicimos a ese lugar hace exactamente diez años. Todavía recuerdo con entusiasmo el lago que hay en el cráter, el día clarísimo y el panorama curvo del valle. No teníamos cámaras entonces. Nos sentamos en una roca y tomamos vino y comimos pan y queso. Mi mujer saca los catalejos del closet. Todos estamos de acuerdo en que hay que llevar comida sencilla y llevarla desde aquí, porque hay un antecedente idiota: hace unos años tratamos de hacer este mismo viaje que proyectamos y se frustró por culpa de un desayuno lentísimo e indigesto que hicimos en Toluca. Cuando salimos del restaurante ya el cielo se había nublado, por lo que decidimos cambiar de planes e irnos a Malinalco. Ojalá y que mañana no ocurra lo mismo.

Sábado

Un día espléndido. Desgraciadamente amaneció muy temprano. Dan las once cuando todavía uno de los expedicionarios está metiendo pan en el tostador. Nos reunimos en consejo y decidimos que la expedición al Nevado debe esperar a otro día —o a otro año—. Hoy podemos ir a Xochimilco y de allí a Mixquic para salir a Chalco. Subimos en el coche y emprendemos el viaje.

Nos perdemos. Por tomar una curva equivocada, le damos vuelta al Estadio Azteca, cruzamos un puente y entramos en la calzada de Axotla. Decidimos que es una de las calles más feas del mundo. Recorremos kilómetros en medio de un paisaje impreciso en el que se alternan lla-

nos, escuelas, gente jugando futbol, casas que no se sabe
si las están terminando o si ya empezaron a caerse, calles
futuras. Cambiamos de calzada varias veces sin mejorar
de panorama, hasta que de pronto el camino desemboca
en la plaza de Xochimilco. Miramos con incredulidad los
nuevos faroles. ''Centro ceremonial'', dice un letrero. Un
escalofrío me recorre el espinazo. Nos detenemos cerca del
mercado y nos apeamos del coche. Un viejo se me acerca
gesticulando. Cree que soy extranjero y me ofrece a señas
cuidar el coche. Le doy un peso.

El día de campo, proyectado con energía y ejecutado con
torpeza, termina en el mercado de plantas, entre filas de
bambú negro, palmas de siete clases, poinsetias asiáticas,
filodendron. Cuando salimos de allí estamos cargados de
plantas y de bultos de comida. Hay que regresar a casa...
(*Vuelta no. 14, enero de 1978.*)

EN PRIMERA PERSONA

La vida en México en tiempos de Hank González

EXPLORACIÓN DE XOCO (UNA MAÑANA DE ABRIL)

Para combatir la murria me salgo a la calle entre el calorón y el terregal con el pretexto de ir a buscar libros que tengan obras de teatro mexicanas. Decido ir a la librería del Fondo y hacer el trayecto a pie, pero en vez de ir por las rutas normales, que me parecen horribles, se me ocurre atravesar el pueblo de Xoco, que no he visitado desde un día de 1957 en que fui a comprar petates. En el recuerdo que guardo de aquella ocasión aparecen el puente antiguo en el momento en que lo cruza un camión amarillo con un racimo de pasajeros en el estribo, el río de agua turbia pero apacible y, detrás del panteón, calles de tierra, burros cargados, muros de adobe y gente en cuclillas tejiendo petates. Esta mañana en cambio, cruzo Río Churubusco por un puente para peatones. Me pasa lo mismo que cada vez que atravieso uno de estos puentes: siento que vibra y que se pandea, me lo imagino rompiéndose en dos y echándome, con los barandales y la losa de concreto, encima de los coches que pasan. Imagino también el frenón que van a dar los que traten de evitar estrellarse contra mi cadáver y las ruinas del puente y la colisión múltiple. Cuando pongo el pie en tierra firme siento que he escapado de un peligro terrible.

Las calles de Xoco han sido asfaltadas pero no ensanchadas, no tienen banquetas y por ellas, en vez de burros transitan coches conducidos por gente malhumorada. Muchas de las que eran casas de petateros se han convertido en residencias de gente de medio pelo. Un señor saca su coche a la calle y lo deja atravesado, impidiendo la circulación por completo, mientras vuelve a la casa en busca de algo que se le olvidó. Veo unos edificios cilíndricos que parecen casamatas. Primero se me ocurre que es un reducto secreto de Guardias Presidenciales, pero al acercarme descubro con extrañeza que es el nuevo local del Sindicato de Compositores. Más adelante, a la vuelta de un recodo, está el centro del pueblo con su iglesia con atrio y comercios alrededor. Comprendo entonces que hay un elemento de Xoco que había olvidado: el olor a mierda.

Más adelante camino entre muros de piedra y veo tras de uno de ellos un centro comercial enorme que está en construcción. A pesar de que la idea de un centro comercial me parece espeluznante —lo imagino lleno de familias haciendo compras— tengo que admitir que éste está bien diseñado: es un prisma rectangular de acero y vidrio ahumado. Las calles alrededor están llenas de escombros y de coches chocados en estado de descomposición. Sólo hay dos personas en cientos de metros de calle: un ciclista que anda perdido y un muchacho que le dice por dónde debió haberse metido. El ciclista se va por su lado y yo sigo el camino que lleva el muchacho, que pasa por un solar que está cubierto con bolsas de plástico —de Aurrerá— llenas de basura, la mayoría destripadas. No sé qué me parece más inquietante: que la gente venga a tirar la basura en Xoco, o que el camión del servicio de limpia no pase a recogerla. De una callecita chueca sale un cochecito a toda velocidad, va a estrellarse en una esquina y luego echa reversa y sale corriendo.

Me detengo ante una ventana. Es de madera y tiene tela de alambre. Es una ventana bien hecha. Está en una casita que evidentemente era parte de otra más grande.

—Esta ventana —me digo— tiene el sello inconfundible de mi tío Pepe López Moctezuma.

Entonces comprendo que yo, la ventana, la casita, las calles chuecas, los escombros, el solar lleno de basura y hasta el centro comercial que está en construcción, estamos en los terrenos que fueron propiedad del general Almazán. Mi tío Pepe López, que era un arquitecto, construyó estas casas en los treintas. Yo estuve una sola vez en casa de Almazán: un día vine aquí con mis primos —los hijos de mi tío Pepe— con intenciones de nadar, pero el agua de la alberca estaba tan fría que no pudimos estar en ella más de cinco minutos, pasados los cuales entramos en el baño ruso. Fue un espectáculo inolvidable. (Esto ocurrió en 1939, cuando Almazán estaba en su campaña política.) Había entre veinte y treinta antiguos revolucionarios, compañeros de armas de Almazán. Unos estaban envueltos en toallas, otros, encuerados. Vi con asombro las cicatrices, las carnes flácidas y los sexos como charamuscas. (Esta experiencia, ahora me doy cuenta, es un antecedente importante de *Los relámpagos de agosto*.)

PUNTO FINAL

21 de abril
Hoy terminé de corregir las pruebas de mi nueva novela que se llama *Dos crímenes*. Al llegar a la última página impresa comprendo que la novela está terminada y que ya nada me queda por hacerle. En vez de alegrarme, como yo hubiera esperado, me da tristeza. Este libro, que escribí durante veinte meses con cierta exasperación, llegó a ser parte importante de mi vida y ahora que lo he acabado me siento desnivelado. Supongo que es hora de comenzar otro libro y eso equivale a caminar por veredas llenas de piedras.

Cuando empecé a escribir *Dos crímenes* tenía intenciones de hacer una novela ''rápida y fácil'', que contrastara en todo con *Las muertas* que fue la anterior. Hubiera querido hacer un divertimento, como los que escribía Graham Greene entre sus novelas ''serias''. Ahora, veinte meses después, sé que quizá los divertimentos diviertan a los lectores, pero el que yo escribí me costó tanto trabajo, o más que mi novela ''seria''.

Creía que lo que iba a hacer sería relativamente fácil, porque partí de una anécdota interesante y llena de incidentes, que permiten la creación de situaciones dramáticas y facilitan la caracterización de los personajes. La anécdota varió poco y en general puedo decir ahora que todo salió a pedir de boca. Atribuyo la dificultad que tuve al escribir esta obra a un obstáculo que yo mismo me puse. En un conjunto imaginario introduje un personaje que al principio fue el retrato de una mujer que existe en la vida real y que me parece detestable. La metí en la obra con intención de maltratarla y me salió el tiro por la culata. Fue como meter en el jardín de mi casa una estatua de Juárez. En el momento en que el personaje entraba en escena, los demás enmudecían —incluyendo al autor—. La fui arrastrando más de un año, hasta diciembre, época en la que ya no la pude aguantar. Decidí transformarla y logré esto con una facilidad que me asombra. No le cambié el nombre ni el peinado ridículo ni los pelos pintados de rubio. Taché la palabra ''cabezona'' con que la describía en la primera versión de la obra y le puse pescuezo —cosa que el original no tiene—, le aumenté diez centímetros de estatura, la hice un poco morena, en vez de blanca lechosa, y dejé traslucir que ha sido guapa —cuando ocurre la acción es jamona—. Santo remedio. El narrador la seduce en el capítulo V y eso le da a la novela un equilibrio que yo encuentro satisfactorio.

VIAJE AL CENTRO DE COYOACÁN

En los veintidós años que tengo de vivir en este barrio, este es el cuarto arreglo que le hacen a la plaza de Coyoacán. No puedo decir que sea el peor arreglo de los cuatro, pero sí el más radical y el que más molestias ha causado.

Hoy es domingo y cruzo la plaza camino al mercado. Es un mediodía caluroso. En las bancas hay gente sentada. En sus rostros se nota, aparte de la tontería, el principio de insolación. La totalidad de la sombra que dan los pocos árboles que quedan la tienen acaparada los que están aprendiendo a hacer monos de peluche. Encuentro a un antiguo conocido, que es crítico de arte.

—¿No te parece —le pregunto— que esto quedó de una aridez teotihuacana?

—Es que se desvirtuó el propósito con que fue emprendida esta obra —me dice.

—¿Ah, sí?

Es primera noticia que tengo de que la compostura del centro de Coyoacán haya sido emprendida con algún propósito. Mi amigo me explica:

—Se trataba de eliminar los obstáculos que impedían la vista de la fachada de la iglesia.

Miramos la iglesia y convento de San Juan, que ha sido víctima de los que han querido componerla. Yo considero que ahora es de segundo orden. Mi amigo considera que fue una aberración haber puesto un montículo al lado de la iglesia, en donde se ha formado, con plantas, un escudo. Le digo lo que me dijeron: que cuando quitaron los montículos del Zócalo no hallaban qué hacer con la tierra y la llevaron a Coyoacán.

—Para mí —agrego—, las plazas públicas son lugares en donde hay sombra y la gente puede sentarse a descansar, considero que la vista de la fachada de una iglesia, sobre todo una como ésta es de segunda importancia.

—Es otro concepto —dice él y nos despedimos.

Unos niños han arrancado piedras del piso recién inaugurado y las arrojan en la pila nueva para salpicarse unos a otros, otros juegan futbol en el quiosco, otros corren en bicicleta.

Hace unos años, en la penúltima compostura, tumbaron una palmera enorme que estaba frente a la entrada de la iglesia. Yo me puse furioso cuando vi lo que había pasado. Una señora de por aquí se acercó y me dijo para explicarme:

—Tumbaron la palmera porque Salvador Novo dijo que era antiestética.

No contesté lo que debía haber dicho, que Salvador Novo también era antiestético y que nadie le dio de hachazos.

LA LUCHA ELECTORAL

En las calles de Coyoacán hay muchos retratos de Antonio Carrillo Flores, que ha sido escogido por el PRI para representarnos en la Cámara. En una carta que nos mandó a los electores, explica quién es. Además de la lista de los puestos que ha tenido, que son muchos y que no creo que haya desempeñado gratis, incluye el dato de que su padre inventó el sonido 13 y está en la Rotonda de los Hombres Ilustres.

domingo 29 de abril
Éste es el segundo domingo que el Partido Socialista de los Trabajadores se instala en la plaza de Coyoacán —de once de la mañana a ocho de la noche— para hacer su campaña. Para demostrar que es falsa la idea de que los mexi-

163

canos somos indiferentes en materia política, han traído unas mantas en las que la gente que pasa escribe lo que se le ocurre. Parece que el domingo pasado se llenaron cientos de mantas con peticiones, opiniones y slogans. La idea me parece excelente.

Otra idea novedosa consiste en prestarle el micrófono a todo el que quiera decir algo. Me pareció también buena y me hubiera parecido mejor si no hubiera estado el volumen tan alto que me obligó a escuchar casi todo lo que dijeron los espontáneos.

Una de las candidatas habló para decir que hay que demostrar que el país no es "patrimonio de unas cuantas familias". A mí esta frase me suena a maderismo y considero que al cabo de sesenta años de inmovilidad los nuevos partidos deberían saber cómo está gobernado el país: el PRI es minoría, de acuerdo, pero está sostenido en el poder por una masa enorme y corrupta, a la que tiene acceso casi todo mexicano que esté dispuesto a hacer un favor con tal de que le hagan otros a cambio. (*Vuelta no. 31, junio de 1979.*)

EL ESPÍRITU DEL GOBIERNO

Tan cerca y sin embargo tan lejos

Hace ocho días, cuando escribía mi artículo, noté que con el ruido del tecleo se mezclaba un sonido muy raro. Al principio creí que era canto gregoriano, después que los monjes se habían vuelto locos y estaban cantando *blues* y por fin reconocí la forma inconfundible de una canción de Cri Cri. Once canciones de Cri Cri oí esa mañana. No por gusto. Cri-Cri me parece execrable desde que cumplí nueve años. Las oí porque esa mañana el espíritu del Gobierno llegó hasta mí en forma de once canciones de Cri-Cri.

El Presidente nombra al Regente, el Regente al Delegado, el Delegado al encargado del sonido y aquella mañana el encargado del sonido decidió, por alguna razón que ignoro, darnos un concierto de once canciones de Cri-Cri a todos los que estábamos a menos de un kilómetro de distancia de las bocinas. Entre septiembre y diciembre del año pasado, el espíritu del Gobierno se nos manifestó a los coyoacanenses todas las mañanas en forma de la Marcha Dragona.

Los que vivimos en este rumbo podemos quejarnos de muchas cosas, pero no de que el Gobierno no se acuerde de nosotros. Aquí puede uno tomar clase de guitarra, jugar ajedrez, aprender a hacer perros de peluche, vacunarse contra la polio y todo es gratis. Cortesía del Gobierno. Los domingos hay fiesta. Si quiere uno oír música, también es gratis y si no quiere oírla, también tiene que oírla. Hay épocas en que vienen los voladores de Papantla todas las noches, en otras, se escucha a media mañana la música arrítmica de los indios charangas.

Como complemento de la labor oficial, están las ferias. Aquí, a la menor provocación ponen un tejabán para tirar al blanco, instalan la Casa de la Risa o arman los caballitos. Cuando no es carnaval, es miércoles de ceniza, y si no, Pascua, primero de mayo o aniversario de la batalla de Puebla. Una vez al año hay mercado de artesanías; en otra temporada, ''Festival de la Tuna'' —este festival consiste en instalar en una esquina de la plaza diez puestos en donde se venden tunas, de todas las tunas y nada más que tunas—. También llegan y se van fritangas, pozoles, pancitas y tacos de cabeza nómadas.

Todo lo anterior constituye un intento del Gobierno del D.F. de darle a la plaza de Coyoacán la importancia que le corresponde por la tradición y por ser el centro cívico de una comunidad amorfa de seiscientos mil habitantes. Para conmemorar que esto antes fue pueblo y que ahora es un rincón típico, se ha creado una situación que permite a cualquier familia mexicana venir a pasar aquí la tarde de un domingo, o tomar helados, tirar basura, oír la música, ver el baile del Torito e irse a su casa a dormir.

Coyoacán es un microcosmos en el que podemos estudiar reflejado el espíritu del Gobierno de la ciudad. Notamos por una parte, la evidente preocupación de las autoridades por entrar en contacto con las capas más desafortunadas y más numerosas de nuestra sociedad. Que se acerquen todos los que necesiten vacunas contra la polio, o que no tengan oficio y quieran aprender a hacer perros de peluche, que se acerquen los que quieran ver bailar el Torito o a los hombres voladores de Papantla, que se acerquen también los que crean que pueden cantar o bailar, y que lo hagan, al fin aquí estamos en familia, todos formamos parte de una gran comunidad que se llama el pueblo mexicano y esta fiesta se hace con los auspicios del Departamento del D.F.

Esta actitud me recuerda uno de los momentos más dramáticos de nuestra historia; cuando el cura Hidalgo tomó Celaya, abrió las arcas del Ayuntamiento y echó el dinero por la ventana a los que estaban afuera, en la plaza, al tiempo que les decía:

—Tengan muchachos, que esto es suyo.

El defecto que tiene esta clase de contactos es que la comunicación tiene un solo sentido. El que está en el tablado y tiene la bocina habla y los demás lo oyen. Se hacen los favores que están en esta lista, y si alguien quiere otra cosa, ni modo. Si alguien dice que la música que tocan los domingos es mala, que los perros de peluche son horribles, que los puestos de pozóle dejan cochambre, o que en vez de gastar en focos deberían lavar las banquetas, que están asquerosas, es porque es un capitalista españolizante, que antepone el bienestar personal al justo esparcimiento de las clases no privilegiadas. *(30-iv-76.)*

MOVIMIENTOS PENDULARES
Sociología de una esquina

Una señora española, que no entiende nada, me decía hace algunos años:

—No entiendo por qué, si la Reforma es la calle más elegante de México, tienen que construir allí el edificio del Seguro Social, en el cual tiene que entrar y salir constantemente gentuza.

—Ese fenómeno que has observado —le contesté— es nada menos que el cumplimiento de la segunda profecía de Quetzalcóatl. La primera se refería a la llegada de los españoles y la segunda, a la de los indios. El que la hace la paga. Los mexicanos blancos hicieron en la Reforma una calle por la que creían que nomás iban a pasear ellos, y si acaso, sus mozos de estribo; nunca imaginaron que con el tiempo, la tercera parte de los pobres de México iban a verse obligados a cruzar esta arteria tan elegante, en camiones apiñados, dos veces diarias, al ir y regresar del trabajo. La gente que entra y sale al Seguro Social no es nada comparada con los que trabajan en las canteras de San Hipólito y viven en la colonia Prolongación Mártires de la Justicia Social.

Para aclarar el concepto, le describí el funcionamiento de una esquina que queda cerca de mi casa: la que forman las calles de Centenario y Francisco Sosa, en Coyoacán, que es zona que también ha tenido pretensiones.

La calle de Centenario, que es tradicional y sin chiste, fue inaugurada por don Porfirio y tenía por función la de dar acceso al jardín del mismo nombre, que en una época ha de haber sido una placita tranquila, en la que ha de haber pasado poca gente, parejas de enamorados, señores comprando el periódico, beatas que van a la iglesia, etcétera.

Esta situación no duró mucho tiempo. Quiso el destino cruel que la calle de Centenario se convirtiera con el tiempo, no sólo en una arteria de circulación abundante y furibunda —por allí pasan, en su Mustang, los vendedores de seguros más malhumorados de México, o en su defecto, sus hijos— sino también, en estación de transbordo.

En efecto. Los obreros que trabajan en la zona industrial que comprende las colonias Esfuerzo del Pueblo, Conquistas del Proletariado y Progreso Social, ganan sueldos tan bajos y tienen familias tan numerosas que se ven obligados a vivir en el extremo opuesto de la ciudad; es decir, en las colonias que se han formado en las Cuevas de Inahuancalco, en la Barranca de los Petates y en el Cerro del Muerto.

Ahora bien. Esta masa de gente se levanta temprano y para ir a su trabajo toma primero un camión Tepehuanes-Barranca (por Plutarco), después un Reformatorio, y por último, un Esfuerzo Conquistas-Progreso, que los deja en la puerta del taller, dos horas y media después de que abandonaron su casa.

Pero lo que nos importa no es eso, sino que al salir del trabajo e ir de regreso a sus casas, tienen que bajarse del Reformatorio y subirse en el Tepehuanes exactamente en la esquina de Centenario y Francisco Sosa. Es decir, que entre las cinco de la tarde y las ocho de la noche, todos los días, catorce mil personas tienen que bajarse de un camión y esperar un rato y abordar otro en una banqueta que, como decía yo en el artículo pasado, tiene ochenta centímetros de ancho.

Pero si esto fuera todo sería poco. Hay que tener en cuenta que en el espacio en que se forma el gentío están las entradas de un hospital de perros, un expendio de lotería, una paletería, una fotografía, una taquería y una mercería. Esto quiere decir que entre la gente que espera y el camión que pretende abordar se interponen vehículos que se estacionan: el coche de un señor que lleva a consulta un perro que padece desmayos, el de una familia que quiere tomar paletas, el de una señora que quiere comprar un listón color guinda, etcétera.

Por otra parte hay que tener en cuenta que los camiones Tepehuanes no son los únicos que pasan por esa esquina y que una buena parte de los que quieren abordarlos no saben leer y tienen que preguntarle al chofer qué es lo que dice arriba. Además, los choferes de los Tepehuanes

consideran que la esquina a que me refiero es la antesala
del infierno, por lo que cada vez que pueden hacen la parada o cincuenta metros antes o cien después de la regla-
mentaria, por lo que los aspirantes a pasajeros tienen que
correr de un lado a otro de la cuadra en un movimiento de
vaivén que dura tres horas.

Por último, quiero decir que los empleados de la taquería son gente muy limpia. Lavan todas las noches el cochambre de la fritanga que han hecho y lo escurren por la
banqueta al asfalto, formando así un charco que tiene vir-
tudes de manantial milagroso y ocho años sin secarse.
(21-i-72.)

LA NUEVA ATLÁNTIDA

El futuro incierto

Supongamos que ocurren cosas desagradables. Supongamos que la sequía y el calorón que acabamos de pasar se prolongan, no dos semanas, ni dos meses como nos anunciaron, sino tres años. Las consecuencias hubieran sido verdaderamente catastróficas. Muchos hubieran muerto de sed, porque es de suponer que las autoridades estarían dispuestas a gastar hasta el último litro de agua antes de avisar que se está acabando.

Pero los más listos hubieran emprendido un movimiento migratorio nunca visto en la edad moderna. Algunas familias del Distrito Federal se hubieran ido a Suiza, a cuidar sus cuentas; otros se hubieran ido a dar clases de español en los Estados Unidos, y otros, los más, hubieran ido a formar una nueva ciudad Netzahualcóyotl a orillas del lago de Chapala, sin darse cuenta de que también éste iba a acabar secándose.

Cuando esto ocurriera, el resto de la población del país cruzaría la frontera del norte en masa y se establecería en los Estados de Tejas y Nuevo México en condiciones de vida que harían sonreír a las Panteras Negras. Esto hubiera marcado el fin de la cultura mexicana, de la que no hubieran quedado más que vestigios insignificantes y aislados, como son la aparición, en Suiza, del cultivo de chiles serranos en maceta, la fabricación de carnitas en el sur de los Estados Unidos y la invención, por un sabio polaco radicado en Minneápolis, del tequila sintético.

El impacto que México ha logrado en el ámbito internacional, desaparecería en dos o tres generaciones, pasadas las cuales los sombreros de charro, las cajitas de Olinalá y los sarapes de Saltillo desperdigados por el mundo, dejarían de ser un recuerdo de México y se convertirían en "la cosa esa que trajo la abuela de quién sabe dónde".

En ese momento la civilización mexicana habría dejado de existir y estaría lista para ser descubierta nuevamente.

Los informes de los arqueólogos del siglo XXII dirían

lo siguiente:

"El Valle de Schroeder (así se llamaría el de México en honor de su descubridor) estuvo habitado a mediados del siglo XX por una raza que logró desarrollar una cultura muy adelantada y de una exquisitez tremenda. Se desplazaban en Volkswagen, usaban utensilios de plástico y lograron producir radios de transistores que son réplica exacta de los que en esa época se fabricaban en Japón. Eran adoradores de la piedra, como lo demuestra el hecho de que la casta sacerdotal, que era la dominante, haya construido sus casas en un pedregal y las haya rodeado de altares de cinco metros de alto, sin ningún adorno. Los esclavos vivían en jaulas de concreto, de las que no quedan más que vestigios".

"Al sur de la ciudad, en un lugar llamado Cu, se encuentra un conjunto monumental de edificios religiosos, dominados por la Torre del Sol y la de la Luna. La Torre del Sol, en cuyo interior se encuentran algunos libros, que evidentemente eran considerados por los sacerdotes como un gran tesoro, porque están colocados en un lugar prácticamente inexpugnable, tiene los muros cubiertos por un mosaico de manufactura primitiva, que representa la teogonía aceptada por los habitantes de la región. Narra el mosaico la lucha entre los dioses blancos y los cobrizos que culmina con la victoria total de estos últimos. La Torre de la Luna tiene una arquitectura más sobria, pero no menos dramática. En su exterior hay un mural que representa algo que parece un lápiz en perspectiva, y que probablemente era alguno de los objetos del culto. En el interior de esta torre se han descubierto millones de expedientes de personas que, evidentemente, fueron sacrificadas en el Festival Anual de la Piedra. Frente a estas dos torres está la Explanada de los Muertos, en donde los sacerdotes se juntaban para bailar la Pipifonga, que era la danza sagrada. Los edificios que rodean la explanada estaban dedicados a usos que no es posible determinar con certeza. Hay quien afirma que estaban dedicados al culto de dioses menores, como es el tabique recocido, pero no es muy seguro. De lo que no cabe duda es que esta civilización, en sus adoraciones, era de una sobriedad notable, porque en estos templos no hay nada más que sillas incómodas''.

''De Cu parte una gran avenida que une a la ciudad sacerdotal con la de los esclavos, que está al norte. Esta avenida remata en otra gran plaza en donde, entre otros edificios, se encuentra uno que podría parecer cristiano, si no fuera porque en los cimientos se han encontrado multitud de ídolos, y porque frente a él se extiende otra gran explanada de piedra, lo que indica que también estaba dedicado al culto del mismo material''.

''Hay que advertir que toda la ciudad está socavada para formar pasadizos secretos, que sirvieron indudablemente a los sacerdotes para comunicarse entre sí, o, quizá, para ir a visitar monjas sin que nadie los viera''. *(8-v-70.)*

PENSAMIENTO CENTRÍFUGO

Contra las ganas de irse de aquí

Para terminar esta serie de artículos en que he tratado algunos problemas urbanos, quiero regresar a donde empecé: al ánimo de los habitantes de la ciudad.

En los treinta años transcurridos entre mi adolescencia y la actualidad, los cambios físicos que han ocurrido en la ciudad son tan apabullantes que no dejan aliento para considerar la transformación que se ha operado en la actitud de los citadinos, excepto en los casos extremos en que la exasperación de vivir en la gran urbe se convierte en delincuencia. Esta es cuestión que no me interesa por ahora. Lo que me interesa es que todos, ricos y pobres, hemos cambiado en nuestra relación con la ciudad en que vivimos.

Yo, que soy provinciano que vino a la capital desde muy chico, pero que conservó lazos estrechos con su ciudad de origen, recuerdo una época en la que vivir en la ciudad de México era considerado un privilegio: en México la luz eléctrica era más brillante, las calles eran más anchas y estaban mejor pavimentadas, el agua de Xochimilco tenía un sabor delicioso y era la única en toda la República en la que el jabón hacía espuma, si tenía uno poco dinero, podía subirse en un tranvía, ir a dar la vuelta a Tlalpan, a San Ángel, a Xochimilco, y ver a lo lejos los volcanes en la atmósfera limpísima, si tenía uno dinero podía ir al cine —había menos cines, pero eran mejores, en conjunto estrenaban más películas de las que se estrenan ahora, y al salir de ellos no tenía uno que batallar para encontrar taxi. En resumen, que daba gusto vivir en la ciudad de México.

Pasó el tiempo y el orgullo que teníamos de ver crecer nuestra ciudad y adquirir rasgos modernos, quedó en suspenso cuando el crecimiento empezó a tomar características de ciencia-ficción. Grandes edificios, que nos habían admirado, empezaron a desmoronarse, las calles anchas se llenaron de coches, hubo necesidad de tumbar los árboles, las aceras se llenaron de gente muy rara, que antes no existía

174

u no salía a la calle más que en la noche del quince de septiembre, a oír el grito. Por fin, en los últimos años, la ciudad se ha convertido en lo contrario de lo que era hace treinta: un lugar de destierro en donde tiene la gente que vivir a fuerza, porque aquí está el dinero, aquí están las oportunidades, aquí está el Gobierno, con sus pompas y sus obras.

Así como antiguamente los provincianos soñaban con irse a la capital porque era más bonita y más elegante, ahora los que viven en la ciudad y son pobres sueñan con juntar dinerito que les permita regresar a su tierra natal, a pasar sus últimos años debajo de un mezquite, o tirando piedras al río, o acostados boca arriba, viendo pasar zopilotes.

Los ricos se hacen otras reflexiones. Se dan cuenta de que la ciudad de México tiene los defectos propios de las grandes urbes pero muy pocas de sus ventajas. En materia de vida cultural, por ejemplo, esta ciudad tiene muy pocos atractivos. La cartelera teatral es patética, si va uno a oír un concierto, tiene grandes probabilidades de oír uno dirigido por Bátiz, lo que se exhibe en los cines es lo que produce el Gobierno y lo que deja entrar con cuentagotas, si quiere uno un libro en idioma extranjero es casi seguro que no lo encuentre. La vida nocturna actual es más raquítica, pero mucho más cara, que en 1955. Los buenos restaurantes, salvo cuatro o cinco, han sido penetrados por el turismo y prostituidos.

¿Qué queda? Irse a vivir en provincia, ver películas viejas en televisión y hacer cada año un viaje de un mes al extranjero para desemburrecerse.

El número de individuos que están pensando en irse a vivir en Cuernavaca en un futuro no muy lejano, ha de estar cerca del millón, y el día en que cada uno de éstos logre su sueño dorado, Cuernavaca va a ser tan inhabitable como la ciudad de México.

Por lo anterior yo creo que la única salvación que tiene esta ciudad es que sus habitantes combatan el espíritu centrífugo, se convenzan de que aquí es donde hay que vivir y se decidan a luchar por convertir esta ciudad en un lugar habitable, considerándola como algo propio, respetando los derechos de los demás, exigiendo a la administración medidas sensatas, y participando más activamente en el gobierno de la ciudad, uno de cuyos defectos mayores es el de estar sobrecargada de autoridad. Parece que aquí viven los Poderes y que los demás somos invitados. Hay que acabar con esto. *(3-v-76.)*

UNA CIUDAD PARA VIVIR

¿Y si estuviéramos en París?

Los capitalinos pasamos una buena parte del tiempo quejándonos.

—Si hubiera campeonatos mundiales de aire contaminado, sacaríamos, de perdida, medalla de bronce. La polvareda que nos llega del lago de Texcoco es comparable solamente a la que hay en Timbuctú. Los conductores de vehículos mexicanos reúnen la torpeza de los italianos, el sadismo de los franceses y el mal humor característico de los parientes del Shâ de Persia, teniendo además el inconveniente de que los coches se les descomponen a media calle. Un vidente acaba de profetizar que el primer escándalo de 1976 será el descubrimiento de que lo que Pemex ha estado llamando gasolina desde hace tantos años es en realidad cera de Campeche. El 75% de los capitalinos vive en casas que no reúnen las especificaciones que hay, para jaulas, en el Zoológico de Boston...

Bueno, muchos nos quejamos pero somos siete millones los que no nos vamos a vivir en otro lado. Claro que un porcentaje considerable de estos siete millones ignora que exista otro lado y que otro porcentaje también considerable no puede salir de aquí porque se moriría de hambre en cualquier otra parte. Otros muchos, como yo, nos sentimos ratones de ciudad. Ir al campo a ver puestas de sol está muy bien, pero no es para todos los días. La ciudad tiene atractivos muy grandes.

Este artículo está dedicado a esta última clase de personas: los ratones de ciudad. Para que se acuerden que después de todo la de México no es la única ciudad que hay en el mundo.

Supongamos que somos parisienses y que tenemos la tarde libre. Compramos *Le Monde* para ver qué se nos antoja hacer: Supongamos que queremos ir al cine. Podemos escoger entre un festival de Ingmar Bergman, otro de Román Polanski. *Los Magníficos Amberson*, de Orson Welles, un homenaje a John Cassavetes, *La batalla de Argel*, *Una*.

temporarda en el infierno, *Los perros de paja*, de Sam Peckinpah; *La rodilla de Clara*, de Eric Rohmer; *Las aventuras de Buffalo Bill*, de Cecil B. de Mille, con Gary Cooper, etcétera.

Pero no, mejor vamos al teatro, *Macbeth*, de Ionesco; *Robinson Crusoe*; el circo mágico, en la galería de la ciudad internacional. "El circo trastorna la ópera, las convenciones y la historia. Una gran fiesta delirante", dice la recomendación.

También podemos oír a Arthur Rubinstein, o un *Te Deum* de Charpentier. Podemos ir al Casino de París a ver Zizi je t'aime, o de plano ir al Mayol a ver Le Up Show Nu.

Entre los teatros subvencionados, podemos escoger entre el Bolshoi, en la ópera, *Madame Butterfly*, *Los pechos de Tiresias* y *Las desdichas de Orfeo*, en la ópera cómica, o bien, en la comedia francesa, *Las preciosas ridículas*, *Las mujeres sabias*, *El enfermo imaginario*, etcétera.

Para terminar, encontramos un anuncio que dice: "Cuando París no logre distraerlo, venga al Casino de Enghien. Bacará, Banca sin límites"...

Creo que si fuéramos parisienses, cuando menos esa tarde tendríamos a dónde ir.

Después de esto nuestras páginas de espectáculos nos parecen raquíticas: *Las momias de Guanajuato*, *El Cristo del océano*, *La pequeña señora de Pérez*, *Jesús*, *María y José*. . . *La píldora dijo no*, *Trasplante a la mexicana*, *Cenas y te acuestas*. . . Enrique Bátiz y la Orquesta Sinfónica del Estado de México. Por televisión, Capulina y Bartolo...

Pero supongamos que decidimos emigrar a París. Hay que instalarse. Hace falta un departamento. Lo mejor será comprar un condominio de los que están construyéndose para estrenarlo y no tener que vivir entre mugre de extranjeros. Vamos a ver. Abrimos la página "Le Monde Immobilier". Aquí hay algo que parece muy interesante. El condominio se llama "Las Terrazas de Chaillot". La estación Trocadero del Metro queda cerca. Perfecto. Vamos a ver: 6,200 francos, que son 15,500 pesos aproximadamente. ¿Qué será esto? ¿El precio del departamento? Imposible, sería muy barato. ¿El enganche? No. ¡Es el precio de cada metro cuadrado! Podemos escoger desde un estudio, hasta tres piezas. Nos prestan hasta el setenta por ciento del valor y nos dan quince años para pagar. Podemos comprar una recamarita mínima de tres por tres treinta... Nos costará aproximadamente ciento cincuenta mil pesos. Ah, y un closet... otros 15 mil. Ah, se nos olvidaba, un baño minúsculo: de dos por uno: otros treinta y un mil pesos. ¿Cuánto llevamos? Ciento noventa y... ¿En qué cine daban *Las momias de Guanajuato*? *(31-iii-72.)*

IV
Manual del viajero

Exiliados

Yo paso los días en París y las noches en México. Si los sueños tuvieran acotaciones como obra de teatro, los malos dirían "la acción se desarrolla a veces en la ciudad y otras en la provincia, pero siempre en México". En mis sueños aparecen ciertos lugares que puedo situar en la realidad con toda precisión. La esquina de la calle de Nápoles y avenida Chapultepec, por ejemplo. A la derecha están las casas del señor Comana, como eran hace treinta años, y atravesando la avenida se abre un panorama espléndido, de calles arboladas y casas de tres pisos con balcones.

En un sueño tomé un camión.

—No sé por dónde vamos —me dijo el chofer— porque han abierto calles nuevas.

Y fuimos por las calles nuevas, entre muros de adobe, fresnos y bardas tumbadas. No supe a dónde llegamos.

En varios de mis sueños ha aparecido un valle, una colina y una curva en la carretera: es el camino que hay que tomar para llegar a "la terminal". En otros sueños ando por las calles mal empedradas, veo alumbrado público mexicano —con insectos alrededor—, hay árboles de capulín, matas de hoja elegante y pirules.

En este decorado entran los personajes. Yo aparezco a veces solo, a veces con mi mujer, el reparto incluye desconocidos, como el chofer que no sabía a dónde iba, pero el elenco está formado principalmente por mis amigos de México que a veces aparecen en grupos, otras veces alguno da una actuación especial. Nunca he soñado con un francés.

Los temas son de gran sencillez: estamos en una fiesta, se cae un muro y vemos lo que está pasando en la casa de junto, llegamos a un lugar en donde no nos esperan, hemos comprado una casa que no nos gusta y estamos pensando cómo arreglarla. Son sueños tranquilos. Mis relaciones con los otros personajes del reparto suelen ser más cordiales que en la realidad.

Cuando despierto de México asomo a la ventana y veo

un panorama completamente distinto: el patio del colegio de niñas con sus cuatro castaños, el techo de la casa elegante que mi mujer y yo hemos dado en llamar "el Ministerio de Misterio", la línea quebrada de las mansardas de la avenida Víctor Hugo o, a lo lejos, como un borrón contemporáneo, el copete del Concorde Lafayette. Estoy en París.

Mi situación onírica actual es la contrapartida venturosa de la que tuve durante una larga época en que la falta de dinero y el exceso de obligaciones me impedían por completo viajar. Pasaba entonces las noches haciendo cola en el edificio de un aeropuerto. Una vez solamente pude abordar un avión que me llevó a Venecia. Un instante después desperté en Coyoacán.

Vivíamos en una casa que tenía un jardín que era como un pedacito de selva. Siempre estuvo amenazado por la civilización circundante. Los dos árboles eran demasiado grandes para el terreno. Cada año los de la Compañía de Luz cortaban las ramas más frondosas de uno de ellos porque —decían— tocaban los cables que había en la calle, una vecina quería que tumbáramos el otro porque tiraba basura en su patio, otra vecina se quejó siempre de que nuestra yedra había invadido su barda, otra acusó a nuestra pasionaria de estrangular su antena de televisión. Aparte de esto vivíamos a gusto.

Fuimos modificando la casa tratando de adaptarla a nuestras necesidades y al cabo de veintitrés años de estar en ella ha de haber parecido bastante extraña: tenía una recámara, dos estudios, cuatro baños, dos jardines y no había entrada de coche. Iba a decir que para nosotros era perfecta, pero es mentira: hubiéramos querido hacer una veranda en el primer piso pero hubiera requerido de tumbar media casa y volver a levantarla. Era casi perfecta.

Pasábamos gran parte del día en la casa porque mi mujer y yo trabajamos cada quien en su estudio, no tenemos obligaciones familiares y nuestra vida social es poco activa. Sin embargo, las señales de que la ciudad que nos rodeaba estaba volviéndose inhabitable fueron filtrándose poco a poco.

Uno de los signos más antiguos fue la transformación

de los transportes. Hace veinte años, a principios de los sesenta, la manera de ir al centro consistía en llegar a la esquina, dar vuelta a la izquierda, caminar dos cuadras y tomar un camión de la línea "Colonia del Valle-Coyoacán", que pasaba vacío porque la terminal estaba a unos doscientos metros. En media hora llegaba uno al cine Insurgentes y en cincuenta minutos a la Palma. Cuando recuerdo el momento de abordar uno de estos camiones modestos aunque puntuales y limpios me quedo helado: ¡estaba yo viviendo en la Edad de Oro del transporte urbano en la Cuidad de México! Lo que sigue es decadencia: los camiones empezaron a circular repletos a todas horas, los tiempos de recorrido se volvieron incalculables, cambiaron las rutas y había que caminar cinco cuadras para tomarlos. En 1971 empecé a usar peseros. En 1973 dije que el trabajo que me costaba escribir los dos artículos que publicaba en *Excélsior* cada semana era menor que el que me costaba llevarlos a Bucareli y regresar a Coyoacán, la gente creía que era broma pero era verdad. En 1979 salir de la casa era una complicación: había que hacer cita con un taxista.

Un día, no sé si fue a fines de 1975 o a principios del 76, escribí en el periódico algo que no le gustó al regente de la ciudad que había entonces: dije que los impuestos prediales habían aumentado considerablemente y que los servicios seguían siendo pésimos. Esa misma noche llegó a la casa un señor de bigotito, corbata, traje azul marino y tarjeta del Departamento del D.F. Dijo que era de la oficina de relaciones públicas. Lo hice pasar a la sala.

—El licenciado —me dijo— está muy preocupado por lo que usted escribió. Él mismo me dio la orden: "ve a verlo y pregúntale qué quiere".

Yo creo que ése hubiera sido el momento de pedir un departamento como el que el mismo regente ofreció a Vicente Leñero (véase el libro *Los periodistas*). En vez de eso pedí cableado eléctrico subterráneo y calles asfaltadas en toda la ciudad. El enviado del licenciado se sentó en la silla más incómoda de la casa y durante una hora y cuarto expuso, ante mi mujer y yo —que habíamos interrumpido nuestro partido de *scrabble*— los graves problemas que tiene que enfrentar quien gobierna la ciudad.

—¿Saben ustedes cuántas toneladas de basura se recogen todos los días?

Dijo la cantidad, los kilómetros que tienen que recorrer los camiones para recogerlas, el número de personas —pepenadores— que trabajan en la planta de recuperación de hilachos, papel, metal y vidrio y describió el destino final de la basura: se pone en barrancas hasta llenarlas, se apisona, se cubre con tierra vegetal y se siembran arboledas.

—¿Saben ustedes cuántos coches nuevos entran diariamente en circulación?

Hizo un razonamiento: cada coche necesita espacio para moverse, en consecuencia, para evitar congestiones hay que construir todos los días una superficie de calle nueva que corresponda al número de coches que entran en circulación.

—Como ustedes comprenderán —dijo el enviado del licenciado— es imposible hacer tanta calle. No hay medios.

Su mensaje estaba dado. Lo que el licenciado quería que yo supiera es que él tenía que resolver problemas titánicos. ¿Qué derecho tenía yo de molestarlo con mis artículos?

—Si usted quiere —dijo el enviado antes de despedirse— mañana lo llevo a visitar la planta de recuperación.

Otro signo de aquellos tiempos es la historia de la esquina de Centenario. Antiguamente era una esquina común y corriente, con una taquería y un puesto de periódicos. Pasó el tiempo y arreglaron la calle, recortaron la banqueta y los árboles quedaron en el asfalto. Éste era tan plano que cuando lavaban el cochambre de la taquería y echaban el agua a la calle, se quedaba estancada. Se hizo un charco que duraba de marzo hasta diciembre. Algún tiempo más tarde abrieron la avenida Cuauhtémoc y la circulación aumentó considerablemente. Si quería uno cruzar sin peligro había que esperar a que hubiera congestión en Taxqueña, si se hacía el cruce corriendo había riesgo de no poder subir a la banqueta porque chocaba uno contra el muro de gente que estaba esperando el camión. Un día le dije a mi esposa:

—Ya sé cómo va a ser mi muerte. Voy a morir en la esquina de Centenario con una bolsa de pan en la mano, atropellado por un Volkswagen.

Una vez que alguien muy enterado fue a la casa probó el agua de la cocina y me dijo:

—El agua de por aquí es de primera, viene directamente de un manantial que está en San Pedro Ameyalco.

Contestamos este elogio con la frase que solía decir la gente de nuestro rumbo:

—Muy rara vez nos falta.

Un día faltó y no volvió en una semana. Hicimos consultas y las respuestas coincidieron: había que poner cisterna. El sistema tradicional de distribución de agua en México consiste en que durante determinadas horas del día el municipio da, por medio de bombas, presión al agua que está en las tuberías, el agua sube y llena los tinacos de donde más tarde baja por la gravedad conforme los usuarios la necesitan. La cisterna es un depósito subterráneo y tiene una toma al nivel de la calle. Es decir que el que tiene cisterna está recibiendo agua mientras sus vecinos la están esperando, luego él la sube a su tinaco por medio de una bomba particular. Es una solución temporal porque no aumenta la cantidad de agua de que dispone la comunidad ni cumple función específica. Es conveniente tenerla nomás porque da primacía: si hay escasez de agua los que no tienen más que tinaco quedan eliminados de la competencia. Es primacía pasajera: el día en que todos tengan cisterna el problema volverá al punto inicial y la escasez volverá a ser de todos.

Unos amigos compraron un terreno en Coyoacán y me llevaban a verlo. Nos paramos en un cascajo y estuvimos mirando los muros de colindancia. Luego ellos empezaron a ir de un lado para otro.

—Aquí queremos una terraza —decían—. Las recámaras tendrán vista al jardín. En aquel rincón estará la cocina.

Salimos a la calle y fuimos caminando. Al cabo de unas cuadras nos detuvimos en la entrada del "Centro Cultural de Coyoacán". En una jaula pequeña de concreto había dos coyotes dando vueltas. Además de enjaulados estaban amarrados. Eran las mascotas de Coyoacán. La carne que les habían dado estaba pudriéndose.

Cuando regresé a la casa le dije a mi esposa:

—Yo creo que ya acabé de estar aquí. No quiero seguir

viviendo en la ciudad de México. ¿Por qué no vendemos la casa y nos vamos de viaje cinco años?

A ella le pareció buena idea. Por eso ahora paso los días en París y las noches en México. (*Vuelta no. 81, agosto de 1983.*)

MANUAL DEL VIAJERO (I)
Los consejos y las advertencias

La diferencia fundamental entre los viajes de placer y los que se hacen por necesidad de un negocio o por motivos de trabajo, consiste en que el que viaja por placer va a gastar dinero propio, que ha ganado —o que va a ganar en lo futuro— a costa de no sabe cuántos sacrificios, a cambio del cual no va a recibir más que diversión. Esta circunstancia pone al turista en situación muy delicada. En efecto, si un empresario, que fue a firmar un contrato en Mobile, Alabama, se enferma de catarro durante el viaje, no padece más que un percance menor, que consiste en tenerse que ir a meter en la cama después de firmar el contrato, en vez de asistir a un *strip tease* en compañía de sus contrapartidas norteamericanos. O bien, si alguien que ha sido enviado por la compañía a tomar un curso de capacitación en Chicago se aburre espantosamente en los quince días que dura el mismo, este aburrimiento no deja de ser más que parte del curso y el afectado puede consolarse en sus noches de hotel, repitiendo esta frase:

—No vine aquí a divertirme, vine a aprender.

Para el turista, en cambio, una indigestión, un catarro o una mala noche pasada en una sala de espera, son verdaderas tragedias, pues siempre queda un momento o muchos, para reflexionar:

—¡Haber gastado los ahorros de toda una vida, para esto!

Por estas razones, los días inmediatamente anteriores a la iniciación del viaje son, para el turista, los más amargos de su vida.

Uno de los factores fundamentales que contribuyen a producir esta amargura consiste en que el viajero cree que, en el momento de abordar el avión en el aeropuerto de la ciudad de México, va a cambiar de personalidad y se va a convertir en un perfecto desconocido, en un señor que no tiene ni trabajo, ni obligaciones y vive para divertirse. Un señor de esos que andan en la calle con camisa de colores y una camarita. Hay que planear el viaje para satisfacer a ese desconocido. Es una empresa terriblemente ardua. Aquí es donde entran los consejeros.

Hay quien recomienda:

—No dejes de tomar perdiz en uno de los restaurantes que están en Versalles, a mano izquierda.

Al oír esto, el viajero reflexiona:

—¿Qué voy a pedir con la perdiz, un Rosé Manche de Sable o un Borgoña?

No está pensando en qué es lo que va a saber mejor, sino en cómo no hacer el ridículo ante el mesero.

Otro género de consejero suele preguntar:

—¿Ya hiciste tus reservaciones? Porque ya te veo con tus maletas, en la Stazione Termini, y Roma sin un cuarto desocupado.

A esta clase de temores se debe que haya personas quienes desde aquí, y por télex, reserven habitaciones en el Hotel Excélsior de catorce ciudades europeas, arruinando con esto el viaje, en parte porque el Hotel Excélsior siempre cuesta una fortuna y en parte porque en el momento en que la reservación queda confirmada, el viajero queda, a su vez, obligado a correr por toda Europa para llegar a tiempo al siguiente Hotel Excélsior y desquitar el dinero que pagó como depósito.

Los consejos de los mexicanos suelen ser doctorales y están basados en una experiencia de tres días en París o de cuatro en Londres, de ello se deduce que los franceses son chocantísimos, que en España no hay nada que ver, que los Canales de Venecia apestan y que en Nápoles le roban a uno las maletas, pero no hay que perderse de verlo, es igualito a Guanajuato, etc.

Cómo llevar el dinero es también asunto de muchas opiniones contradictorias. Hay quien aconseja llevarlo en forma de centenarios, cosidos en la ropa interior, lo que dificulta notablemente el lavado de la misma; otros afirman que lo más indicado es preparar una faja de doble manta, que se lleva ceñida al cuerpo, debajo de la camisa, y que sirve, no sólo para aplastar las lonjas —y dificultar la respiración—, sino para colocar adentro dos mil billetes de un dólar.

--¿Que no te alcanza para pagar la cuenta? Muy sencillo, entras en el tocador, te quitas el saco, la corbata, la camisa, la faja, sacas de ella tres billetes, vuelves a ponerte la faja... etcétera.

Pero todo esto no es, después de todo, más que recetas de aficionados. Lo verdaderamente alarmante es cuando hace uno lo que debe ser, que es comprar cheques de viajero, y en el folleto que le entregan a uno al comprarlos, encuentra las advertencias de los profesionales:

"Firme los cheques en el momento de recibirlos. Consérvelos siempre con usted. No los deje, ni en el cajón de la habitación del hotel, ni en la administración del mismo. No los guarde en el bolsillo posterior del pantalón, porque se los sacan. Póngalos en el bolsillo interior del saco, junto a su corazón. En caso de pérdida notifique inmediatamente, por cable, a la casa matriz, que está en Nueva York", aquí el viajero se pregunta: ¿con qué pago el cable, si me acaban de robar el dinero? Aquí pasa por su mente la imagen de sí mismo, golpeado, porque probablemente la causa de pérdida de los cheques fue un asalto, en una ciudad extraña, sin amigos, sin comprender bien el idioma, sin nadie a quien recurrir más que el consulado mexicano, en donde le pedirán que se identifique... hace frío, ha perdido el saco, afuera comienzan a caer copos de nieve... *(27-x-70.)*

MANUAL DEL VIAJERO (II)

Prepárese para lo peor

El que va a hacer un viaje de placer tiene que dedicar varias semanas —generalmente más que las que dura el viaje— preparándose para algo que, más que diversión, tiene la apariencia de una serie ininterrumpida de desastres.

En primer lugar tiene que empacar medicinas. Esto lo hace porque en las capas más profundas de la mente de todo mexicano existe la sospecha de que en Europa no hay farmacias, pero también, porque sabe perfectamente que no tiene la más remota idea de cómo se dice ''curita'' en italiano y además porque está convencido de que para comprar una aspirina en Alemania va a tener que presentar una prescripción firmada por un médico titulado en Hannover.

Lo malo de comprar medicinas no es lo que cuestan, ni la molestia de ir a comprarlas, sino que para hacer la selección es indispensable hacer reflexiones como ésta: ''supongamos que estoy dormido en un hotel en Brindisi, y que despierto a la media noche con una opresión en el pecho, dificultad de respirar y un sudor frío. ¿Qué tomo?''. O bien, ''supongamos que voy pasando por la calle de Alcalá, y que de repente siento como si me enterraran una varilla entre la tercera y cuarta costilla...''. Etcétera.

Claro que estas reflexiones tienen su comprensión porque cuando abre uno los ojos en Brindisi y se da cuenta de que ya amaneció y que la noche pasó sin contratiempos, se siente uno invadido por una felicidad que, en rigor, está completamente injustificada.

Otro trago amargo es el que pasa el viajero al comprar el seguro de viaje. El agente vendedor suele decir con una sonrisa:

—Este seguro cubre no sólo su vida, sino todos los gastos médicos derivados de sucesos accidentales, ocurridos durante el viaje y dentro del periodo que cubre la póliza. Si se enferma usted de cáncer no es culpa nuestra, pero si lo atropella un coche en Milán, la compañía paga el hospital

Los seguros dan mucha tranquilidad. Se pone uno a pensar:

—Si pierdo la vida en este viaje de placer, me queda la satisfacción de que mi familia quedará en unas condiciones mucho mejores que las que yo pude ofrecer con mi trabajo cotidiano tan aburrido y tan pesado... condiciones de las que yo, desgraciadamente, no podré disfrutar.

El viajero cuidadoso —y raro— que lee todas las cláusulas, se entera en ellas, de cuánto le toca por la pérdida de un ojo, o la oreja izquierda. ¡Es una bicoca!

Viajar asegurado contra accidentes produce hábito. Al grado de que se sabe de personas que a su regreso, al bajarse del avión en el aeropuerto de la ciudad de México, compran otro seguro que cubre el viaje en taxi de allí a su casa.

Una vez firmada la póliza, en el momento de cerrar el sobre, el agente dice una frase que es fórmula de rigor:

—Por el bien de usted, señor, y el nuestro, esperamos que no sea necesario pagar este seguro.

El cliente, conmovido, responde:

—Muchas gracias.

Pocos son los que al regresar a su casa sanos y salvos dicen:

—¡Doscientos pesos tirados a la basura!

Otras reflexiones desagradables se refieren al alojamiento. Empiezan con un dilema. Las mujeres, que siempre se sienten más aventureras que uno, suelen decir:

—Vamos a no hacer reservaciones. Suponte que llegamos a algún lugar que nos gusta mucho y nos dan ganas de quedarnos tres días más. Si tenemos cuarto reservado, tenemos que andar corriendo de un lado para otro.

Por otra parte, nunca falta un amigo que dice:

—Yo, todas mis reservaciones las hice desde aquí y por télex. Europa está repleta de turistas. Ya te veo en Orly, con tus maletas y París sin un cuarto desocupado.

A cierta edad, la prudencia siempre vence. El viajero haciendo a un lado las protestas de su mujer, forma un itinerario, con ayuda de un mapa, y llega a la agencia de viajes, en donde la empleada le asegura que todo va a ser facilísimo.

—¿Qué categoría de hotel quiere usted?

El viajero expone:

—Cómodo, decente, con cuarto de baño, limpio, pero modesto —y se siente obligado a agregar—. A mí no me interesa llegar a hoteles de lujo, porque generalmente están llenos de millonarios norteamericanos que son gente muy desagradable.

La empleada le da una lista de hoteles de segunda. En Roma: el Imperatore, diez dólares; en Madrid el Campoamor, seis dólares, etcétera. Muy razonable. Tres días después, cuando el viajero regresa a ver si ya están confirmadas las reservaciones, la empleada le dice que sí, no más que...

—En Roma me "dieron" el Pinccio Hilton, que cuesta treinta dólares y al que sólo se puede llegar en helicóptero; en Madrid, el Luzón Palace, cuarenta y cinco dólares con baño sauna particular, en Londres, el Claridge...

El viajero cancela las reservaciones y compra una almohada neumática. Al día siguiente, convencido de que está emprendiendo un viaje que va a ser tan incómodo como el de los que descubrieron las fuentes del Nilo, aborda el avión, en donde le explican cómo ponerse el chaleco salvavidas, en caso de amarizaje forzoso, cómo se usan las máscaras para evitar la asfixia y dónde están las salidas de urgencia. Lo dejaremos en pleno vuelo, antes de salir del valle de México, leyendo la parte de la póliza que dice: "por la pérdida de un ojo, diez mil pesos". *(4-xii-70.)*

MANUAL DEL VIAJERO (III)

Con la "C" de cold

En las investigaciones llevadas a cabo por el Instituto de Psicología de la Universidad de Writhington aparecen evidencias de que una de las causas más comunes de la enfermedad llamada "postración turística" —que es un género de colapso nervioso— entre los norteamericanos que viajan a México por placer, consiste en lo siguiente:

Cuando una persona entra en un cuarto de baño en los Estados Unidos, encuentra, al acercarse al lavabo, que cada una de las llaves del agua tiene inscrita en la parte superior, una pequeña letra. "H" una y "C" la otra. Esto quiere decir que si abre la llave marcada con la "H" obtendrá agua caliente (hot, en inglés), y que si abre la marcada con la "C" obtendrá agua fría (cold, en inglés).

Ahora bien, la postración turística comienza a presentarse cuando esa misma persona llega a México y se encuentra con que las llaves, en vez de estar marcadas H y C, lo están C y F. La perplejidad que le produce este descubrimiento, empieza a convertirse en irritación, cuando, al consultar el diccionario, ve que la C corresponde al agua caliente y F a la fría. Es decir, que la letra C tiene un valor diametralmente opuesto al que tiene en los Estados Unidos. Éste es el segundo paso de la enfermedad.

El colapso propiamente dicho ocurre en el momento en que el viajero abre la llave marcada con la F creyendo que va a obtener agua fría, y ésta sale hirviendo, porque, claro, que no ha tenido en cuenta que en la mayoría de los casos el plomero que hizo la instalación es analfabeto y no tiene la menor idea de lo que significan esas figuritas.

Todo esto que acabo de explicar no es más que un preámbulo para poner en la perspectiva correcta lo que voy a relatar a continuación y para que se vea el peligro en que estuve de perder la razón al llegar a Madrid. Quedamos que los cuartos de baño extranjeros son lugares en los que puede uno enloquecer. Agréguese a esto las circunstancias en que ocurrió el incidente.

Un vuelo de doce horas que se convierten en dieciocho por el cambio de horarios, una noche ridícula, en la que el sol se mete por un lado y un momento después aparece por el otro, llegada a Barajas a las seis de la mañana, cola para vacunarse contra la viruela, por falta de certificado, paso de la aduana sin problemas, primer contacto con un taxi español. Viaje hacia Madrid, descubrimiento de que olvidó comprar pesetas, problemas de cambio al bajar del taxi, entrada en el Gran Hotel Luzón, mil doscientas noventa y cuatro pesetas por el día.

Me acerco a la administración. Tras el mostrador están dos hombres idénticos. Pelo lacio, anteojos con arcos gruesos, cachetes esponjosos, color parafinado, jaquet, corbata de plastrón y fistol de perla. Me miran con desprecio mientras me identifico y me mandan a mi cuarto guiado por un niño vestido de fantasía.

El Gran Hotel Luzón ha sido construido y está organizado de tal manera que está en condiciones de proporcionarle a cualquier millonario norteamericano cualquier cosa que apetezca, menos hielo. Mejor dicho, está en condiciones de ofrecer lo que un hotelero español cree que puede apetecer cualquier millonario norteamericano.

La habitación propiamente dicha no tenía mayor distinción que la de tener catorce lámparas, y un tablero de luces que permitía hacer cincuenta y cuatro combinaciones de ellas. Había una gran cama, un gran closet, una pequeña terraza, un cómodo sofá, cobertores sofocantes, etc. Todo bueno, pero nada del otro mundo.

El cuarto de baño, en cambio, había sido diseñado en un momento de exasperación. Me imagino a los arquitectos mesándose los cabellos diciendo:

—¿Qué se le puede ocurrir a un millonario en un baño?

—¡Dos lavabos de metro y medio!

Y allí estaban. Dos lavabos de metro y medio en una caverna de mármol negro. Tras de los lavabos había un espejo apaisado, que me hubiera permitido ver reflejada una docena de personas lavándose las manos, si las hubiera invitado. Había también, en un rincón, un espejo redondo con un reflector empotrado. Encendí el reflector y lo que vi reflejado no fue mi cara, sino mis pecados, los estragos del tiempo, las huellas de mis vicios y lo incierto del porvenir. Apagué el reflector inmediatamente.

En ese momento me di cuenta de algo que me pareció interesante. En vez de la C y la H, y la F y la C, de que hablábamos al principio, y de las confusiones que causan, las llaves del agua tenían en la parte superior un punto azul y uno rojo. Azul por la fría, y rojo por la caliente. ¡Qué ingenioso! pensé, de esta manera se puede exportar llaves de Suecia a Tailandia, sin que los suecos tengan que preocuparse de cómo se dice frío en tailandés, ni los tailandeses tengan que averiguar cómo se dice caliente en sueco.

En estas reflexiones estaba, cuando entré en la tina negra con el objeto de tomar una ducha. La regadera era un aparato cromado con varias articulaciones, para que al estarse bañando pudiera uno echarse chorros de agua desde diferentes ángulos. Empotrada en la pared había una batería de seis llaves. Tres azules, tres rojas. Rojo por caliente y azul por frío, dije, y empecé a mover las llaves. Puedo asegurar que hasta ese momento había yo actuado como persona normal, allí empezó la locura

Moví todas las llaves, salió agua, por varios conductos y a diferentes temperaturas, pero lo único que pude obtener de la regadera articulada, fue un chisguete de agua helada.

Estaba yo perplejo, cuando descubrí, que en el muro que estaba a mi espalda había dos cordones rematados en perillitas. Uno azul y otro rojo. Los relacioné con la temperatura. Como lo que quería yo era agua caliente, tiré del rojo. Acababa de hacerlo cuando me di cuenta de que en la perilla del cordón azul estaba la imagen diminuta de una recamarera: en la perilla del rojo había tres letras: S.O.S.

No me bañé aquel día. Salí de la tina corriendo, me vestí precipitadamente y estuve esperando a que llegara el gerente con la ambulancia. Nunca aparecieron. *(18-xii-70.)*

GUÍA DEL NAVEGANTE (I)

Mis memorias marineras

Mis memorias marineras fueron evocadas por la lectura que apareció en el *Manchester Guardian*, con motivo de la destrucción del Queen Elizabeth. Dice el autor, con mucha razón, creo yo, que el fuego salvó a este barco de un destino mucho peor: el de convertirse en una universidad flotante, que era para lo que estaba acondicionado, que es un poco menos indigno, pero igual de grotesco, que el de acarrear turistas en viajes de mediodía, o el de convertirse en un casino flotante que es, según entiendo, lo que le ha pasado al Queen Mary.

La verdad es que cuando un trasatlántico se vuelve demasiado anticuado, nadie quiere viajar en él, deja de ser costeable, y se vuelve un elefante blanco para la compañía naviera, que lo vende en cuartilla con tal de deshacerse de él. Si el que lo compra lo despedaza y lo convierte en chatarra para fabricar más acero, menos mal, pero cuando el barco es famoso, como es el caso de estos dos, no falta quien prefiera darle una manita de gato y sacarle raja cobrando la renta.

Ahora vienen mis memorias marineras. Al leer el obituario del Queen Elizabeth, descubrí, con extrañeza, que yo, que siempre me he considerado ratón de tierra adentro, también tengo historia de navegante. Es breve pero tiene momentos que me parecen interesantes.

Empieza en los muelles de Nueva York, el cinco de agosto de 1947, día en que Felguérez y yo fuimos a buscar un barco llamado Marine Falcon, que era en el que teníamos que embarcar tres días después para ir a Europa. Primero vimos aquella proa negra, esbelta y alta como un edificio del Queen Mary. Era tan grande el barco que de donde estábamos parados no se podía ver la superestructura. Después vimos el Mauretania, que era un barco viejón pero muy elegante. Después de mucho caminar encontramos, entre varios barcos de la United Fruit, el Marine Falcon, ¡nuestro barco!, que era una verdadera cazuela y no se sabía si iba a caminar para adelante, para atrás o de lado.

El caso es que el día ocho a las cinco de la tarde en punto, el Marine Falcon, con nosotros arriba agitando pañuelos, soltó amarras y se alejó del muelle. Salimos del puerto como quien sale a carretera en fin de semana, con barcos de todos tamaños a nuestro alrededor. Ya se había confundido con los rascacielos la estatua de la Libertad cuando nos dimos cuenta que los barcos que iban junto a nosotros nos empezaban a dejar atrás. Y nos dejaron atrás, y también nos dejaron atrás los que salieron después que nosotros. Comprendimos que los motores se habían parado y que estábamos flotando tranquilamente, al pairo. Estábamos contemplando, apoyados en la borda, esa tierra de América que no podíamos dejar atrás, cuando notamos que el ruido aquél que hacían los altavoces desde hacía rato era en realidad la voz del capitán diciendo:

—Llamando al jefe de bombas, llamando al jefe de bombas. Que el jefe de bombas se presente inmediatamente en el puente de mando.

Así pasaron horas. Todavía no se presentaba el jefe de bombas en el puente de mando, cuando un pasajero inglés, lívido, que acababa de aparecer por una puerta, se me acercó y me dijo confidencialmente:

—*The boat's sinking* — que en español quiere decir "el barco se está hundiendo".

Efectivamente bajamos a la cubierta 0 y encontramos los colchones flotando. Lo raro del caso es que no nos asustamos. Como nunca habíamos viajado en un barco, nos parecía lo más natural que ocurriera esta clase de irregularidades.

Tuvimos razón en no asustarnos, porque eventualmente, apareció el jefe de bombas, echó a andar los aparatos de los que estaba encargado, se salió el agua de la cubierta 0, los motores se pusieron en marcha, y seguimos nuestra travesía, que fue magnífica: tiempo soberbio, sol, etcétera.

No conocí al capitán, pero sé que era un imbécil. Cuando llegamos a Cobh, en Irlanda, estábamos anclados en el centro de la bahía, cuando apareció, navegando majestuosamente, el América —que era otra cazuela, nomás que más grande—. El capitán, muy cortés, quiso hacerle un campito al barco recién llegado, movió el nuestro para donde no debía y nos embarrancó en la arena. Antes de desencallar estuvimos seis horas dando vueltas sobre nosotros mismos, con las máquinas a todo lo que daban. El capitán del América fue tan grosero que no esperó el desenlace y zarpó antes de vernos a flote. *(8-ii-72.)*

El halcón marino

El Marine Falcon —el barco en que viajé a Europa en 1947— fue construido durante la Segunda Guerra Mundial en los astilleros de Portland, Oregon. Entre que se desplantó la quilla y el barco se hizo a la mar, transcurrió el tiempo récord de mes y medio. Esta circunstancia daba origen a sus características más notables. Cualquiera que lo viera, aunque fuera casi ciego y distraído se daba cuenta de que el Marine Falcon había sido construido en un santiamén.

Tengo la sospecha de que al principio de su construcción se sabía con certeza que aquellos fierros que se estaban soldando iban a servir para llevar tropas, material de guerra o combustibles líquidos a los sitios de combate. Eso ha de haberse decidido a última hora. Si se trataba de llevar mercancías se abrían boquetes en la parte superior y se agregaban grúas, si se trataba de volverlo cisterna, se le agregaban bombas y si se trataba de llevar tropas se le ponían escaleras y camas.

Esto último fue lo que ocurrió. La hoja de servicios del Marine Falcon es meritoria pero aburridísima. Hizo viajes de San Francisco a Australia, llevando tropas, de Australia a las Célebes, llevando tropas, de las Célebes a Australia, llevando tropas, de Australia a San Francisco... Esto duró hasta que echaron la bomba atómica y se acabó la guerra.

Con la paz ocurrió el siguiente fenómeno: muchos europeos querían hacer el viaje a los Estados Unidos a buscar trabajo, muchas europeas querían lo mismo con el objeto de contraer matrimonio o reanudar el ya hecho en tiempo de la guerra. Por otra parte y en sentido contrario, había americanos que estábamos en condiciones de hacer viajes de turismo y visitar ciudades bombardeadas, zonas minadas, cementerios, etcétera. Es decir, hacía falta transporte, y no había suficiente, porque los verdaderos trasatlánticos que no habían sido torpedeados estaban siendo en su mayoría reacondicionados. Había listas de espera larguísimas para abordar el Queen Mary y el Mauretania y todavía más largas para viajar en avión.

A esto se debió que el ilustre barco que nos ocupa, el Marine Falcon, se haya convertido en un barco de pasajeros. Le quitaron los cañones, le pintaron la insignia de una compañía naviera en la chimenea y ya está.

Como es de suponer, viajar en él era contravenir las reglas más elementales de la travesía trasatlántica. Nada de ponerse cachucha de quesadilla y redingote e irse a apoyar en la borda a contemplar el mar. Se apoyaba uno en la borda y no contemplaba más que el bote salvavidas que le quedaba enfrente. Tampoco había manera de sentarse en una silla plegable, envolverse en un poncho y pedirle al mozo una taza de consomé, porque no había ni sillas plegables, ni mozos, ni consomé. Había, eso sí, las plataformas donde habían estado montados los cañones, en donde se podía uno encaramar y ver el mar, o desnudarse y tomar el sol —siempre que no fuera uno friolento, ni púdico— y había también la lona embreada que cubría la escotilla sobre la que se podía uno recostar a tomar el sol. Nomás que para hacer esto se necesitaba un estómago de fierro, porque precisamente en esta parte del buque desembocaban los ventiladores de la cocina.

En el interior del barco había varios lugares de estar. Primero, la cantina, en la cual nunca se expendió gota de licor, porque el barco era seco; allí podía uno jugar cartas, damas chinas o ajedrez, tomar refrescos, platicar con las pasajeras, etcétera. Dos, la cafetería que olía igual que los ventiladores y sólo se abría a ciertas horas. Tres, los dormitorios: unas salas enormes en las que había la misma luz mortecina las veinticuatro horas y no se sabía si afuera era de día o de noche y en las que había setenta literas, cada una con su respectivo pasajero, dormido o leyendo un *pocket book*. Cuatro, los excusados que estaban situados en la proa, no tenían puertas y estaban dispuestos en una forma que recordaba, curiosamente, los grandes coros de las catedrales góticas. Cinco, las regaderas, que en diez días de travesía sólo fueron visitadas por chinos o por mexicanos.

Como de todos esos lugares no era uno dueño más que de su propia litera y nadie tendía las camas, acababa uno haciendo nido en ella. Entre las cobijas guardaba uno libros, chocolates, calcetines, mudas de ropa, etcétera.

Al final de la travesía había uno adquirido, sin darse cuenta, un sexto sentido para distinguir las propiedades de cada uno de los habitantes del dormitorio. Prueba de esto fue lo que nos pasó a Felguérez y a mí, que cuatro años después de este viaje, encontramos unas cobijas que pertenecían a un personaje misterioso, que nadie había visto. Las examinamos, las olimos y exclamamos, al mismo tiempo:

—¡Chelet!

Era el nombre de un compañero de la cubierta C. No nos equivocamos. *(11-ii-72.)*

FATIGA TURÍSTICA

Viajes emocionantes

El caso más claro de fatiga turística que me ha tocado presenciar ocurrió en el interior de uno de los recintos turísticos más prestigiados: la catedral de Toledo.

En el rebaño del que yo formaba parte había una familia de Celaya que estaba haciendo el *Grand Tour*, ante cuyos miembros nunca me hubiera atrevido a apersonarme y revelar el hecho de que éramos casi coterráneos. Al contrario, cada vez que el marido, la mujer o la hija miraban en mi dirección, me cubría yo con el *Heidelberg Beobachter*, que siempre llevo en la bolsa cuando viajo para efectuar un camuflage urgente.

Pues bien, ocurrió lo siguiente: ya habíamos visitado la Sinagoga, la casa del Greco, el Entierro del Conde de Orgaz, la alfarería, la fábrica de espadas, el cuadrante, el Transparente y el tesoro de la catedral, cuando nuestro guía nos ordenó:

—Y ahora, señores, pasen ustedes al coro.

Noté que entre la familia celayense se había producido un disturbio. Entre la madre y la hija trataban de agarrarle los brazos al padre para arrastrarlo, porque se negaba a dar un paso más y entrar en el coro como estábamos haciendo todos los demás.

—Yo, otro coro no lo veo —dijo el celayense con aire decidido— ya sé que me van a decir que los asientos están hechos con madera de algo.

De nada sirvió que sus parientes dijeran:

—Pero, Alberto, te vas a arrepentir.

—Pero, papá, ¿cómo no entras a ver el coro?

El hombre se mantuvo firme y fue a sentarse en el basamento de una columna, mientras el guía de turistas nos explicaba, efectivamente, que los asientos del coro estaban hechos de madera de algo, que es cuestión que por supuesto a nadie le importa.

Las víctimas de fatiga turística terminan metidos en su cuarto de hotel, bebiendo coñac y leyendo novelas policiacas, mientras sus parientes más resistentes se lanzan a la calle a ver todo lo que hay que ver.

Los que salen regresan con la trompa repleta de noticias:

—¡No sabes de lo que te has perdido! ¡Unos ornamentos!

—¡Vimos unos vitrales maravillosos!

Si el paciente es débil de carácter terminará su encierro al tercer día y haciendo un supremo esfuerzo, visitará otro coro, y otros vitrales. Si es hombre de convicciones, en cambio, dirá:

—Váyanse ustedes tranquilos a visitar la catedral de Zamurria, yo prefiero imaginármela desde aquí.

Dicho lo cual, se servirá otra copa de coñac, y se echará sobre la cama con otra novela en la mano.

Para los que se comportan así, van toda mi simpatía y todo mi apoyo.

Los principales causantes de la fatiga turística son, por supuesto, los guías, que dan informaciones como éstas:

—En estos momentos, señoras y señores, estamos saliendo de la ciudad de... con destino a la ciudad de... Lo haremos por la carretera número 32, conocida vulgarmente con el nombre de ''carretera del sureste''. Este nombre le viene de que comunica el centro del país con la región del sureste. La razón por la que se ha decidido viajar por esta carretera, es que la ciudad de... que es a donde vamos, queda al sureste de la ciudad de... que es de donde venimos. *Ladies and gentlemen, may I have your attention, please,* etcétera.

O bien, para explicar las excelencias del calendario encontrado en Pentotlán:

—Este calendario es más perfecto que el Gregoriano —no se conoce ningún calendario que sea más imperfecto que el Gregoriano (nota del autor de este artículo)— y está basado en las características del número cuatro: cuatro estaciones, cuatro Peotl, uno dos tres cuatro, cuatro elementos, cuatro Peyotl, uno dos tres cuatro, cuatro Teotl, uno dos tres cuatro. Ahora procediendo a la inversa tenemos: cuatro puntos cardinales, cuatro Popotl, cuatro por cuatro dieciséis, por cuatro, sesenta y cuatro, por cuatro, doscientos cincuenta y seis. El año, o sea, el Tun, tiene doscientos cincuenta y seis días, los demás son feriados. ¿Está claro?

O bien:

—Este hermoso retablo data del siglo XVI y ha sido atribuido al famoso pintor tezcocano Juan Amatl. En él puede notarse la influencia flamenca. Los expertos no han logrado ponerse de acuerdo en qué es lo que representa. Según algunos es una Crucifixión, según otros es el Festín de Baltasar. Nótese la maestría con que han sido aplicados los colores negros y el verde botella. *(9-vi-72.)*

PASE LO QUE PASE

Quedar siempre como un imbécil

Barcelona.- Para mí resulta desconcertante estar en un país en donde la gente se suelta cantando —¡en coro!— en plena calle y a la menor provocación: "De colores, de colores se tiñe la aurora..." etc. Por las noches, los borrachos, que afortunadamente no son numerosos, caminan tropezando en el empedrado y batiendo palmas rítmicamente.

El día de la Merced —un fin de semana largo— salieron por las puertas de la estación del ferrocarril tres mil jóvenes de uno y otro sexos, enmochilados, patones, cansados y bastante mugrosos, que regresaban de campamento. Al verlos cruzar la calle, los imaginé alrededor de la fogata, cantando, en coro de tres mil voces, "Con el pin piririn pin pin..." Tuve un sudor frío.

Una cosa de por aquí que me recuerda mi patria en cambio, es la voluntad con que la gente da información de cualquier índole. Entro en una oficina que parece banco y en cuya puerta hay un letrero que dice: "Cambio, *Change. Exchange, Wechsel*". Me acerco al mostrador donde dice "cambio de moneda" y le digo al empleado que quiero cambiar un cheque de viajero.

—Eso no será posible. No estamos autorizados para cambiar esa clase de documentos. Tiene usted que ir a la Plaza de Cataluña que es donde quedan las casas matrices de la mayoría de los bancos.

Esto quiere decir una caminata de cinco kilómetros.

Salgo del banco. A las cinco puertas, hay otro letrero que dice "cambio", etc. Entro y cambio el cheque de viajero sin ninguna dificultad.

La experiencia me reconforta, porque yo creía que esta clase de cosas sólo pasaba en México.

Mi mujer no puede entender que yo, aquí, en España, tenga problemas de idioma. Llegamos a la estación con quince minutos de anticipación. Vamos a Vendrell —me han explicado que se pronuncia "vendrey"— un pueblo que nos han recomendado y que para saber dónde está he tenido que comprar un mapa de España. Mi mujer nunca me dice "pregunta". En vez de eso sugiere:

—Creo que sería conveniente informarnos por cuál vía sale el tren.

Obedezco y le pido esta información al que recoge los boletos de andén. Me contesta algo como:

—Esquemots calderets monstal

—¿Qué dijo? —me pregunta mi mujer.

—No tengo la más remota idea.

Nos paseamos por el andén. Noto que hay mucha gente con canastas, que tampoco sabe por cuál vía va a salir su tren. Se pasea, como nosotros, por el andén mirando para todos lados, en espera de alguna señal misteriosa. De pronto, los altavoces dominan el ruido.

—Tren número —aquí entra una palabra ininteligible— con destino a Pradets, Mortats, Pugilats —siguen varias palabras ininteligibles—, sale por la vía —aquí entra otra palabra ininteligible.

Nos dirigimos a donde hay un empleado poniendo unos letreros en un tablero. ¡Ese es nuestro tren! Va a Tarragona, vía Villafranca, y sale a las tres y cinco. Pero una vez que el hombre ha puesto el letrero que parecía aclararlo todo, pone otro que lo confunde todo. Dice: "Semidirecto". Me acerco al empleado y le pregunto si el tren para en Vendrell. Esta vez sí entiendo lo que me contesta. Es "no sé".

El empleado agrega otro letrero todavía más misterioso: "Tres coches por cabeza". A varios días de distancia, ya sé lo que quería decir "semidirecto", lo de los tres coches por cabeza todavía no lo entiendo.

La gente de las canastas y nosotros recorremos el tren en busca de alguien que sepa dónde para el tren.

—Pues vaya usted a saber —me dice un empleado viejo con gorra galoneada—. Hay que preguntarle al maquinista.

Nos aburrimos de preguntar. Nos sentamos. Los de las canastas siguen caminando de un lado para otro hasta que el tren arranca. Cuando pasa el conductor y perfora nuestros boletos, le pregunto:

—¿Para en Vendrell?

—Pero hombre, claro. ¿Por qué no había de parar en Vendrell? ¡Qué idea! —se aleja moviendo la cabeza como si acabara de encontrarse a un loco. *(5-x-79.)*

BARCELONA DESDE LA CALLE

Inflación y malhumor

Barcelona.- En el barrio Gótico me pierdo. Me pierdo entre la casa y el correo, me pierdo entre el correo y la Galería Pecanins, y vuelvo a perderme entre la Galería y la casa.

Estos extravíos no me causan ni alarma ni pesar. El barrio es fascinante y después de todo estoy operando en un espacio circular que no tiene más de un kilómetro de diámetro. El final de la divagación es casi previsible. O desemboca uno en la Rambla o lo hace en la vía Layetana o en la calle Fernando. Cuando llego a cualquiera de estos tres puntos de referencia, me oriento en un instante y me dirijo apresuradamente al café donde me he citado con mi esposa, quien se ha perdido por su lado.

La ciudad no me parece tan agradable como hace tres años, cuando estuve aquí por primera vez. No sé si esto es una impresión subjetiva que se debe a que esta vez llegué aquí después de un vuelo de perros —treinta y seis horas de retraso y doce en compañía de una tripulación tan malhumorada como yo, que se empeñaba en darme jugo de naranja cada vez que les pedía whiskey— que me dejó con ánimo crítico hacia todo lo español, o a que en los tres años transcurridos algo se ha echado a perder. ¿Serán los estragos causados por el paso de treinta millones de turistas? Los mozos saben ahora hacer cuentas en alemán.

Otro factor que hay que considerar es la inflación. Junto a la inflación que hay en España, la nuestra palidece. Carne de cuete a sesenta pesos el kilo, jamón serrano, no del mejor, a ciento treinta; los huevos, a peso. Lo único que sigue barato gracias a Dios, son el vino y el brandy. Los licores importados, en cambio, que antes se conseguían en España a precios razonables, resultan ahora más caros que en México, y los producidos en España, como la ginebra y el ron blanco, son muy inferiores a los nuestros. Los refrescos y las aguas tónicas que usa uno para mezclar con la copa en tiempos de calor, son demasiado dulces y el limón de por acá, que se ve tan grande y tan saludable, no sirve más que de ornamento.

Pero a pesar de los 30 millones de turistas, de que todo está más caro y la gente más malhumorada, en Barcelona se sigue comiendo estupendamente a precios que darían risa en París o en Nueva York.

La lectura de los menús, que es muy interesante, puede producir en los extranjeros ciertas perplejidades; conejo con caracoles, estofado de toro, alguien me recomendó ir al Tinel, y pedir pescado con puñal —o puniol— que según me dicen, es una yerba como el boldo. Yo, por mi parte, recomiendo los estupinats al Fontanol —deliciosos— y sobre todo, la barbajana en refajo —insuperable.

¿Qué cómo se hace este último platillo? Muy sencillo. Se toma una barbajana y se le pone un refajo.

La Plaza Real es, para mi gusto, una de las obras maestras de la arquitectura. Tan buena, que estoy seguro de que es producto de un chiripazo. Es una especie de patio comunal grande, pero no demasiado, con un jardín con palmas en el centro, arcadas en los lados y tres entradas tan estrechas que los coches no entran más que para estacionar. El espacio cubierto por los portales está lleno de mesas y en los lados hay cervecerías.

Si tiene uno suerte y encuentra lugar, y si además tiene paciencia para esperar a que el mozo lo atienda, puede tomarse en la Plaza Real un tanque de cerveza con las mejores botanas que hay en el mundo y las más baratas: zamburiñas, mejillones —hoy desprestigiados, por haber causado el cólera en Nápoles—, gambas, almejas, navajas, berberechos, chipirones, etc., que vienen en pescaderas diminutas, que cuestan quince pesetas y que se comen con palillos de dientes.

Los faroles del alumbrado de la Plaza Real, se afirma, fueron la primera obra pública de Gaudí.

El Parque Güell y el Museo Picasso son, para mi gusto, lo que saca a Barcelona de ser una ciudad agradable, como hay tantas, para colocarla en un nivel superior y único.

Ni el Parque es la obra maestra de Gaudí, ni en el Museo están las obras maestras de Picasso. Son algo mejor. Tanto el Güell como el Museo son ejemplos perfectos de obras de artistas geniales, producidas en épocas en las que sus autores estaban invadidos, creo yo, por un optimismo luminoso. *(12-x-79.)*

AVENTURAS EN UN TREN

Fantasma de la vía ancha

Barcelona.- Entrar en Francia, para mí, es como entrar en la casa de alguien que acaba de heredar la mitad de lo que esperaba. Voltea uno a su alrededor y no ve más que opulencia y malos humores. Si están tan ricos, pienso yo, ¿por qué están enojados? Y si son algunos de ellos tan simpáticos en lo individual, ¿por qué en conjunto son detestables? Para gente que gruñe, que resopla, que se mete palillos de dientes por las orejas y que sorbe la sopa: Francia.

Estoy en el restaurante de la estación, en Hendaya. El mesero, un fortachón, rubio, medio calvo, con piocha, ha puesto mesa para ciento cincuenta, como si estuviera esperando de un momento a otro la llegada del expreso de las doce y cuarenta y siete —que no llegará hasta el día siguiente, cuando esté otro mesero de guardia—. Cada cliente que llega a cenar ve tanta mesa puesta, escoge la que más le gusta y allí se sienta. Pues llega el mesero y lo cambia de mesa. No porque las tenga apartadas, sino para demostrar que él es el que manda.

El menú está en dos idiomas, todos los comensales hacen el pedido en español, bueno, pues el mesero no entiende papa de este idioma. Esto es irritante, pero luego el mesero trae lo que pedí —un guisado de carnero—, y resulta que está riquísimo. No sólo está riquísimo, sino que el mesero ha dejado la fuente en la mesa de manera que puedo servirme hasta llenarme —cosa que no ocurre en Italia, por ejemplo.

Con todo, cada vez que salgo de Francia, para donde sea que vaya, le doy gracias a Dios.

Cruzamos la frontera en Irún, en un taxi que nos llevó a la estación. Le pregunté a un cargador español dónde se ponía el Talgo, y él me dijo:

—Apresúrese a comprar el billete, porque dentro de poco llega el Puerta del Sol y se hace una cola enorme.

Según la experiencia que yo tengo, esta clase de información, puedo darle la vuelta a Francia y no me la da nadie.

El Puerta del Sol es un tren que va de París a Algeciras, lleno de argelinos y marroquíes y que hace las horas muertas. El Talgo, en cambio, es un tren chaparrito, en el que puede uno cruzar cómodamente las tierras de España, al son de las obras completas de Percy Faith.

Cuando empieza uno a ver por la ventanilla caserío, se interrumpe la música y se oye una voz celestial que dice:

—Señores viajeros; próxima parada, Burgos. *Messieurs les voyageurs, prochaine arrete: Burgos. Ladies and gentlemen, next stop: Burgos. Achtung, steppenwolven, gemuchtlig sterligh: Burgos.*

Si alguien, después de esto, pregunta, ¿qué es Burgos? es porque evidentemente no va a Burgos.

Lo que dicen estas mujeres tiene los mismos defectos que el teatro español contemporáneo. En vez de decir, por ejemplo, "pasajeros a Valladolid, cambio de tren", dicen —en cuatro idiomas—: "las personas cuyos billetes tengan por destino Valladolid, deben apearse en la próxima estación con el objeto de tomar otro tren que les conducirá a la citada ciudad".

Una de mis diversiones cuando viajo en el Talgo es imaginarme que en vez de casette, en el tren hay un compartimiento chiquito, en el que viajan cuatro mujeres vestidas de azul marino, guapísimas, pero sudorosas, que van con la coca cola en una mano y el micrófono en la otra, atentas a la ventanilla, listas para decir, cuando empiezan a ver las casas:

—Señores viajeros. . . , etc.

Todo sumado, el TER es mucho mejor. Igual de rápido y menos aparatoso: no hay música, ni anuncios de estaciones. Con la ventaja de que puede uno ir al bar y pedir tortilla de huevos, que le ponen en un pan, y no hay necesidad de sujetarse, como en el Talgo, a la comida fría, prefabricada, metida en el plástico, que se come en mesitas como de avión.

Conviene advertir que en España, como en todos lados, el servicio va de bajada y los precios de subida. Hace cinco años, en el Talgo podía uno comer costillas de res recién fritas, por la mitad de lo que cuesta ahora el menú de plástico.

Pero para color local, no hay como subirse en un expreso, como el que tomamos mi mujer y yo para ir de Barcelona a Valencia.

Salimos de Barcelona una señorita jamona, de negro, que iba a una ciudad que yo creía que sólo existía en la mente de don Quijote, un arquitecto, que se bajó a las tres cuadras, mi mujer y yo en un compartimiento de primera clase.

No bien acababa de bajarse el arquitecto y de pasar el conductor a perforar los boletos, cuando entraron en el compartimiento tres de los Siete Niños de Ecija a ocupar los asientos restantes. Nunca he visto a tres personas con menos cara de tener boleto de primera clase. Comían tortas y les escurría el aceite por las entrebabas.

El tren estaba repleto —era Domingo de Ramos—. Al rato apareció en el pasillo una pareja que no hallaba dónde sentarse. Eran jóvenes: él, de suéter blanco, ella, de pantalones. Después supimos que regresaban del viaje de novios. Pues mientras ellos languidecían en el pasillo, los Niños de Ecija —eran dos hombres y una mujer— comían, sin dientes, muy a gusto, sentados en los asientos. Así pasaron las horas: la muchacha se acostó en el pasillo y el joven trató de improvisarle una almohada. De pronto los tres niños de Ecija se llenaron de compasión por la muchacha y trataron de dejarle el asiento:

—Siéntese usted aquí.

—No. Acá.

—Mejor acá.

Nunca he visto gente tan apiadada. "Esta chica está en estado", decía la mujer. Así les encontró el conductor cuando dio la segunda pasada. Les hubiera cobrado el doble, si no los encuentra en el pasillo reanimando a la recién casada. Tenían boletos de segunda. Los jóvenes que los llevaban de primera, pudieron disfrutar los asientos, veinticinco minutos. *(16-v-75.)*

LIBERTAD, IGUALDAD, FRATERNIDAD

En Francia pida usted perdón

Yo tengo prejuicios con respecto a Francia. Uno de ellos está basado en la teoría antropológica de que cada vez que los franceses descubren algo que les interesa de origen extranjero, lo malpronuncian primero, después lo malinterpretan, y acaban creyendo que es invento francés. Ejemplos de este proceso de asimilación son *les Bitols* —los Beatles— y *le visquí vait ors.*

Otro de mis prejuicios está basado en una observación personal: en ningún lado del mundo que yo he conocido los nativos entienden a los extranjeros, pero en la mayoría de las partes hacen un esfuerzo por entenderlos y por explicarse. Sólo en el interior de los Estados Unidos y en Francia los nativos no sólo no entienden, sino que no quieren entender y además desprecian al extranjero porque no puede darse a entender.

Por todo esto, yo entro en Francia y enmudezco. No es mal sistema. He descubierto que puedo darle la vuelta a Francia diciendo *Pardon*. Mi mujer, en cambio, que en México habla en inglés hasta con choferes de taxi, tiene otro sistema: cruza la frontera francesa y empieza a hablar en español. Esto desconcierta a los nativos, lo cual, en Francia, es una ventaja.

A diferencia de los habitantes, que son disparejos —unos feísimos y otros muy guapos, otros detestables y otros muy simpáticos— el paisaje de Francia que recorre uno en el tren no tiene pedazo feo. El mar, las salinas, los viñedos, los cerros pelones, los bosques, todo es bellísimo. Nada lo prepara a uno para llegar al final del viaje y bajarse del tren en la Gare d'Austerlitz que parece que fue diseñada por el constructor del castillo del Conde Drácula.

Eran las once de la noche, nuestro vagón quedó a setecientos metros de la estación, mi mujer y yo teníamos dos maletas robustas, dos más chicas y un cartapacio con dieciocho dibujos al pastel de mi mujer. Además de esto teníamos veintiún francos en efectivo, más cuatrocientos dólares y ciento cincuenta libras esterlinas en cheques de viajero. Este corte de caja, a esas horas y en ese lugar, corresponde a la situación de quien quiere tomar un camión colonia Del Valle y no tiene en la bolsa más que un billete de mil pesos.

Dejé a mi mujer con las maletas bajo una luz espectral, sentada en una banca con tres argelinos y salí a la calle a buscar hotel. Esto, así contado parece muy fácil, pero no lo fue tanto: aquella estación tiene tres puertas, una abre a una supercarretera de alta velocidad, otra a una calle desierta en la que el único toque humano lo da un mingitorio público y sólo la tercera —que por supuesto fue la última que probé— da a una calle común y corriente llena de hoteles y de restaurantes.

El encargado del mostrador de un hotel lleno y el encargado de un hotel con cuartos desocupados pertenecen a dos especies animales completamente diferentes.

Desgraciadamente aquella noche, en mi primera salida de la Gare d'Austerlitz —que ya mi mujer había bautizado Auschwitz— no encontré a ningún ejemplar de la segunda especie. Recorrí los hoteles del rumbo y no vi más que viejos pelones que sin despegar los ojos de la televisión me echaban un gruñido que quería decir: *Nous sommes complets*.

Regresé a la estación, me senté entre los argelinos y mi mujer y le dije a esta última:

—Nos vamos con la música a otro lado.

Acordamos lo siguiente. En una maleta chica —la que yo compré con tanto cariño en una tienda turca de la Quinta Avenida, para regalársela a mi mujer y que ella llama "la maleta que huele a rayos"— poner una muda de ropa para cada uno, meter el resto de equipaje en locker, irnos a la Rive Gauche y buscar hotel en ese rumbo.

Así lo hicimos. Yo saqué de mi equipaje una camisa y unos calcetines y los metí en la maleta que huele a rayos. Mi mujer hizo lo propio con siete pares de zapatos, tres faldas, tres camisas y cuatro suéteres.

Nos acercamos al locker. "Ponga dos monedas de cinco francos", decían las instrucciones. Es decir que guardar las maletas aquella noche nos costó el equivalente a treinta pesos mexicanos.

Los otros once francos los gastamos en el taxi. Todavía nos quedaban dieciséis hoteles por recorrer. Dormimos en un cuarto chiquito de un hotel de paso. Lo que faltaba de espacio sobraba de espejos. Mi mujer estaba encantada porque en la ficha para la policía que tuve que llenar decía: *Nom de la jeune fille...*

—Ay, todavía soy *jeune fille!*

La alegría se le aplacó un poco cuando la encargada del hotel le preguntó si tenía papeles de salubridad. *(19-x-73.)*

EN PRIMERA PERSONA

Un lugar donde quedarse

Conocí París en 1947. Yo era un joven delgado, estudiante de Ingeniería. París era una ciudad gris oscuro que olía a diesel y a queso camembert. Había menos perros y mucho menos coches que ahora, la gente era pobre y parecía malhumorada, los *clochards* pretendían ser mutilados de guerra, cantaban canciones horribles y la gente les echaba dinero de las ventanas. Los faroles de la Plaza del Pantheon eran de gas y se encendían a mano.

Mis compañeros y yo alquilamos cuartos en el hotel de la Gironde, en rue de Rivoli, cerca del Hotel de Ville. En el cuarto había lavabo, al fin del pasillo estaba el excusado y en el tercer piso había una puerta marcada ''salle de bains'' que estuvo cerrada con candado las tres semanas que estuvimos en el hotel. Desde la ventana de mi cuarto veía un patio que era como yo había imaginado el de madame Defarge. Yo esperaba que se rompiera una barrica y que la gente se amontonara en el enlosado a chupar el vino, pero nunca pasó.

La economía de aquel viaje es digna de recordarse. Así era mi gasto diario:

Hotel	150 francos
	(antiguos)
Desayuno y cena (pan, queso, y fruta)	20 francos
Comida en el restaurante de Mme	
Cavada (en la Cité)	150 francos
Total	320 francos

Nota: 320 francos = 1.60 dólares = 8.00 pesos mexicanos

No fueron las tres semanas más felices que yo había pasado hasta entonces pero creo que fueron las más importantes: allí terminó mi carrera ingenieril. Yo era un joven de gustos rudimentarios: admiraba emplomados, me entusiasmaron las gárgolas de Notre Dame, me aburría en la sección ''greco-romana'' del Louvre, me puse de mal humor en Versalles, la Avenida Foch provocó en mí la primer envidia snob que recuerdo, la revista del Folies Bergere me pareció un espectáculo erótico y artístico de la más alta calidad. En resumen que llegué a París ingenuo, estuve encantado y me fui con ganas de regresar lo más pronto posible.

Pasaron veintitrés años.

Regresé a París una mañana de octubre, en el carro comedor del Simplon Express. Ante mí, sobre la mesa, entre las tazas sucias y los frascos de mermelada, se extendía *Le Figaro* que nos había regalado la compañía de Wagon-Lits —no me daba cuenta de que es un periódico pésimo.

París y yo habíamos cambiado. Yo era un escritor robusto en la flor de la edad —cuarenta y dos años—, que había desarrollado una antipatía hacia Francia debida a su gobernante —el general de Gaulle me pareció detestable desde que entró en escena, en 1940, hasta que fue sepultado—, y que tenía complejo de hablar mal el francés. París había rejuvenecido —habían lavado las fachadas—, se había llenado de coches, la moneda se había consolidado —en vez de $1.60 había que calcular cincuenta dólares diarios—, había prosperidad —la gente tenía dinero pero seguía de mal humor.

Dos momentos destacan de esta visita breve: quisimos ver el Sena cerca de la Concorde y estuvimos a punto de ser atropellados, entramos en un restaurante y pedimos sopa de cebolla, en la mesa de junto había una pareja que estaba comiendo helado, él tenía saco de tweed, ella un vestido amarillo, los dos tenían cuarenta años: se dieron un beso que duró el tiempo que nos tardamos en comer la sopa de cebolla, que estaba bastante caliente.

Pasan tres años y regresamos a París en un viaje que reúne todos los requisitos de un desastre. Son los siguientes: salir de Barcelona a las ocho de la mañana, crudo, al cruzar la frontera olvidar cambiar dinero en francos —es domingo—, al abordar el tren francés ocupar un lugar que dice *reservé*, llegar a París a la media noche en septiembre sin reservaciones en ningún hotel. Creo que esa vez fuimos afortunados porque en el vigesimotercer hotel en que entré a preguntar si tenían un cuarto, el encargado se compadeció de mí, salió conmigo a la calle y señaló en una dirección.

—Esa calle —me dijo— se llama de los Cuatro Vientos. A media cuadra está el hotel del Globo. Allí siempre hay lugar.

En efecto, había lugar. Era un cuarto lleno de espejos con una sobrecama que figuraba la piel de un leopardo. La encargada quería que mi mujer diera su número de Salubridad, pero se conformó con el pasaporte.

Último episodio: 1977. Hicimos reservaciones con tiempo en un hotel que está cerca de Saint Sulpice. Llegamos al hotel en la tarde, teníamos cuartos y eran agradables. Nos dio tanto gusto que salimos a comprar algo de comer. Regresamos con Champaña, baguettes, paté foiegras, etc. Encontramos al dueño, que es egipcio, detrás del mostrador.

—Está terminantemente prohibido comer en los cuartos —anunció.

Después de un rato de farsa aceptó que, como un caso especial, violáramos la regla aquella noche, pero antes nos dijo lo que significaba su nombre: "Yo soy el que adora a Aquel que es digno de adoración".

Mi esposa encontró la casa de Jack gracias a un anuncio clasificado: "Trocadero. Cinco piezas, amueblado, quinto piso". Hizo cita y fue a verlo. Regresó con la siguiente apreciación:

—El dueño me cae bien porque le gusta la copa. Los muebles son muy pesados.

Aunque estaba inclinada a hacerlo, no había rechazado la casa de Jack por completo. Había dicho "que iba a consultar con su esposo".

En los días que siguieron vimos cuartos tapizados de pana color naranja, terrazas en primer piso con vista a la Maison de la Radio —uno de los edificios más feos del mundo—, tinas de baño que usó la Emperatriz Eugenia, etc. Decidimos ir a ver juntos la casa de Jack.

La primera impresión es siempre excelente. Se entra por un gran patio en el que hay dos castaños, el elevador parece que fue hecho para transportar a Edwige Feuillere, las perillas de la puerta están resplandecientes. Jack es un hombre de barba blanca pero sin bigote, como el capitán Ahab, es americano y se describe a sí mismo como un abogado que trabajó en el Departamento de Estado y está retirado, tiene treinta y cinco años de vivir en Francia, su mujer y sus hijas son francesas y él dice *"foutre!"*. El día que lo conocí tenía en la casa a un ex mozo tunecino llamado Mohamed que estaba en París de visita y se encargó de servir el café. Jack explicó que alquilaba el departamento porque él y su esposa habían decidido pasar un año en una propiedad que acababan de adquirir en el campo.

Tal como había observado mi mujer, los muebles de Jack son pesados, no sólo porque no se pueden mover sino porque producen en el alma una especie de desaliento. Las alfombras son del color del vino de Burdeos, el baño ha sido dividido y diseminado en tres rincones del departamento. En cambio, las proporciones de los cuartos son espléndidas y desde balcón corrido en forma de L se ve de un lado el Arco del Triunfo y del otro la Torre Eiffel. En el rato que siguió hicimos con Jack un convenio que es un equívoco perfecto: él nos entregó sus tesoros y nosotros alquilamos el espacio. Tuvimos un pequeño sobresalto cuando Jack dijo:

—Todo lo de carpintería y de tapicería lo hice yo.

Pero ya el contrato y el cheque estaban firmados.

Los primeros días fueron desconcertantes. Yo entraba en el excusado a bañarme y a hacer pipí en un lugar donde no había más que tina de baño, a veces me perdía en el pasillo, otras me quedaba mirando los *bibelots* y me sentía víctima de una maldición ancestral: "todo lo que mi madre tiró a la basura en México, pensaba, ha venido a encontrarme en París". Al principio dormimos mal, porque el último acto de Jack en la casa fue dar cuerda a sus cuatro relojes que suenan cada cuarto de hora —él es sordo como una tapia.

En el comedor hay una mesa que es como en la que está sentado Frankestein cuando oye quejarse al monstruo, las sillas, que son doce y se deshacen si se sienta uno descuidadamente, son muy apreciadas por Jack porque tienen sus iniciales. Completan el mobiliario dos armarios inmovibles de dos metros y medio de alto y de madera oscura que Jack dice que son "estilo Henri II". En la sala está el mejor mueble de la casa: una cómoda en donde una tía abuela de la esposa de Jack tuvo en un tiempo cría de conejos, y el mueble más extraño: una especie de ataúd con patas que, cuenta la leyenda, sirvió en una época para guardar masa. También allí está el tesoro número 2 de Jack: el sofá "verde bosque". El tesoro número 1 es un cuadro de la Virgen con el Niño, barnizado y atribuido a un admirador de Murillo. Lo pusimos detrás del bar que hay en el pasillo, junto con las botellas de fantasía y un espejo con inscripciones equivalentes a "el que no beba vino será un animal".

Pasamos la mesa del comedor a lo que fue mi estudio y sobre ella escribí un libro, pusimos ocho de las doce sillas en un closet, Joy guardó en armarios noventa y cuatro *bibelots*, incluyendo unos plátanos de porcelana, una mañana la pasé moviendo camas de un cuarto para otro hasta que les hallé acomodo, luego salí a la calle y en la esquina vi, tirada, esperando a que pasara el camión de la basura, una cama que era mejor que cualquiera de las de Jack.

Pero hay que admitir que entre lo que dejó Jack había cosas de valor. Una parienta que fue a visitarnos abrió el armario y dijo:

—Pueden dar una comida para doce personas con tres platillos y postre.

A lo que mi mujer contestó:

—En París no conocemos a doce personas y si las conociéramos no las invitaríamos juntas.

Hubo cosas que no logramos ocultar porque ya no había dónde meterlas. Por ejemplo, el estuche con patas en donde Jack guarda su medalla de la Legión de Honor, una sopera de porcelana para veinticuatro personas que tiene la forma y el color de un merengue, la silla turca y el Gabinete del doctor Caligari. Este último es un mueble de madera oscura de sesenta centímetros de ancho por dos metros y medio de alto. Lo usábamos para guardar almohadas que nos daban asco. Este mueble fue lo primero que vimos al abrir los ojos cada mañana durante los dos años que pasamos en la casa de Jack. No lo extrañamos. (*Vuelta no. 82, septiembre de 1983.*)

223

CARTA DE WASHINGTON (I)

El ombligo del mundo

En cada esquina se encuentra uno a un general. A caballo, de sombrero ancho, mirando hacia la Casa Blanca con expresión de cansancio. Todos ellos están hechos de bronce verde, carcomido. Las palomas y los gorriones se le paran en el sombrero, en los hombros, en las orejas del caballo y los llenan del material blanquecino que todos conocemos.

Pero hay dos excepciones notables a esta regla. Una es la estatua de Lafayette, que está de pie, sin sombrero, torciendo el cuerpo, como bailando un minueto. La otra es el general Scott (el nuestro), que tiene bicornio y una gran barriga y ese no está cansado: va marchando decidido hacia la Casa Blanca montado en un caballo de gran estampa.

También hay estatuas de patricios, disfrazados todos de Dante. Algunos están sentados en una silla, meditando, como llenos de mal humor. Otros están de pie, severos, señalando un libro, que generalmente es la Constitución de los Estados Unidos.

Pero estas no son más que estatuas públicas, que cualquier hijo de vecino puede ver. Los edificios históricos en los que sólo penetran los turistas, están llenos de estatuas de ilustres desconocidos, o de villanos de otras historias.

Pero Washington no sólo es un mausoleo, sino también, como indica el subtítulo del presente artículo, el ombligo del mundo. Aquí es donde todos los días se toman decisiones espeluznantes. Aquí viven los que aprobaron la fabricación de los proyectiles antibalísticos, aquí vive el Presidente, que todos los días anuncia nuevas retiradas de tropas, y aquí viven los que arreglan los libros de tal manera que aparezcan las retiradas sin que disminuya, en la realidad, el contingente.

Por último, aquí viven también personas de todas partes del mundo que vienen a pedir dinero. La ciudad está llena de embajadas de países que hubiera uno creído inventos de los fabricantes de atlas, con escudo, bandera, portero y Rolls Royce a la puerta.

Es una ciudad magnífica, con casi doscientos años de respetabilidad. Los que la construyeron sabían que iba a ser la capital de un país rico y poderoso. Por eso construyeron edificios sólidos, pesados, teniendo siempre en mente las glorias de Roma y de Grecia, y, en una ocasión, cuando menos, las de Egipto. Abrieron amplias avenidas, plantaron en ellas árboles de una gran variedad de especies, construyeron casas habitación imitando las arquitecturas del mundo civilizado, pensando, probablemente, en salir a la calle con parsimonia, y pasear tranquilamente, saludando, de vez en cuando, a otros tribunos.

Desgraciadamente se equivocaron. Muchas de las antiguas casas han sido derribadas para construir edificios enormes, ha habido una invasión de ratas que (dicen los periódicos, porque yo no lo he visto ninguna), han estado tratando de erradicar por once años, y en las calles se encuentra uno gente que los que fundaron la ciudad no hubieran imaginado ni en pesadilla.

Tampoco se hubieran imaginado las *drugstores* ni los restaurantes actuales, ni mucho menos, los periódicos, porque claro, estas tres instituciones son manifestaciones de algo que nada tiene que ver con los fundadores, que es lo que el hombre moderno teme, quiere y dice.

En efecto, las droguerías son los templos del temor. Por un lado, los gérmenes, y por otro, las funciones orgánicas, normales o anormales. En una droguería común y corriente encontré cuarenta y siete clases de desodorantes. Para los pies, para los zapatos, para las habitaciones, para las cocinas, para las axilas, etc. Todos ellos contenían un ingrediente mágico que los hacía infalibles, una marca de fábrica prestigiada y nombre misterioso y sonoro, como rescatol, odorex, puridol, godalmitical, glarudoxal, magnapidol, purifon, sudora, regularidon, donpirodal, etc.

Hay productos infalibles contra las encías hinchadas, las sangrantes, las negras, las moradas, las pálidas, las crecientes, las decrecientes, las ulceradas, las resecas, las babosas, etc. Otros, que sirven para pegar dentaduras postizas, para pegar ojos postizos, manos postizas, etc. Es fascinante.

En el otro extremo de las vivencias del hombre moderno, están los restaurantes. La mayoría de los habitantes de esta ciudad come en restaurante una, dos o tres veces diarias. Los desayunos no tienen ningún chiste. Si alguien quiere desayunar un filete, una mojarra frita, chilaquiles o, aunque sea unos hot cakes, está fundido. Nada. Par de huevos, fritos, revueltos o pasados por agua, con algo que no es carne propiamente dicha, pero que lo fue. Café y jugo sintético de naranja. Al mediodía come uno lo que le cabe en la boca en veinte minutos. Después ya todo se divide, según los gustos y la cantidad de dinero que cada quien tenga en la bolsa. Aunque hay otro factor, que es la valentía personal, que probablemente es lo que determina todo. Porque la sociedad norteamericana es adoradora del becerro. No el de oro, sino el que viene bien cortado, refrigerado, y, si es posible asado al carbón. Esto es para millonarios, porque me he comido un bisté de cien pesos. El pescado, en cambio, que es siempre magnífico, es muy barato. Pero hay cosas terribles. Por ejemplo: un resturante que se llama Kulababule, digamos, tiene en la puerta un letrero que dice: ''haga de su cena una aventura''. Yo no entro allí ni anestesiado. Aquí puede uno comer comida polinesia, japonesa, china, griega, española, mexicana, etc. Lo malo es que siempre le falta a uno valor para entrar y darse de puntapiés con la vida.

Pero hay cosas todavía peores. Por ejemplo, hay un restaurante, que se especializa en mariscos, que tiene una foto de Harry Truman comiéndose allí adentro una langosta. A mí, francamente, no se me antoja entrar a un restaurante a cenar y encontrarme a Harry Truman. ¿Qué quieren? Soy prejuiciado. *(26-ix-69.)*

CARTA DE WASHINGTON (II)

Sinfonía en blanco y negro

Decir que en Washington la gente es más fea que en otras ciudades sería una exageración y una mentira. Yo conozco otras ciudades en donde la gente es mucho más fea, que no voy a nombrar para no herir susceptibilidades. Pero Washington, y en eso se parece a otras ciudades norteamericanas, tiene la virtud de producir de vez en cuando a un feo que lo deja a uno sin aliento. Hay personas con la cabeza demasiado chica, o con la frente abombada, o con el pescuezo soldado. Son pocas, por fortuna, pero se notan más dentro de la normalidad general. Se las encuentra uno al cruzar la calle, por ejemplo, entre otras mil y le dan a uno ganas de echar a correr.

Lo mismo pasa con los que hablan solos, o con los que piden limosna. Son mucho menos, pero mucho más notorios, que los que hacen lo mismo en México. Los que hablan solos no son viejos chiflados, como los que estamos acostumbrados a ver. Son monologuistas trágicos, que andan con la mirada perdida, echando espumarajos por la boca. Los que piden limosna andan en cuatro patas, sonando una taza de estaño, o, lo que es peor, haciendo, al presunto donante, confesiones que deberían haberle hecho a un analista.

La otra noche me encontré con un mendigo que me pareció muy original. Me detuvo con gran aplomo.

—Voy a pedirle un favor muy especial.

Yo creía que iba a preguntarme la hora.

—No le voy a contar que necesito dinero para una taza de café, porque no es verdad. Voy a serle franco. Soy un alcohólico y necesito tomar. Para comprar una copa necesito cuarenta y cinco centavos (de dólar), si usted puede dármelos se lo agradeceré mucho.

Todo esto con gran dignidad. Yo me sentí muy identificado con su problema y decidí hablarle sin tapujos.

—Mire —le dije—, yo también voy a serle franco. Tengo unos centavos sueltos y un dólar. No me da la gana darle el dólar, ¿aceptaría usted los centavos?

Me miró con bastante tristeza.

—Yo acepto lo que usted me dé —me dijo.

Cuando le di el dinero él me estaba haciendo el favor de aceptar mi pobre limosna. Cuando empecé a alejarme, me dijo:

—Hubiera preferido el dólar... Es que, después de todo, yo le fui franco... Le confesé que era alcohólico... Lo dejé a media calle, con los centavos en la mano, hablando en la oscuridad, en una orgía de resentimiento. No se daba cuenta de que era yo quien debería haber cobrado.

Lo peor del caso es que hay uno de estos confesantes en cada esquina.

Era negro. Como el treinta por ciento de los habitantes de esta ciudad. Hay quien dice que aquí hay una discriminación terrible. Yo estoy de acuerdo. A los blancos nos tratan como trapo de fregar.

Entro en lo que en México se llamaría un desayunadero. Me siento frente a la barra. A mi derecha hay un viejito blanco, pelando la dentadura: a mi izquierda, otro viejito blanco, adusto. Nadie nos hace caso. Todas las empleadas son negras. Ni nosotros las entendemos a ellas, ni ellas a nosotros. Pero nosotros estamos hambrientos y ellas están echando relajo. Diciendo: "Ay, no puedo más, ¡y domingo en la mañana!". Esperamos pacientemente, sin decir nada, hasta que a ellas les da la gana atendernos.

Pasa una semana, entro en el mismo desayunadero. En la barra está un negro. Un viejo gordo, precioso, con piocha. Se me queda mirando y me dice:

—Tiene usted muy buena cara.

Yo, que había tomado la precaución de verme en el espejo antes de salir del hotel, sé que está tomándome el pelo. Sin embargo, le agradezco la observación y me río cortésmente. Después, el negro, que ha terminado de desayunar golpea sobre la mesa y dice con un vozarrón:

—¿Saben qué? El domingo próximo voy a desayunar aquí. En el mismo lugar y a la misma hora. Y quiero que estén aquí presentes, la misma mesera y la misma cocinera. ¿Entendido? Magnífico.

Luego se volvió hacia mí y me ordenó:

—Pórtese bien, que hoy es día de misa.

Todos lo vimos salir llenos de simpatía. Divertidos, mejorados, dispuestos a enfrentarnos a la vida con mejor humor. Si lo que hizo y dijo el negro lo hubiera dicho un blanco, hubiera habido un motín. Y con toda la razón. Eso me hace pensar que somos una raza que va de mal en peor.

Una noche, en el parquecito que hay afuera de mi hotel, se juntan seis negros y se ponen a tocar tambores, una especie de timbal. Se junta un gentío de negros y blancos. El maestro de ceremonias es un negro vestido de rojo, con sombrero de mujer, junto a él está otro, de gris, que habla en cubano. Un par de negros jóvenes, elásticos, con camisas amarillas y mascadas rojas, empieza a bailar. Hay miles de negras, con el pelo planchado, tímidas, respetables, que mueven los pies discretamente, pero no se atreven a bailar en público.

Al atardecer, en la luz crepuscular, entre los árboles nórdicos, rodeados de edificios solemnes, una judía gorda, con cara de antropóloga, se quita los zapatos y se lanza al ruedo. Hace el ridículo más espantoso. La retiran por incompetente. Es sustituida por una negrita que lo hace mucho mejor. Pero los negros quieren blancas, y hacen entrar a una rubia que baila como si estuviera entregándose a Zoroastro. No se da cuenta de que nomás es baile, y que después se va cada quien a su casa, que no hay sacrificios humanos. Un policía, nervioso, asoma de vez en cuando entre las cabezas de los espectadores. Una mujer rubia, de pelo liso, impasible, toma fotografías del acontecimiento. (30-ix-69.)

CARTA DE WASHINGTON (III)

Fuereños

Washington está lleno de fuereños. Desde Nixon, que es de California, hasta mí, que soy de Guanajuato, pasando por Golda Meir, que es de Milwaukee. Porque fuereños son los senadores y los representantes, los embajadores de países reales o imaginarios, los aviadores australianos que no quieren comprar el F-111, o que quieren comprarlo más barato (y maś duradero), los banqueros de todo el mundo que vienen a dar sablazos y los burócratas internacionales, que son en su mayoría hindúes (la India y la República española son los dos países que producen más burócratas internacionales per cápita).

No es necesario oírlos hablar para saber que son fuereños. Los latinoamericanos, por ejemplo, nos distinguimos por la papada, la tendencia a andar en manada y la incapacidad congénita para entender lo que dicen los mapas. Los hindúes por el color de piedra brasa, por los anteojos, el traje negro y el olor a incienso que despiden. Los españoles (franquistas), por vestirse a la última moda parisina (de hace dos años), dejarse la patilla y andar por las calles diciendo "¡contra!". Los franceses se distinguen por creerse fascinantes y las francesas, por llevar siempre una mano en la frente a causa de la *migraine*; los ingleses, porque nadie entiende lo que dicen; los negros de las ex colonias inglesas, por lo mal vestidos y por llevar cheques de viajero en libras esterlinas; los de las ex colonias francesas por el ardor galaico que tienen en la mirada; los chinos, de Taiwán, porque no tienen nada qué hacer, etc.

Pero hay una clase de fuereños que tienen en común una característica fundamental: viajan con gastos pagados. Yo creo que nadie ha venido aquí por gusto; en todo caso, habrá venido por equivocación. Porque los turistas que ve uno los domingos, admirando el monumento a Washington, con anteojos negros, camisa sport, cámara y niños, son los mismos señores que el lunes se visten de gris, toman su portafolios y se van al ministerio de no sé cuántos a firmar un contrato o pedir un empréstito. Son los fuereños flotantes, los que comen un filete de cien pesos y si no está muy bueno, no importa, porque, al fin y al cabo, es la organización la que paga.

Otros fuereños, de casta muy diferente, son los radicados, que son una de dos, o diplomáticos, que se pasan la vida festejando rigurosamente las fiestas de sus respectivas patrias, confeccionando platillos nacionales, contrabandeando bebidas, negando visas, y esperando, pacientemente, un conflicto internacional para tomar la palestra (o las maletas, según sea el caso), o bien, las sesenta mil secretarias extranjeras, capaces de escribir, con buena letra y mejor ortografía en todos los idiomas conocidos, desde el español hasta el yoruba. Estas mujeres llevan una existencia aburridísima: viven con otras compatriotas en departamentos de dos recámaras, con un portero decrépito abajo, que tiene por función no dejar entrar a los bandidos; trabajan de nueve a cinco y media, almuerzan comida que viene en cajas de cartón, y al terminar el trabajo se van a su casa, a lavar medias, a chismorrear y a ver la televisión. Pasan los sábados en pantunflas y cohetes, barriendo y lavando la mugre acumulada durante la semana; tienen romances apasionados con jóvenes cometas, que pasan por Washington de vez en cuando, vendiendo piel de lagarto o vinos chilenos. De entre estas mujeres, las hay chaparras, que compran ropa en los departamentos de niños, otras, que importan telas de Camboya, que son de pésima calidad; otras más, se disfrazan de americanas, y sólo descubre uno su extranjería al oírlas, al cruzar la calle, hablar en español y decir:

—¡Ay, quisiera estar en Park Avenue y ver pasar millonarios!

Otras son hindúes y se visten como en su pueblo, nomás que se maquillan y usan desodorante. Estas últimas despliegan una agresividad completamente injustificada.

Pero, cualquiera que sea su casta, todos lo fuereños tienen una característica en común: todos se cuentan entre sí que vinieron a Washington por necesidad, dejando atrás una vida mejor. El que no tiene una colección de pintura flamenca del siglo XVII, es porque la tiene de máscaras teotihuacanas, o de pipas balcánicas. El que no es hijo de ex presidente, tiene tres criadas o fue, durante cinco años, tesorero del gobierno de su Estado. El que no se va de embajador a Londres, tiene casa en la Riviera, o, de perdida, pasa las vacaciones pescando en el Lago Leman.

Además, la nostalgia. Según el interlocutor, se descubre que la mejor cerveza del mundo es la San Miguel, que se hace en Manila, el mejor café, el de La Habana, los mejores cigarros, los Gauloises, que no hay como las carnitas con salsa borracha, que las ostras de la Bretaña no tienen igual.

La nostalgia es irracional e irremediable. A un mexicano que suspiraba por tequila, le dije que podía comprarlo en cualquier tienda y él me contestó:

—Sí, pero el limón no sabe igual. *(7-x-69.)*

James Bond en Kafkia

Nueva York.- Todo es claro como el agua: el avión de la Eastern llega a una terminal que dice BOAC, camina uno por pasillos improvisados, desemboca en las casetas de migración, hace cola y se entrevista con la empleada. Ésta hace una señal misteriosa en un papelito que pone, junto con el pasaporte, en un sobre rojo si el interesado es norteamericano, azul si es extranjero y está en regla y amarillo si no lo está.

—¿Tiene usted HP 24? —me preguntó la empleada.

HP 24 es una forma que alguien se olvidó de poner en nuestro pasaporte.

—Es una hoja blanca, como de este tamaño, que dice *Government of the United States of America...*

Si hubiéramos sido turistas no hubiéramos tenido ningún problema, pero como mis compañeros y yo veníamos invitados por el Departamento de Estado, nos pasaron al limbo, que son unas sillas que quedan en el lado izquierdo de la terminal, en donde estaban sentados, también con tarjetas amarillas en la mano, dos guerrilleros palestinos que estaban diciendo:

—Azaffarat Jarruba...

Como suele ocurrir a los mexicanos en situaciones similares, aprovechamos para contarnos unos a otros aventuras emocionantes en oficinas de migración...

—...me dijo: "Llévale esta carta a mi amiga" y me entregó un sobrecito como de este tamaño, amarrado con un listoncito color de rosa...

—...y que me va preguntando: "A ver, ¿qué tiene usted que declarar?"

—...cuando dijo: "¿Qué no se le olvida a usted nada?", sentí que me moría...

Etc. Afortunadamente, la conversación no duró mucho tiempo. Antes de que lográramos aterrarnos, llegó el encargado de recibirnos y pasó lo mismo que en México: bastó con demostrar que éramos influyentillos, para que se nos permitiera violar el reglamento. Se hizo una excepción a nuestro favor y cruzamos la barrera migratoria a pesar de no tener HP 24.

En el limbo se quedaron los palestinos, diciendo:

—Farraguta bajarrada...

Una de las cosas más agradables de Nueva York es que nunca sabe uno a qué atenerse. Es capaz de desmentir casi cualquier afirmación que se haga sobre ella. Por ejemplo, durante años me referí al camino del aeropuerto Kennedy a Nueva York para ilustrar los adelantos modernos. "Hasta el tránsito suena diferente —decía yo— no sé si los coches están mejor aceitados, mejor armados o mejor manejados, pero nunca oyes pitazos, enfrenones, ni las explosiones en falso características de nuestras congestiones de tránsito: se oye un zumbido uniforme que puede resultar monótono, pero que es más tranquilizante".

Bueno, ésta era mi experiencia de hace dieciocho años. Ahora todo ha cambiado. Los taxistas son griegos o ecuatorianos, los coches se descomponen a media calle, se producen embotellamientos en los lugares más inesperados y la gente toca el claxon. No vuelvo a decir nada de Nueva York ni de los adelantos modernos.

Otra cosa admirable de esta ciudad, es su flexibilidad. He visto tres veranos en ella. El de 47, el de 55 y el de 73. En 1947 los hombres salían a la calle sudando en camiseta o playera. La gente se asomaba a las ventanas a abanicarse y tomar limonada. En 55, todo lo contrario. Acababan de inventarse los trajes ligeros de tejidos artificiales, 98 grados Farenheit a la sombra y la gente, de camisa impecable, corbata y saco. Yo era el único habitante de la ciudad que sudaba a chorros. Pasan 18 años y ¿qué me encuentro? Los neoyorquinos se volvieron otra vez humanos. La gente suda, se abochorna, se quita el saco, a veces, hasta la camisa... Va uno al mejor teatro y encuentra gente que usa desde huaraches hasta smoking.

Times Square, que en 1955 se llenaba a ciertas horas de fuereños, de clase media, que venían de pequeñas ciudades de los Estados Unidos —todos blancos, las mujeres de organdí y los hombres de corbata y saco—, a Nueva

York a hacer compras y ver teatro, está ahora constánte-
mente llena de negros con peinados afros que viven ahí mismo —aunque también hay montones de mujeres de organdí
y norteamericanos de provincia.

Pero camina uno tres calles, hacia a la Quinta Avenida, ¿y qué pasa? Que está igual que siempre, o mejor dicho, más elegante que nunca. Abundan las millonarias con
perrito, y los coches negros larguísimos. Los señores perfectamente bien vestidos, de pelo gris, que leen el *New York
Times* en las esquinas, son los choferes de los millonarios.
(15-vi-73.)

NEOYORQUINOS
Ciudadanos forasteros

Hay ciudades, como Madrid, por ejemplo, en las que el forastero tiene la ilusión de sentirse en su propia casa. En Nueva York, en cambio, se siente uno a gusto porque muchos de los que allí viven se sienten medio extranjeros y a veces extraviados.

Este es, creo yo, el peor lugar para aprender idiomas. Entro en un restaurante, pido algo, el mesero titubea, pienso que es que pronuncié mal y resulta que el mesero está recién desempacado de Bulgaria.

La primera vez que salimos del hotel, tomamos un taxi y tuvimos que ayudarle al taxista a encontrar la dirección a la que íbamos, porque era ecuatoriano y de la geografía de Manhattan sabía todavía menos que nosotros. Todo esto contribuye a fomentar la hermandad.

Por otro lado, cada neoyorquino cree que vive en el centro. Hablo con una señora por teléfono.

—¿Cuándo viene usted al centro? —me pregunta.

—¿Cómo que cuándo vengo al centro? Estoy en el centro.

Estoy en la calle 47, a media cuadra de Broadway, me parece que es casi el centro. Pues no señor, para ella el centro queda en la calle 72 y la segunda avenida, que es donde está su departamento. Los que viven en Greenwich están peor, esos cierran las calles al tránsito y hacen kermesses de manzana. Han de creer que la cuadra donde viven es el mundo entero.

En esas kermesses cada familia sale a la calle y hace en público y vende a sus vecinos la fritanga típica de su tierra: moronga turca, calzones silicianos —son empanadas—, salchichones polacos y tripas a la rumana. Tres niños "desarraigados" pusieron un puesto de hot dogs. Todo se ve auténtico menos los tacos.

En las tiendas de abarrotes se encuentran rastros de muchas nostalgias: cerveza San Miguel —hecha en Manila—, agua de Evián "embotellada en el manantial" —a quince pesos la botella—, *gefilte fisch* importado, etc.

Por lo que me pude dar cuenta, las grandes corrientes migratorias actuales vienen de Grecia y de Argentina, sin descontar a los paquistanos —o hindúes— que ya se apoderaron de los puestos de dependiente en la mayoría de las librerías.

Times Square es, a cualquier hora del día o de la noche, como la pesadilla de un miembro de la Liga de la Decencia. Hay películas para los adultos de todos lo sexos —"un reparto totalmente masculino" dice un anuncio— prostitutas de pantalón corto, señores con aretes, travestis. En un bar en donde hace dieciocho años tocaban jazz y tomaba uno cerveza, ahora dice: "Véalas de carne y hueso, doce mujeres completamente desnudas". La ciudad está llena de marinos extranjeros que no hallan por qué decidirse. En todos lados encuentra uno anuncios que dicen: "¿Está usted solo? Llámenos, tenemos un sistema de computadoras".

Otra cosa interesante de Times Square que, según yo, es novedad son los que echan discursos o dicen sermones —que antes estaban en Union Square, unas treinta calles más al sur y al oriente—. Unos piden a los transeúntes que recen antes de que un cataclismo suceda; otros explican en qué consiste el trinquete de los impuestos; los rama krishnas, que son cientos, bailan, cantan, palmotean y piden limosna. Un japonés me detuvo.

—¿Qué piensa usted de lo que dice en ese cartel? —me preguntó en inglés quebrado.

En el cartel, hecho a mano, estaba dibujada una crucificción bastante dramática y abajo tenía un letrero con otra pregunta: "¿Fue esto voluntad Divina, o error humano?" Pensé un instante antes de contestarle, para no meter la pata.

—Error humano.

—Perfectamente bien contestado —me dijo el japonés, y me dio una tarjeta con una dirección y un horario. Quería explicarme cómo había sido su conversión. Le dije que tenía mucho que hacer, pero quedé de verlo al otro día, sin falta.

En una esquina hay un jamaiquino que toca "Mi linda Chachita" en la tapa de un bidón. En otra esquina hay una orquesta de muertos de hambre, que tocan tan bien como Miles Davis.

Al cruzar la calle me doy cuenta de que en sentido opuesto viene un negro viejo preparándose para darme el sablazo. Abre una sonrisota y me dice:

—¿Qué tal si me das un diez?

Le doy una peseta.

Si todo Nueva York fuera como Times Square no aguantaría uno en él dos horas. Afortunadamente, camina uno diez cuadras en cualquier dirección y tanto el paisaje como los personajes cambian radicalmente. Llega uno a los lugares más elegantes y más caros del mundo, o a barrios sórdidos con borrachos tirados en las esquinas. *(13-vii-73.)*

¿HABLA USTED ESPAÑOL?

Hermanos de lengua

El que está en los Estados Unidos, oye hablar en español, y pone atención a lo que se está diciendo, tiene un setenta por ciento de probabilidades de oír una tontería o una solemnidad.

El restaurante del hotel Edison, en Nueva York, es el único que encontré en el viaje en el que había exceso de personal: cuatro meseras, cuatro meseros, un tuberculoso de librea roja que cargaba los platos sucios y una *maitresse d'Hotel*. Todos eran puertorriqueños, excepto dos de las meseras, que eran norteamericanas y más tontas todavía que los demás.

Una mañana en que dos pasajeros protestaron porque el café estaba tibio, todo el personal se congregó alrededor de ellos. Yo creo que para oír qué decían, pero ellos, que eran norteamericanos, y se vieron rodeados de extranjeros, creyeron que iban a ser linchados y retiraron la queja.

Como yo creo que es completamente ridículo decirle ''mor cofi plis'' a un mesero que habla español, una mañana le dije al que me atendía, un muchacho alto, bien parecido, medio árabe y medio español, de melena rizada:

—Quiero más café.

—Dale café —dijo el mesero guapo a otro más feo.

—Dale café —dijo el mesero feo al mesero prieto.

—Dale café —dijo el mesero prieto a la mesera gorda.

—Dale café —dijo la mesera gorda al tuberculoso que cargaba los platos sucios.

—¿Pero qué paja aquí? ¿qué dejorden ej ejte? Mi obligación ej la de recoger loj platoj jujioj…

A pesar de sus protestas llegó con la cafetera a mi mesa, pero yo ya me había levantado, caminado dos pasos, y servido más café.

Otra aventura del español moderno me sucedió en el Museo Metropolitano. Cuando me cansé de ver obras de arte, entré en el bar y pedí un Manhattan. Mientras el cantinero lo preparaba, me di cuenta de que era un puertorriqueño, porque lo oí hablando con uno de los meseros. Cuando me trajo la copa, le dije "gracias". Puso una cara que para mí fue una revelación: en ella se vio alarma, desaliento, angustia de sentirse atrapado, etc. Lo imaginé recibiendo las confesiones de todos los forasteros de habla española que visitan el Museo. Hay varias posibilidades. Uno viene de Caracas y le duelen los pies, otro es madrileño y no entiende las indicaciones para entrar en los excusados, otro es del D.F. y se queja de la comida, etc.

Desde ese momento hablé en inglés con todos los meseros, aunque estuviera seguro de que eran de Irapuato.

Una puertorriqueña negra, con un velo color violeta amarrado en la cabeza, y pantalones de cuadros, va en el autobús con un radio de transistores y cinco niños. El autobús cruzó la calle 48, cruzó la calle 45, llegamos a la calle 42; ella estaba muy tranquila oyendo su radio. Cuando el autobús arrancó y cruzó la calle 42, ella dio un grito desgarrador. Después hizo una alocución:

—¡Pero Dios Mío, se me ha olvidado, loca de mí! ¡Aquí era donde nos teníamos que bajar! ¡En Times Square, nos dijo tu padre! Clarito lo dijo, "en Times Square te bajas". ¡Nos hemos pasado! ¿En qué estaría yo pensando?

Mientras ella se lamentaba, los cinco niños veían azorados, por la ventana trasera del autobús, cómo Times Square se alejaba inexorablemente. La mujer se bajó con los cinco niños, catorce cuadras después, diciendo: "Aquí trabaja tu tío Ramón". Fueron a pedirle consejo.

El profesor N, del Departamento de Español de la Universidad de Michigan, llegó con veinte minutos de retraso, cuando ya era casi hora de irnos al aeropuerto. Entró radiante en el salón donde nos había citado. Es un hombre alto, gordo, moreno y peruano. Nos saludó como lo hubiera hecho la reina de Inglaterra: A uno le dijo:

—No he leído su libro, pero por aquí hay muchos que lo admiran... —a otro—. Su cara me es sumamente conocida, ¿qué no es usted amigo de Arqueles Vela? —a otro—. Tengo entendido que usted escribió un opúsculo muy interesante sobre *Las Soledades* de Góngora... —era mentira;

a mí me dijo—: Nosotros nos conocemos, pero ¿de dónde?

En efecto, nos conocíamos, ¿pero de dónde? Esta imprecisión interrumpió la conversación varias veces. ¿De dónde? Según él nos habíamos conocido en México, en alguna borrachera que tuvo lugar en los cincuentas. Yo lo dudo, sé que tengo de él un mal recuerdo, un mal recuerdo que por más que hago no puedo recordar.

Es un monologuista formidable. En veinte minutos nos pintó el panorama general de la literatura latinoamericana: un desfile de falsos valores, de gente que se corrompe, de escritores que se quedan boqueando, sin tener nada que decir, de genios olvidados que se marchitan, de escritores incomprendidos que nunca ven la suya, de escritores famosos que despojan a otros más modestos del dinero que les corresponde, etc.

Cuando nos despedimos me sentí más deprimido que nunca en el viaje. Creía conocerme, pero es profesor de literatura y ni sabía, ni se enteró, de que soy escritor. Ahora tengo de él dos malos recuerdos, uno oscuro y el otro muy claro. *(24-vii-78.)*

VIAJE GRATIS

Rumbo a un hemisferio desconocido

Si no se cae el avión, cuando este artículo vea la luz pública voy a estar en Argentina.

Antecedentes. De todos los viajes presidenciales este es el que menos me ha interesado. No leo las informaciones, si acaso los encabezados. El único que se me quedó grabado decía, *mutatis mutandis*: "Le propondrá la creación de multinacionales latinoamericanas". Bueno, pues yo no estoy de acuerdo. Si algo tienen de malo las compañías multinacionales que existen actualmente, no es que los dueños sean en su mayoría norteamericanos, sino que son por definición organismos mercenarios. Si actualmente están chupando la sangre del primero, del segundo, del tercero y del cuarto mundos y produciendo una corriente de pesos en dirección a los países superindustrializados, es porque así conviene a sus intereses, no por patriotismo. Si algún cataclismo sucede y el lugar más seguro y más conveniente para guardar el dinero se vuelve Zambia, digamos, allí invertirán las multinacionales.

Es decir, que en mi opinión, si se crean compañías realmente multinacionales, realmente latinoamericanas, acabarán haciendo exactamente lo mismo que las multinacionales extranjeras, que es, llevarse el dinero a los Estados Unidos, porque allí está mejor aprovechado y mejor guardado.

Después de decir que no estoy de acuerdo con el Presidente, voy a decir que me invitó a un viaje a Argentina y que yo acepté.

Sábado en la noche. Estaba yo muy tranquilo, jugando ajedrez con mi mujer, cuando llamaron a la puerta. Era una camioneta del Fondo de Cultura Económica. Un recado: "Que llame a tal teléfono, el lunes a primera hora". Pasó un rato antes de que me diera cuenta de la última frase, "para un asunto de carácter presidencial".

—Han de querer invitarme a un desayuno a deshora —dije.

—No —dijo mi mujer—. Más bien ha de ser que le dediques *Los relámpagos de agosto* al alcalde de Quito.

—O bien, que quieren hacer una antología monumental de literatura lambiscónica y me van a pedir que escriba yo un terceto.

(Nótese que hasta este momento el narrador tiene tantas esperanzas de que lo inviten a un viaje a Argentina como cualquiera de los que están leyendo el periódico.)

Y que pasa el sábado y que pasa el domingo y que llega el lunes y que hablo al Fondo y que me dicen que se trata de que yo vaya a Argentina —con otros, no sé, más de cien, intelectuales mexicanos.

—¿Es gratis? —pregunto.

—Hombre, por sabido se calla —me contestan.

—Déjenme pensar un rato —digo, y cuelgo.

¿Por qué pensar un rato? Porque yo siempre he dicho que lo que quiero es que me inviten a una cosa de éstas para poder decir que no voy.

Me doy una vueltecita por el jardín, como meditando. Le digo a mi mujer de qué se trata.

—*You lucky swine* —me dice.

Eso me decide. Ni hablar, voy. Pero al mismo tiempo comprendo que a la que deberían haber invitado es a mi mujer. Ella es la que quiere ver el guanaco, el ombú, los glaciares de la Tierra del Fuego, la isla de La Desolación. Ni modo.

Después pasa un rato en el que me comporto como cualquier miembro de comitiva presidencial de los que yo más detesto.

—¿A dónde vas, Jorge, no quieres que te dé un aventón?

—A Los Pinos —contesto.

En la tarde saco del ropero mi traje azul marino, que, oh, maravilla, todavía me cierra.

—Éste, para el suceso presidencial —me dice mi mujer, mientras lo sacude.

Ella lo cuelga de un perchero. Yo me quedo pensando:

—Nadie me va a creer, pero esto es lo único que le **he** chupado a la patria. *(19-vii-74.)*

VIAJE A ARGENTINA

La lista, de carne y hueso

Cuando hace uno un viaje en bola, es muy desagradable encontrar entre los asistentes enemigos acérrimos de los que todos tenemos —gente por ejemplo, que quince años antes le robó a uno la novia, o a quien uno hizo perder un empleo— pero esto no es el principal peligro que encierra la lista de los que integran una delegación cultural a una república sudamericana. Delegaciones culturales se han visto muchas. Yo sé de una que fue formada con un torero, un cantante, no de ópera, sino de rancho, y un pintor que prefiere no hablar del incidente.

Por eso, yo creo, lo primero que hicimos los invitados a Argentina, después de asegurarnos que era gratis, fue preguntar quién más iba. Yo me conformé con cinco nombres, otros, menos tímidos, vieron la lista entera.

Hombre, francamente, aparte de contados casos, la delegación no estaba tan mal. No había ni representantes de la canción vernácula, ni actrices carismáticas, ni gente que toma la palabra para explicar con veintiocho mil palabras nuestra cultura. Había rectores de universidades, directores de facultades, médicos famosos, científicos, filósofos, poetas, unos que nadie sabía quiénes eran y que resultaron fisiólogos, escritores como yo, pintores, etc. Algunos inmortales, otros, glorias de batallas casi olvidadas, la mayoría, gente a la mitad de la vida, con obra y con esperanzas de seguir trabajando.

Pues allí estábamos. A las siete de la mañana en el hangar presidencial. Sin pasaporte, porque nos los habían quitado en la Ayudantía Militar, sin más comprobante de que estábamos invitados que un telegrama que todos habíamos recibido demasiado tarde, después de los telefonazos.

Muchos estaban de abrigo.

—Hermano —dijo un escritor conocido—, en Buenos Aires está haciendo un frío de los pingos.

Todos éramos tan cultos que sabíamos que del otro lado del ecuador es pleno invierno.

Había dos o tres expertos. ¿Frío, pero frío como el de dónde?, les preguntábamos. ¿Frío como el de París?, ¿como el de Chicago en invierno? No. En realidad, dijo uno que sabe, lo que debieron haber traído es impermeable, porque a veces llueve.

—Pongan las maletas aquí —dijo alguien.

Y todos, con una fe completamente injustificada, pusimos las maletas en un carrito, sin comprobante, y el carrito se fue y..., no; las maletas no llegaron a Lisboa, sino a Buenos Aires, con nosotros. Parece que no se perdió nada.

Se veían algunas mujeres, pero la mayoría de ellas fueron a desayunarse en su casa. Nomás habían ido a despedir al marido. La delegación cultural era preponderantemente masculina. Ciento treinta contra tres o cuatro. No sé si el que preparó la lista quiso evitar líos de faldas —que no hubieran ocurrido— o subrayar lo que el mundo sospecha, que aquí, nada de liberación femenina.

Estábamos en el edificio de la terminal, que es un cuarto muy grande con un mostrador muy chico en donde varios empleados estaban llenando las formas de Gobernación. Mientras esta tarea kafkiana se llevaba a cabo con la lentitud de costumbre, nosotros, la lista hecha carne y hueso, nos reconocíamos.

—¡Hombre, no nos veíamos desde que tuvimos la beca en tal parte!

—Yo a éste lo conocí cuando fuimos juntos al congreso de la libertad del espíritu.

—¿Pero qué estás haciendo aquí? ¿No estabas en Londres?

—Vivimos a tres cuadras y para fin de encontrarte tienen que invitarnos a otro país.

—Francamente los intelectuales mexicanos somos pocos, nos conocemos, nos quejamos y no nos va mal.

Un empleado de migración empezó a barajar pasaportes y a decir nombres. No se entendía nada porque muchos preguntaban al mismo tiempo: "¿qué dijo, Cordero?", "no, Borrego", "¡Cordero, que pases al mostrador!", "cállense que no se oye".

Así ha de ser la entrada al infierno, con un afónico diciendo nombres, todos queriendo entender el suyo, y una puerta que dice, "aquí es el cielo". Afortunadamente aquel día la puerta daba a la pista en donde estaba el avión que nos llevó a Argentina. *(29-vii-74.)*

AVENTURAS EN ARGENTINA

Entre la crema y la nata

Al llegar a Buenos Aires ocurrió una desgracia pequeña a los que íbamos con la delegación cultural. En el autobús que nos llevó del aeropuerto al hotel, el mismo guía que nos dijo que íbamos por la calle más ancha del mundo y dónde se cambian los dólares en el mercado negro, nos pidió que en la tarjeta de registro del hotel escribiéramos nuestros nombres tal y como estaban en el pasaporte. Más tarde, con estas mismas tarjetas se preparó una lista de personajes imaginarios cuyos nombres correspondían —salvo error— al primero de pila y al último apellido de cada uno de nosotros. En los cinco días que siguieron yo acepté las invitaciones hechas a un tal Jorge Aubillón.

Por seguir las instrucciones de un tonto estuvimos en Argentina de incógnito.

Mi primer acto oficial consistió en salir del bar para ver llegar a Echeverría al hotel Plaza. Había filas de policías de azul marino, con abrigo, metralleta y banda azul celeste en la gorra, motocicletas y filas de curiosos en la plaza San Martín. Una cosa muy rara: la comitiva llegó precedida de una grúa. Supongo que para en caso de bombazo tener manera de llevarse los restos sin interrumpir el tránsito.

Los que estábamos allí no entendimos lo que vimos, porque Echeverría, en vez de entrar en el hotel se fue caminando por la calle Florida, desconcertando a la policía y los transeúntes.

Hizo esperar a los que estaban en el salón dorado para darle la bienvenida. Nota: todos los funcionarios argentinos desde el general San Martín —ver billetes de $100.00— tienen cara de aburrimiento. Cuando por fin entró el visitante, el alcalde de Buenos Aires, con el pelo pintado de rojo caoba, echó un discurso bombártico como aquí en México nadie ha echado en cincuenta años. Las retóricas son diferentes. Echeverría contestó improvisado y breve.

Esa noche la recepción en la residencia de la Embajada de

México empezó con apagón. Dicen que los altos jefes de la policía tuvieron palpitaciones, esperando un atentado. Nada. Al poco rato se encendieron las luces —había demasiadas— y entre un mar de gente pasaban las quesadillas, las garnachas, los taquitos, las memelas, los vasos de tequila. Todo lo que los que acabábamos de llegar no queríamos ni comer ni beber.

En el jardín, la gente se arremolinaba para acercarse a Echeverría, darle la mano, cambiar con él dos o tres palabras y causarle una impresión imborrable.

Salimos de allí temprano, Pancho Corzas y yo compartimos un coche oficial con el licenciado Represas y discutimos en el trayecto varios aspectos de la inversión extranjera.

Al día siguiente se organizaron varias reuniones con la esperanza de que cada artista o intelectual mexicano tuviera modo de ponerse en contacto con su equivalente argentino. Yo afortunadamente no encontré el mío.

Fui con los escritores a la Sociedad de *ídem* Argentinos. Entramos en una sala con muebles antiguos en la que se han reunido viejos y viejas muy bien educados, muy bien vestidos, todos ellos autores de libros que no he leído —el desconocimiento es recíproco—. Un señor de pelo blanco y bufanda, me recomienda que vuelva al teatro.

—El actor —me dice— es un animal hambriento de palabra: hay que imbuirlo de ese don.

Doy una vueltecita por el cuarto y en una hilera de fotos de autores famosos, encuentro una, más grande que las otras, de Alfonso Reyes levantándose los anteojos. Me da la impresión de que fue puesta allí quince minutos antes de que nosotros entráramos. Me parece un gesto cortés e inesperado. Aquí conviene imaginar a un mexicano colgando a Borges en la sala antes de abrirle la puerta a un visitante argentino.

Es de mañana, me estoy acostando después de una farra. Suena el teléfono. Una voz me suplica que esté yo en el *lobby* a las ocho en punto para asistir a la audiencia que nos concede la señora Presidenta. Faltan cinco para las ocho. Me duermo hasta las once. Cuando bajo a desayunar encuentro a uno que sí fue a la audiencia.

—¿Qué crees? —me dice—. Entré por una puerta. Le di la mano a Isabelita y salí por otra puerta. ¡No supo ni quién era yo!

No le dije nada, pero me dio mucho gusto oírlo. *(26-vii-74.)*

BARRERAS DEL IDIOMA

Encuentro en la cumbre

No sé si oí bien, pero cuando me invitaron a Argentina por teléfono, entendí lo siguiente: que seiscientos intelectuales argentinos, haciendo a un lado sus diferencias políticas, habían decidido reunirse y darle una recepción al Presidente de México, quien para corresponder, había decidido llevar desde México a ciento cincuenta mexicanos de los más notables en el mundo cultural —yo entre ellos—, para que tuvieran oportunidad de conocer a los argentinos, cambiar impresiones con ellos, estrechar lazos, etcétera.

Eso fue lo que entendí. Por eso me extrañó un poco cuando abrí la invitación y vi que el anfitrión era el Presidente de México, no los intelectuales argentinos. Por otro lado, ni modo de que lo inviten a uno a una cena y se presente con ciento cincuenta agregados.

De cualquier manera, esto fue lo que se llamó ''El Encuentro''.

Esta noche —nos dijo el *Maitre* del Plaza— en los salones del primer piso se pondrán las mesas. Este es el único hotel en Buenos Aires capaz de servir un banquete para mil doscientos, sentados y a manteles.

Nos pusimos nuestros mejores trapos y dando las nueve de la noche, cuando se abrieron las puertas, entramos en el Salón Dorado y ocupamos una mesa para seis. Nuestra intención no era estrechar lazos culturales, sino estar presentes en el acto para el que nos habían llevado, cenar entre amigos, aguantar los discursos, aplaudir al final e irnos a la calle.

No fue así. Pasaron unos a decirnos:

—Sepárense. Hay órdenes de que no haya más de dos mexicanos en cada mesa.

¿Órdenes de quién? Nadie supo. Fue la única orden que nos dieron en el viaje y nosotros, por bien educados, la obedecimos a medias. Nos quedamos cuatro.

Un matrimonio argentino, el señor de bastón, con la cara

empolvada, y la señora de velo, nos preguntaron si estaban ocupados los dos asientos restantes y les dijimos que no. Se sentaron. Nos presentamos. El señor dijo que era poeta, y "a ratos libres, abogado", y empezó a decir las cuatrocientas frases que tenía preparadas para hablar con mexicanos:

—¡Pero qué país más interesante es el vuestro!

—¡Tenés un museo formidable! ¿Está cerca de la ciudad?

—¿Y Acapulco, qué tal es?

Cuando el hombre iba a la mitad de su repertorio y la noche se perfilaba funesta, pasó cerca de la mesa una especie de Rosario Sansores de Buenos Aires, que no encontraba lugar, y Héctor Azar, que es un canalla, le dejó el suyo. La recién llegada llevaba velo también y un vestido de gasa color plúmbago. Desde nuestra mesa dirigió las actividades de catorce reporteros menores que venían a preguntarle qué más apuntaban.

Nota: los velos que usaban estas señoras nomás tapan los ojos y las arrugas, dejando a descubierto la boca y permitiendo la masticación.

La esposa del poeta abogado tenía en la mejilla un lunar artificial. Me dijo:

—Me cuentan que en México se usa un condimento tan fuerte que resulta casi insoportable por lo picante.

Yo le contesté:

—Es que la gente se muere de hambre, ¿sabe usted? y entonces tienen que tomar esta cosa, llamada "chile", para poder comer más tortillas, que es una especie de pan de maíz, hasta rellenarse.

Echeverría llegó con retraso y dieciocho invitados nuevos: jóvenes de los grupos extremistas con los que se había reunido en la tarde. Los meseros tuvieron que ir a buscar otras dieciocho sillas. Una pareja de los recién llegados se acercó a nuestra mesa a preguntar si podían sentarse con nosotros. Estábamos abriéndoles campo cuando el mesero intervino:

—No, señores. En esta mesa no se sienta nadie más.

Ellos tuvieron que sentarse en otro lado.

Mientras éstas y otras cosas pasaban, en el estrado había discursos. Se habló de la hermandad del idioma y de la cultura, de los enemigos comunes, de las superpotencias, cuyas juventudes han ido a parar en las celdas o en las drogas, de la independencia y de la interdependencia, etc., etc. Hubo aplausos al final. *(30-vii-74.)*

EXPEDICIÓN A LA CALLE

De Florida a Suipacha

Si de desconectar al viajero se trata, para llegar a Buenos Aires no hay introducción mejor que llegar por Lima y cruzar los Andes sesgado.

Se ve el mar, las islas pelonas, la flota pesquera, el puerto, un llano muy fértil, con milpas, etc., y está uno en el aeropuerto de Lima, como quien aterriza en Querétaro.

En el bar, los meseros —gente como la de acá— se hacen bolas contando los *pisco sour* que nos vamos a tomar.

Luego viene el despegue y por la ventanita ve uno un paisaje todavía más dramático que el mexicano. El mar y el desierto, y luego, puro desierto, que sube y sube y sube hasta llegar a la nieve. En el atardecer alcanzamos a ver, entre las montañas pardas, cuatro copetes blancos. Nos avisa el piloto que estamos volando sobre el Titicaca, y en efecto allí está: un laguito azul. De pronto, como si apagaran la luz y nomás se ven las estrellas. Unas constelaciones muy raras.

—¿Serán la Cruz del Sur, tú? —nos preguntamos unos a otros.

Después de este proemio tan americanista y tan severo, ¿quién se imagina que va a desembocar en una ciudad europea? Nota: todos los argentinos que llegan a México dicen precisamente eso, que Buenos Aires es una ciudad europea, y por eso los detestamos. Creemos que es otra alucinación como la de ''si París tuviera un paseo Montejo...''. Pero es verdad.

La explicación que yo le doy a este fenómeno es esta: los que llegaron a Buenos Aires estaban tan lejos de todos lados, que no tuvieron más modelos que los que habían dejado en su continente de origen. Si a esto se agrega un siglo de estabilidad, y pocos indios, se obtiene una ciudad que parece europea. Mejor dicho, europea de hace cuarenta años, porque la gente vive con amplitud, el servicio es excelente y no hay inmigración de otras razas. Si hay especulación con terrenos, es moderada. Las ''villas miseria'' que vi, me parecieron muy bien arregladas.

En cinco días nadie me pidió limosna, no vi a nadie asomado a una ventana mirando a otro comerse un bistec, en los zaguanes no vi borrachos perdidos, ni recitadores locos.

En el aeropuerto, antes de tomar el avión de regreso, una señora me dijo que esperaba que rectificara lo que dije en un artículo hace unas semanas —que los que estaban en el entierro de Perón eran unos medio indios y otros medio blancos—. Rectifico así: los que vi en las fotos del entierro no se parecían a los que vi en la calle. No sé si eran toscanos, como insinuó la señora que quiere que rectifique, o si era defecto de imprenta, pero parecían medio indios.

En Buenos Aires vi sólo tres indias. No sé si argentinas o importadas. Eran muy limpias, con el pelo renegrido, vestidas con ropa modesta pero nueva. Me acerqué para oír lo que decían y no entendí nada. Iban por la avenida Eduardo Madero, como quien va a la estación.

La gente sale del cine a las dos de la mañana —cuando no hay función de trasnoche, que es más tarde— y a esas horas se van a comer un bife del precio que les dé la gana. Los hay desde cinco pesos hasta cuarenta. Después, ya cenados, si no les da la gana irse a acostar, pueden meterse en una serie de establecimientos de los que yo, francamente, no conozco el equivalente mexicano.

Conocí uno, por ejemplo, que era del nivel de la calle, dos pisos para abajo. El primero tenía forma de herradura, estaba en penumbra, y había una barra. Por el hueco de la herradura se podía ver el show que estaba en el piso de mero abajo. Cuando llegué me tocó ver a una mujer, con vestido sicalíptico, que se jalaba los pelos y cantaba tangos abandonados. Pasó un rato antes de que yo me diera cuenta de que estaba rodeado de prostitutas. Tan guapas, que vienen a México y acaban con casa en las Lomas al cabo de dos semanas. En la escalera había muchos hombres solos que nomás estaban tomando la copa y oyendo el tango. En el piso de abajo había mesas alrededor del foro con familias. El animador, en honor de los visitantes, se puso un sombrero de charro y cantó una canción mexicana, con vibrato y "ay, jarayjay", avergonzándonos.

Después, otro cantante recordó a las hermanitas no sé cuántos, grandes cantadoras de tango, de estilo inolvidable y presentó a una sobrina de las difuntas —una mujer muy seria, con el pelo restirado y pechos enormes— y entre los dos se echaron un tango a dos voces, que fue del otro jueves. *(2-viii-74.)*

NOSTALGIA

Recuerdos de hace un cuarto de hora

No sé si es lugar viejo y famoso o nuevo y casi desconocido, pero fue lo primero que vieron los mexicanos que llegaron a Buenos Aires con ganas de oír tango. Se llama el Viejo Almacén.

Es un patio arreglado estilo rústico, con mesas y un foro, que cuando yo lo vi estaba lleno de mexicanos —es decir, turistas—. Vi dos números del show. Uno era una orquesta de tres, un bandoneón, un contrabajo y un ... un instrumento que he olvidado. Cada uno iba haciendo de solista y los otros lo acompañaban. Cuando le tocó turno al del contrabajo hizo con su instrumento lo mismo que hacían en las películas de 1930: lo rascó, lo hizo girar como trompo, le dio palmadas en la barriga, hizo como que lo acariciaba, lo tiró al piso y se acostó encima de él. Pero no se vaya a creer que esto era cómico o indecente. Era puro virtuosismo, porque mientras el músico hacía todas estas piruetas, seguía tocando las notas sin perder la tonada.

Cuando terminó este número hubo aplausos y después un hombre que se veía tan triste que parecía que iba a cantar un tango, anunció el número fuerte del programa: Fulano de Tal, el último tanguista.

Entró en escena un hombre que me asombró. Tenía una cara como esculpida en madera: con unas narizotas, una bocota, los pómulos salientes, los ojos hundidos y un color de la piel, no propio de cabaret, sino de quien ha pasado mucho tiempo a la intemperie —impresión que, yo sospecho, es completamente falsa—. Cantó tangos viejos con voz buena, pero muy trabajados y sin adornos. Cuando en la canción alguien lo engañaba, o se le iba la amante, abría las manos como si acabara de ver a la momia. Era tan malo que era bueno. Pero sobre todo era nostálgico.

Yo creo que la nostalgia es la emoción más poderosa que tienen los argentinos. Todas las cosas que no entiendo, se explican con la nostalgia. Desde las letras de las canciones hasta la situación política.

A las tres de la mañana hay una mujer hablando en el teléfono público. Mis compañeros y yo nos detenemos a escucharla.

—Cuando te fuiste esta tarde yo sentí que algo había cambiado entre nosotros. Que ya no es como antes.

Nostalgia.

En el bar del hotel hay una pareja. No son muy jóvenes. Él tiene casi cuarenta años y una barbita de candado. Ella anda en los treinta. Durante media hora, cada uno de ellos no ve más que los ojos del otro, en una posición incomodísima: sentados en los taburetes, frente a frente con dos copas que se calientan sin nadie que se las tome. Cuando ella sale del bar él se le queda mirando, como diciendo:

—¡Se me va!

Y no la pierde de vista hasta que ella desaparece tras una puerta que dice: "damas". A los cinco minutos ella vuelve y él la ve acercarse encantado. Espero que no esté pensando "ya no es como antes".

¿Nostalgia?

En la plaza de San Martín hay un caserón que parece algo así como el Louvre. Abajo está el museo de las Armas de la Patria, y en el primer piso, pachanga. Todo esto es a la una de la mañana. Las persianas están cerradas y se oye apenas unas notas sueltas y amordazadas. De pronto alguien abre una ventana. Es un hombre de smoking. Después se oye una risa femenina y en la ventana aparece una mujer rubia, de vestido largo.

—Ja, ja, ja, ja, ja.

En ese instante la orquesta, que ahora se oye perfectamente, empieza a tocar "Strangers in the night". Los que vamos pasando pensamos: "¡quién estuviera allí adentro! Nosotros aquí en la calle con tanto frío".

Estoy seguro que el señor abrió la ventana porque la mujer rubia le dijo, como decían todas las mujeres rubias de películas de 1940 que iban a fiestas:

—Quisiera respirar un poco de aire puro.

Nostalgia.

Dos minutos más tarde, un coche de la policía que iba tras los asesinos del doctor Mor Roig, quería pasarse un alto y estuvo a punto de atropellarme. *(6-viii-74.)*

FIN DE NEUROSIS

Preparativos de viaje

Desde hace un año mi mujer y yo estamos preparando este viaje.

Cuando nos invitaron a visitar una cárcel a mediados de octubre, contestamos:

—Muchas gracias, encantados iríamos, pero tenemos este viaje.

Lo mismo contestó mi mujer cuando la invitaron a participar en un simposio de mujeres intelectuales pero discriminadas. Cada vez que me encuentro a alguien en la calle y me pregunta:

—¿Qué andas haciendo, o cuándo nos vemos, o estás preparando algún libro?

Contesto:

—Me voy a Europa.

Me he dado cuenta de que a nadie le interesa, a nadie le da envidia y nadie se admira de que uno se vaya de viaje. Ya no es como antes. Tan bonito que era en tiempos de don Porfirio, que el que iba a Europa era entronizado a su regreso como hombre civilizado, y tenía derecho a decir:

—Salgo a la calle y todo me huele a tortilla.

Ya no es igual. Hoy en día cuando saben a dónde voy me dicen:

—¿No les irá a agarrar el frío, tú?

—¿Y qué van a hacer tanto tiempo?

O, lo que es todavía más insultante:

—Haces bien, manito. Yo fui por un mes y me quedé doce años.

Primero nos vamos tres meses a Londres —solíamos decir— y después nos iremos a las islas del mar Egeo.

Esta idea nos la echaron por tierra los expertos. Una señora que ha viajado por todo el mundo y no habla bien ningún idioma, se quedó horrorizada cuando oyó lo que decíamos:

—En enero las islas del mar Egeo son inhabitables. Sopla un viento que cala los huesos. Grecia es para visitarse en primavera. Hay que sentarse en las plazas a ver pasar los efebos, oír tocar el borzoi, cantar la alkayata, danzar el pekalete, beber el rake y fumar el rike, y en general vibrar al unísono con este pueblo que es el más apasionado de todos.

Nos recomendó pasar el invierno en el gran Atlas, cerca de Marrakech, en el Gran Hotel Mahimoud, que es uno de los mejores del mundo —los árabes se mueren de hambre allí afuera.

—¿Cuánto cuesta?— preguntamos.

—Bueno, si no quieren gastar, pueden pasar el invierno en Tánger. Hay gente adorable. Aunque debo advertirles una cosa: la discriminación es espantosa.

—¿Racial?

—No. A las mujeres y a los heterosexuales no los dejan entrar a los cabarets.

Tenemos pensado que cuando estemos en Londres vamos a trabajar. Si es posible, con vista a Hyde Park, o a Kensington Gardens. Mi mujer pinta y yo escribo. Necesitamos por consiguiente, dos habitaciones, mínimo, porque si no, yo acabo metiendo el pie por los cuadros de mi mujer y ella arrojando la máquina a la calle. Compramos periódicos ingleses y vemos, en los anuncios clasificados, el alquiler de departamentos amueblados. Allí encontramos:

"Precioso cuartito en una buhardilla, propio para un enano; tiene camita, mesita, sillita y derecho a usar el baño al final del pasillo, 6 libras por semana".

"Preciosa casa que ha sido habitada durante años por la familia de un profesor norteamericano. Tiene todos los enseres: licuadora, barredora, lavadora de trastes, lavadora de ropa, tostadora, cocina ortofónica, aparato de alta fidelidad, lámpara infrarroja para tomar baños de sol, aparato para cortar el pasto, baño sauna. Pueden dormir doce. 60 libras por semana".

"Precioso departamento en medio de un jardín, con dos habitaciones, cocina y baño. Propio para una pareja profesional o artística. No cobro renta. Doy el departamento a cambio de que los inquilinos cuiden con mucho cariño a dos niños que tengo, de tres y cuatro años''.

"Casa victoriana recién adaptada a la vida moderna. Tres salones de recepción, comedor, tres recámaras, dos baños, cuartos de criados, jardín. No cobro renta, la doy a cambio de que paguen el sueldo del mayordomo, la cocinera, el chofer y lo que se comen los perros. Exijo recomendaciones impecables''. *(25-ix-74.)*

CASA DE HUÉSPEDES

Desayunos en el sótano

Londres.- Como ciudad turística, ésta tiene un progreso dudoso. Hace veintisiete años que la conocí, fue el único lugar en Europa en que pude bañarme en regadera caliente sin necesidad de salir a la calle e ir a un baño público. Hace cuatro años, en cambio, llegamos mi mujer y yo, después de recorrer varias ciudades de Europa, parando en hoteles modestos —la mayoría se llamaban "Hotel de la Gare"—, pero siempre en cuartos con baño, y empezamos una peregrinación de unas veinte cuadras alrededor de la estación de Victoria, entrando en una docena de hoteles y teniendo el siguiente diálogo:

—¿Tiene cuartos?

—Sí, señor.—Los hoteleros ingleses tienen barba de tres días y un perrito bajo el brazo.

—¿Con baño?

—Bueno, tenemos un baño en el hotel, pero no hay cuartos con baño.

El único cuarto con baño lo encontramos en un hotel medio de lujo; costaba el equivalente a trescientos pesos mexicanos y nos advirtieron que teníamos que desocuparlo a las 7 de la mañana porque a las 8 lo habían contratado unos hombres de negocios para desayunarse en él —no me pregunten por qué unos hombres de negocios querían desayunarse en un cuarto de hotel, porque no sé contestar.

Acabamos resignándonos y metiéndonos en un hotel que se llamaba el "Belgravia". Teníamos un cuarto chiquito, con vista a un árbol. Para ir al excusado bajaba uno al primer entresuelo, para bañarse en la tina, subía uno al segundo piso; la regadera quedaba en el segundo entresuelo.

—Nos queda la satisfacción —le dije a mi mujer— de que este cuarto ha de ser muy barato.

Cuando nos dijeron el precio no podíamos creerlo. Era más caro que cualquier cuarto con baño de los que habíamos tenido en Europa.

Más tarde, unos parientes de mi mujer nos dijeron que habíamos sido estafados y nos llevaron a otro hotel, que costaba lo mismo, en el que para ir al excusado había que subir al segundo entresuelo, para bañarse en tina había que subir al tercer piso; la regadera estaba en la buhardilla.

Esto era 1970. Entonces había cuartos vacíos en cualquier hotel. Ahora hay más hoteles, son iguales de malos, más caros y están repletos. Llegar a Londres solo y buscar alojamiento, ha de ser como entrar en un cuento de Bocaccio —tiene uno que compartir el cuarto con un caballero levantino que usa antifaz.

Éstas han de haber sido casas de gente decente. Todas son idénticas y tienen portales dóricos, muy feos. Supongo que cuando se acabaron los criados el barrio se quedó desierto y ahora ha sido invadido por los hoteleros, que están en plena expansión y multiplicación.

El Belgravia, que hace cuatro años ocupaba una casa, ocupa cinco en la actualidad y se llama Hobb's-Belgravia. El antiguo hotel Graetel, se ha triplicado y se llama Hansel-y-Graetel —un pórtico para cada palabra—, el Beverly Towers ocupa cuatro casas, etc.

La administración y funcionamiento de estos hoteles es un triunfo de la codería. Cuando el huésped se registra, recibe una llave que abre al mismo tiempo el zaguán y la puerta de su respectivo cuarto —y que al mismo tiempo no abre las puertas de los demás cuartos— de esta manera se ahorra el sueldo de empleado que está en la administración, y el espacio que ocupa el mostrador y los casilleros. Todo el hotel son pasillos y unos cuartos chiquitos en los que apenas caben dos camas, un lavabo aerodinámico, dos sillas y un *chifonnier* —más un señor y una señora—. Este artículo lo escribo sentado en la cama, con la máquina en una silla, una botella de cerveza en el piso, y una ventana enfrente a través de la cual puedo ver una pared, la tubería del desagüe, un árbol muy bonito de un patio vecino, y un pedazo de cielo nublado —todo esto cuesta ciento cincuenta pesos diarios—. Oigo lo que dicen los demás huéspedes y sé a dónde se encaminan sus pasos.

En la mañana tengo derecho —casi obligación— de desayunar en el sótano. Esto es forzoso en Londres, cuando está uno en hotel: desayunar, entre las siete y media y las nueve y media, en compañía de gente que viene de los cuatro puntos cardinales —México, Corea, Estados Unidos, Argentina y Australia—, que no tiene en común más que el estar comiendo todos lo mismo —huevos con tocino y pan tostado con mantequilla— y el miedo que nos inspira la servidumbre; una mujer que se llama Nafta. *(4-x-74.)*

EXTRANJEROS

Pasaporte para Pimlico

Londres.- Uno de los graves defectos de esta ciudad consiste en que los londinenses no usan uniforme, como yo esperaba —bombín, traje gris Oxford y paraguas, gorra de Sherlock Holmes para ir al campo—. La gente se viste con todas las modas que se han usado en el siglo, más otras que no se han usado, y los únicos distinguidos son sikhs, que pasan media hora por las mañanas enredándose el turbante, cogen su portafolios y se van a la calle a vender seguros contra incendios.

Voy por un túnel del tubo —tren subterráneo— y un hindú recién llegado, que ve en mí los rasgos clásicos del londinense nativo, me pregunta una dirección. Yo saco mi mapa y ambos perdemos diez minutos tratando de encontrar la calle que él busca —Warren Street—. Después nos damos cuenta, con cierto horror, que estamos debajo de un letrero —¡iluminado!—, que dice, "salida para Warren Street". Me separé del hindú y si lo vuelvo a encontrar no lo saludo.

La ciudad no sólo está llena de inmigrantes de todos colores o invadida por turistas alemanes sino que los ingleses que la habitan hablan muy distinto en el oriente que en el occidente, y tienen dialectos inconfundibles por manzanas.

El recién llegado parte de la seguridad total —estoy en Londres, la capital de Inglaterra, es decir, una ciudad habitada por ingleses— y conforme pasan los días, va entrando en la confusión.

Entro en lo que en México se llamaría un estanquillo —que en Inglaterra se llama "agencia de noticias", porque además de kleenex y chocolates venden periódicos—. Detrás del mostrador está un viejo muy bien educado con bufanda. Buenos días, ¿qué se le ofrece?, etc.

He aquí, pienso yo, un ejemplar clásico de un inglés de los de antes. Al día siguiente lo descubro hablando alemán fluido con otro señor que parece otro ejemplar clásico de inglés, etc. Resulta que ambos son judíos alemanes que llegaron a Londres en 1936, que no han salido de Inglaterra desde entonces y que sin embargo hablan alemán entre sí y comen embutidos importados de Munich.

A esto se debe que las salchichonerías de este rumbo, Pimlico, sean tan buenas. En una de ellas hay cinco polacas detrás del mostrador, rebanando salchichones y jamón de Westfalia, en otra hay un italiano de mal humor, que se pelea con las españolas que llegan a pedirle jamón, así como suena, "jamón".

—¿Ma ché jamón? ¡Prosciutto!

Para completar la confusión, los jóvenes ingleses recién salidos de la escuela que trabajan de meseros en el restaurante italiano que hay en la esquina, han sido adiestrados por el dueño, que es de Padua, para decir "calamaretti".

Mi mujer que nació en un lugar que queda tan lejos de Londres como, digamos, Querétaro de la ciudad de México tiene acento perdido de extranjera. La acompaño a comprar un impermeable, y la dependienta nos pregunta de dónde venimos. Le decimos que de México, y ella empieza a hablarnos a señas.

El domingo vamos a la Tate y resulta que como es día de entrada gratis, el lugar está repleto de turistas —de los que van a la Tate para no tener que confesar que no fueron a la Tate—. Entran dos mujeres italianas con una niña.

—"¿Qué es esto, mamá?", pregunta la niña refiriéndose a una escultura de Jan Ipoustegy que representa a una señora con pechos como cántaros.

—Ma veramente non lo só —responde la madre y se lleva a la niña arrastrando para otro lado.

Entra una pareja de españoles jóvenes, gente bien pero muy bruta. La mujer da unos pasos y se para frente al "beso", de Rodin. Representa una pareja en pleno abrazo, es una de las esculturas más sensuales de que yo tenga noticia.

—¿Qué es esto? ¿La Piedad?

En la noche, salgo a buscar algo de comer. Es una noche londinense, hay bruma y el pavimento está húmedo. Recuerdo una película que vi cuando era niño, cuya acción se desarrollaba en Londres, en una noche semejante, y en la que Clark Gable y la actriz, que no recuerdo quién era, comían *fish and chips* —pescado frito con papas fritas—, el platillo más inglés que hay. Decido comer lo mismo. Entro en la fritanguería y descubro que los que hacen y venden *fish and chips* son italianos. *(8-x-74.)*

UNA PARTIDA DE CAZA

Siga la liebre

Londres.- Hasta el sábado catorce de diciembre, la experiencia más cercana que había yo tenido de una cacería a la inglesa, con perros, había consistido en ver la película Tom Jones, en la que tras de la zorra van los perros, tras de los perros, los actores a caballo y tras de éstos, el camarógrafo en un helicóptero. Una experiencia formidable.

Pero todos hemos leído, oído y visto fotografías de cacerías con perros. Los señores se ponen chaquetas coloradas y gorras de terciopelo, las señoras van de sombrero alto y se caen del caballo al brincar una cerca.

Si en la cacería participa algún miembro de la familia real, es seguro que se caerá del caballo y será arrastrado entre ortigas, con el agravante de que detrás de cada matorral habrá un fotógrafo. La historia de Inglaterra está jalonada de incidentes de esta naturaleza. La primera vez que vi fotografiado a Eduardo VIII —antes Príncipe de Gales y después Duque de Windsor—, estaba en el suelo.

Es un pasatiempo que me parece interesante, pero excéntrico. Nunca creí participar en una partida de caza ni en sueños, hasta que fuimos a pasar el fin de semana con mis cuñados en Chipping Norton. El viernes en la noche me dijeron:

—*Tomorrow we'll go "bassetting"*.

Es decir, ir de cacería con una clase de sabueso llamado basset. Me quedé helado. Acepté nomás porque me explicaron que no había necesidad de montar a caballo. Se trata de ir corriendo a campo traviesa detrás de los perros.

Chipping Norton está en Oxfordshire. En un terreno ondulado, bien cultivado con partes arboladas. En dondequiera que esté uno alcanza a ver un mar de lomas, con torres de iglesias. No se ve una montaña. Es un paisaje tan ordenado que mi mujer dice que le pone los pelos de punta.

Afortunadamente la cacería no empezó en la madrugada. A las doce y media se juntó la partida afuera de los corrales de una casa elegantísima, que según las malas lenguas acaba de ser adquirida por un millonario griego.

Éramos unos treinta. Cada quien llegó vestido como se le dio la gana. Unos con gorra de cazador y levita, otros con cachucha de quesadilla y botas de alpinista, otros con gorras de Sherlock Holmes y chamarras de lona parafinada, etc. Muchos llevaban bastones de horquilla, dos o tres, látigo. Los látigos, me explicó mi cuñado, son para tronarlos y evitar que la jauría se desperdigue.

—No han llegado los perros —nos dijeron cuando llegamos.

Había un señor que tenía abierta la cajuela del coche y estaba dándoles vasos de whisky y de ginebra a todos los participantes. Tuve que pagar cincuenta peniques, por no ser miembro del club.

Por fin llegaron los perros en una camioneta, con su dueño, un grandote vestido de etiqueta, con bufanda blanca en el pescuezo y una corneta en la mano. Se fue adelante de todos, con sus perros, por un camino que iba bordeando las bardas de la casa del millonario griego.

Los que van de cacería, me explicaron, tienen permiso de brincar cercas y meterse por los sembrados, cosa que no pueden hacer los que van nomás caminando. Me explicaron también, que íbamos a cazar liebres. Cuando oí esto, pensé:

—Ya estuvo que no vimos una liebre en lo que queda del día.

No acababa de hacer esta reflexión cuando vi pasar la primera, corriendo, cuesta abajo, en un campo de coles. Afortunadamente, los perros andaban ocupados en otra pista, y no le hicieron caso. La partida se fue desperdigando. Unos seguían por el camino, otros cruzaban a campo traviesa, otros subían y bajaban lomas, mirando siempre a los perros, que iban de un lado para otro, en círculos a veces, a veces en línea recta, ladrando en diferentes tonos, a veces en caliente, a veces en frío, convencidos a veces de que iban tras de la pista correcta. El de la trompeta, tocaba, los de los látigos, los tronaban, las liebres, corrían —vi ocho en el curso de la cacería— los faisanes volaban

—vi seis—, y los perros seguían ladrando y yendo de un lado para otro.

Mientras tanto los cazadores, a veces caminábamos, a veces corríamos, brincábamos cercas, cruzábamos campos sembrados de trigo, de nabos, de rábanos, de espinacas, de coles de Bruselas, brincábamos cercas de piedra, de alambres, de varas, de troncos, nos espinábamos, nos resbalábamos, nos enlodábamos, nos deteníamos a veces jadeantes, a veces caminábamos tranquilamente, platicando, o nos deteníamos a ver el paisaje, a decir que qué bonito estaba el día, a oír las campanas de la iglesia, hasta que alguien veía saltar la liebre y todo se volvía confusión, gritos y sombrerazos, toques de la corneta, tronidos de látigo, idas y vueltas de los perros ladrando, creyendo que esta vez sí estaban en la pista correcta.

No agarraron nada, pero hacía mucho que yo no me divertía tanto. *(7-i-75.)*

DEPORTES OSCUROS
El gran juego del grillo

Londres.- Un partido de *cricket* (grillo en inglés, según los diccionarios) es el espectáculo de significado más impenetrable de todos los que he presenciado en Inglaterra, incluyendo el cambio de guardia en Buckingham y el mensaje de la Reina el día de Navidad.

La mayoría de los deportes están basados en principios tan elementales que lo único que se necesita para entenderlos *grosso modo* es no ser completamente imbécil y observar su desarrollo durante unos minutos. Por ejemplo, durante una carrera de caballos es relativamente sencillo comprender que cada jinete quiere que su caballo llegue a la meta adelante de los demás. O bien, no se necesita ser un Sherlock Holmes para darse cuenta de que en un partido de futbol los que están vestidos de un color tratan de llevar la pelota a un lado del campo, mientras los que están vestidos de otro color luchan por llevarla al lado contrario. Basta con ver los brincos que pegan los nadadores al echarse al agua para comprender que su intención es llegar antes que los demás a la meta y no después.

Bueno, pues el cricket, para mí cuando menos, es diferente: no entiendo cuando lo veo por televisión transmitido desde Australia, no entiendo lo que me dice el comentarista, entiendo menos todavía cuando leo la reseña en el periódico, y mi incomprensión llega a su límite cuando mi mujer me explica las reglas del juego.

Esta oscuridad se debe a diversos factores. El más evidente de todos es que los jugadores de ambos equipos se visten igual —de blanco—, y nadie lleva números en la espalda, por lo que se necesita ser amigo de la infancia del pitcher para reconocerlo de espaldas y saber cuál de los equipos es el que está bateando.

Decir que el cricket es una especie de beisbol prehistórico es simplificar demasiado. El cricket es más bien como jugar una partida de ajedrez en un tablero de damas chinas.

A primera vista el juego parece sencillo.

Un equipo está en el bat y el otro en el campo. El bateador trata de golpear la pelota y correr, los otros tratarán de agarrar la pelota y ponerlo fuera de combate. Hasta aquí todo va bien. Las dificultades empiezan cuando el espectador descubre que el lanzador de pelota no sólo está tratando de eliminar al hombre que tiene el bat sino de que la pelota tumbe unos palitos que están junto al bateador. Son tres palos de sesenta centímetros, verticales, enterrados en el suelo, sobre los que descansan otros dos palos más cortos horizontales. Esta construcción se llama *wicket*.

Cada vez que la pelota pega en el *wicket* y lo tumba es la catástrofe para el equipo que está en el bat. De lo anterior se deduce otra complicación: el bateador no está solamente tratando de golpear la pelota y mandarla lo más lejos posible, sino también de evitar que la pelota pegue en el *wicket* y lo deshaga. Probablemente también está tratando de que la pelota no le pegue a él y lo desarme. En la primera parte de estos juegos el equipo inglés tuvo cinco heridos, a pesar de que los bateadores se ponen unas como canastas en las piernas, para protegerlas.

Ésta no es más que la primera oscuridad. La segunda es la contabilidad. En mi periódico (*The Guardian,* 31 de diciembre), dice más o menos así:

Tablero: INGLATERRA—Primera entrada 242 (Knott 52, Edrich 49, Thomson cuatro por 72).

AUSTRALIA—Primera entrada 241 (Redpath 55, Willis cinco por 61).

Parece sencillo, 212 y 241 representan el número de carreras que cada equipo hizo durante la primera entrada, lo que queda dentro del paréntesis representa los nombres de los jugadores y el número de carreras que hizo cada uno. ¿Que nomás son tres jugadores y que 52 más 49 más 72 no suman 242? Bueno, pues diremos que son los jugadores que destacaron durante la entrada. ¿Pero qué quiere decir cuatro por 72 y cinco por 61? Misterio.

Tercera oscuridad. Es la que se deriva de que el espectador novicio ignora cuánto dura un juego. Visto en el periódico, la longitud de los partidos es espeluznante. *There was a break for drinks*. Esta frase leída por un mexicano y traducida quiere decir que se suspendió el partido para tomar la copa —o para echarse unas frías—. *Tea was taken at 178 for six*. Es decir, tomaron el té cuando llevaban 178 carreras, por seis *wickets,* ¿o seis hombres fuera? Vaya usted a saber.

Última oscuridad. Según parece si un jugador dice una leperada el equipo queda descalificado. De aquí que en las reseñas aparezcan frases como ''se vio que N movía los labios y P, que estaba en el suelo, le contestaba. Más tarde se aclaró que P oyó algo que le pareció disonante y le dijo a N, ¿tendría usted inconveniente en repetir eso que acaba de decir?, a lo que N respondió, ''¡dije, qué bonita está la tarde!''. ¡Así quién entiende! *(21-i-75.)*

273

MALA FAMA

Lugar de naufragios

Penzance, Cornwall.- No vine aquí por casualidad. La primera vez que oí hablar de Cornwall fue hace más de treinta años. Estaba yo sentado en el cine Alameda viendo una película que se llamaba La posada maldita (Jamaica Inn) que, después supe, es considerada por el que la dirigió, Hitchcock, como uno de sus peores fracasos.

Según aquella película, Cornwall es un lugar siempre oscuro —no hay una sola escena filmada de día—, una costa rocosa llena de arrecifes y siempre hay tempestad. Sus habitantes pasan la mayor parte del tiempo apagando o cambiando de lugar las luces de posición de los arrecifes más peligrosos, con el objeto de hacer que los barcos se estrellen contra las rocas para saquearlos.

Esta mala fama quedó corroborada hace tres meses, cuando apareció un libro intitulado Naufragios, de John Fowles, que contiene una serie de fotografías admirables de naufragios ocurridos entre Penzance y las islas Scilly, en los últimos ciento cuarenta años. Los naufragios son numerosísimos, y uno de los capitanes, declara:

—Las olas, las rocas y el temporal no fueron nada comparados con los habitantes de la región.

Hay una foto, tomada en una plaza pública, a mediados del siglo pasado, en la que todos los habitantes que aparecen van cargando algún objeto sacado de un barco.

Pero hay que tener en cuenta, advierte Fowles, que los habitantes de aquí no sólo eran ladrones, sino magníficos marineros. Se subían en sus lanchas, y aunque sus motivos no hayan sido de lo más honesto, llegaban al naufragio en la peor de las tormentas y salvaron de esta manera muchas vidas.

También eran grandes fotógrafos, como lo atestigua el libro al que me he estado refiriendo, ilustrado con las fotos que tomó una familia de las islas Scilly, que durante varias generaciones se ha dedicado a fotografiar naufragios.

El más famoso de todos es el del ''Torrey Canyon'', que se partió en dos cuando su capitán quiso tomar un atajo, y se metió en un banco regando las costas de Inglaterra con cientos de miles de toneladas de petróleo crudo. Fue un desastre nacional.

Con historias tan negras en la mente asomo a la ventana y miro asombrado la mañana acapulqueña, el mar como un plato, el cielo azul, las gaviotas gritando, y un pajarito que está en el jardín, matando una lombriz.

Estoy viviendo en la parte de la ciudad situada en un promontorio que divide la bahía de Penzance y la de Newlyn. En ambas bahías hay puertos artificiales con rompeolas de piedra construidos hace cientos de años. Cada uno de estos rompeolas termina en un brazo largo que se interna en el mar, en cuya punta hay un pequeño faro. Ambos coinciden con la descripción que hace Fowles del lugar adonde "la mujer del teniente francés" va todas las tardes, a esperar el regreso del amante ido.

Si salgo a la calle, encuentro una ciudad pequeña, próspera, inmaculada, habitada no por los rufianes de Jamaica Inn, sino por la gente más bien educada que he conocido.

Pero hay otras curiosidades. En esta región se encuentran restos numerosos de construcciones hechas en la edad de piedra. Un dolmen de los famosos, que nos enseñaron en la escuela, está aquí a veinte minutos en coche. Son tres piedras planas paradas con otra acostada encima, como una mesa monstruosa. En realidad, es una casa —o mejor dicho, un techo—. Una de las habitaciones más insatisfactorias que pueda uno imaginarse, y la más difícil de construir. Para poner en su lugar la piedra que sirve de techo se necesita una grúa o la cooperación de toda una tribu, y la protección que da no es mejor que la que daría un techo de ramas o de yerba. La única razón de hacer un trabajo tan pesado para poner una piedra sobre la cabeza, sería la de tranquilizar la conciencia de gente acostumbrada a vivir en cuevas. Pero en fin. Dicen que así eran los hombres de la edad de piedra y más vale dejar allí la discusión.

Otra cosa notable de este pueblo es que tiene dos parques públicos de primera, en donde crecen, en profusión notable, una gran variedad de plantas de todas las latitudes. Encontré una jacaranda chiquita, camelias, mafafas monstruosas, madroños, carrizos, magnolias y una variedad muy grande de coníferas.

Según parece, en materia de geología este lugar es privilegiado. El dolmen ya estaba hecho, nomás fue cosa de acomodar las piedras; hay casas con muros de granito, de pizarra y otras de una roca que parece tepetate. Las artesanías de la región son la cerámica y la joyería: hacen mancuernillas, aretes, collares y prendedores de piedrecitas de colores, que no sé cómo se llaman y no voy a averiguar porque me parecen horribles.

Como última curiosidad, quiero mencionar al loro que hay en la casa donde vivo. Es azul plomo con una pluma roja y otra amarilla en la cola. Chifla como Bing Crosby y dice... "hello". *(28-ii-75.)*

EN PENZANCE
Paseos a la orilla del mar

Penzance, Cornwall.- Frente a la casa donde vivo está la iglesia de Santa María. En las noches se oyen coros cantando himnos celestiales. Yo los compadezco. En el atrio, que es accidentado y está lleno de enebros, está el cementerio. Un cementerio sobrio: cada muerto con su lápida de piedra encima, clavada verticalmente.

Salgo de mi casa, cruzo el cementerio y llego a la orilla del mar. Si me voy para la izquierda, puedo caminar, a la orilla del mar, cinco kilómetros hasta llegar al Monte de San Miguel, un monasterio construido, como su homónimo en Normandía, sobre una roca que está unida a la tierra firme por un vado que desaparece cuando sube la marea.

Si camino a la derecha llego a Mousehole, un pueblo de pescadores —y en verano de turistas—, que es uno de los pocos lugares de Inglaterra en donde llegaron a desembarcar los españoles que venían con la Armada Invencible. Antes de retirarse tuvieron tiempo de incendiar parte del pueblo. Las huellas del incendio se borraron hace varios siglos, ya nomás queda el rencor que este acto provocó.

Los paseos al atardecer a la orilla del mar, son la nostalgia de la nostalgia. Evocan otras tardes, otros paseos, otras épocas y, sobre todo, otras insatisfacciones.

La idea de un paseo al atardecer a la orilla del mar es tan sublime, que no hay experiencia que se le compare.

Ve uno puras cosas tristes, botellas rotas, recipientes de plástico, piedras deslavadas, algas marinas tiradas en la arena, fuera de su elemento, conchas de crustáceos difuntos.

Mi paseo empieza en la explanada, frente al Queen's Hotel —un edificio enorme que afortunadamente está cerrado en invierno—. La explanada es un piso de concreto rojo, con barandales de fierro pintado de blanco. A lo lejos veo unos niños corriendo detrás de una pelota, una madre empuja un cochecito de bebé y se detiene a esperar a que sus dos hijas la alcancen, un hombre con un rastrillo

277

junta algas marinas y las pone en un costal —no sé si está muriéndose de hambre o si es un gourmet—, una mujer con pantalones color violeta arroja piedras que su pastor alemán recobra —no sé si estoy viendo visiones, pero el pastor alemán es pelirrojo—. Paso junto a la madre que ha estado esperando a sus hijas. Es maniática.

—A nadie le hace daño un poco de aire puro —les dice a las niñas.

En ese momento, como por milagro, revienta una ola más grande que las demás y la salpica.

Newlyn es el puerto de pescadores que está al final de la explanada. Como Penzance, es puerto artificial con rompeolas de piedra. Es un misterio. Aquí hay alteros de trampas para cangrejo, hay tres empacadoras y una bodega refrigerada, hay camiones enormes —Jugernaut— que vienen desde Francia a cargar cangrejo, y sin embargo, no hay un restaurante en el pueblo en donde pueda uno comer cangrejo.

El camino cruza Newlyn bordeando el mar y pasa en medio de una fábrica de grava para carreteras. Es un monstruo de la edad industrial. Tan monstruoso que tiene su chiste. A la derecha de la carretera, en la montaña, hay un agujero enorme, de donde palas mecánicas y camiones de volteo extraen la piedra, que es triturada y pasada por una banda a los silos, que están cuesta abajo, a la orilla del mar. De los silos sale otra banda de cerca de un kilómetro que llega a la punta del muelle, donde están los barcos cargando.

Pasado este mamotreto y teniendo cuidado de que no lo atropellen a uno los camiones, se llega a unas casitas que parecen veracruzanas: tienen almenas y están pintadas de verde con color de rosa, de azul con violeta. La vegetación es tropical, se da la yuca, el quiebraplatos y una especie de mafafa. En cada casita hay un anciano arreglando el jardín.

Otro paseo interesante es el viaje al Fin de la Tierra (*Land's End*). Antes de salir de la terminal, el chofer del autobús, que se llama Bert, tiene sesenta años y que en su trabajo pasa todos los días ocho veces por la iglesia donde fue bautizado, nos advierte:

—Tengan en cuenta que este autobús llega al Fin de la Tierra, está allí solamente diez minutos y regresa a Penzance, que el hotel está cerrado en esta época del año y que la cantina también, que no hay ninguna casa en donde guarecerse del viento y de la lluvia y que el siguiente autobús llega dentro de dos horas. Advertido todo esto, ¿todavía quieren ir al Fin de la Tierra?

Cuando le contestamos que sí, que todavía queríamos ir al Fin de la Tierra, nos vendió los boletos y nos fue platicando todo el camino, porque fuimos casi sus únicos pasajeros. Cuando llegamos a la iglesia donde fue bautizado Bert, detuvo el autobús y nos dijo:

—Miren, allí está el letrero. Esta iglesia fue construida en el siglo VI.

El Fin de la Tierra parece de veras el Fin de la Tierra. Pega un viento que viene desde Brasil. Los diez minutos se nos hicieron muchos y regresamos al autobús cuando Bert estaba apenas tomando el té que había sacado de un termo. *(4-iii-75.)*

La huida a Egipto

El Cairo.- Las señales de alarma comienzan cuando apenas estamos abordando el avión en el aeropuerto de Londres: entre las caras deslavadas o colorderrosa de los turistas ingleses aparecen otras color café con leche de los egipcios que viajan. Parecen parientes del rey Faruk: los hombres no caben en el asiento, las mujeres llevan velos en la cabeza y pantalones violeta; todos, hombres y mujeres, llevan bolsas de plástico repletas de lo que acaban de comprar en las tiendas *duty free.*

Detrás de nosotros se sentó uno que resultó no egipcio, sino de Arabia Saudita.

—¿A qué se dedica?— le preguntaron las dos tontas que estaban a su lado, por cortesía.

—Soy turista —les contestó.

Pidió un whisky y cuando se lo trajeron se lo echó encima; llamó a la azafata y le dijo que "no era justo" —*It's not fair*—. Ella le contestó que no se preocupara, que iba a traerle otro whisky. Después ella tuvo mucho que hacer, porque un niño estaba vomitando y olvidó el whisky del árabe, hasta que éste se puso furioso y se levantó del asiento —con el consabido golpe de la cabeza en el techo de avión— a hacer gesticulaciones. Cuando la azafata vino y hubo el diálogo "usted me prometió", "perdóneme señor", etc., yo y todos los que oímos esto estábamos pensando en lo que habíamos leído en el periódico dos días antes: tres árabes abofetearon a una azafata de Pan American y cuando llegaron a Heathrow no los dejaron desembarcar y tuvieron que irse a Roma. Pero este episodio no fue tan molesto. Le trajeron el segundo whisky al árabe y él se lo tomó y se quedó dormido hasta que llegamos a El Cairo.

Otro signo de lo que nos esperaba fueron las formas migratorias que tiene uno que llenar: en árabe, con traducción al inglés —incorrecta—. En vez de preguntarle a uno el número del vuelo en que llega, preguntan "tipo de avión". "Dinero que lleva: Cantidad... Describa minuciosamente cada billete...'', etc.

Al aterrizar, el capitán del avión para poner al pasaje en ambiente egipcio, puso una grabación de "Granada". Bajamos por la pasarela al terregal, hubo empujones cuando nos subimos en el autobús que nos llevó cincuenta metros hasta el edificio del aeropuerto —no se sabe si está cayéndose o sin terminar— en cuyo interior reinaba una confusión mexicana pero a lo bestia: era un cuarto enorme iluminado con dos foquitos de veinticinco watts, había una banda sin fin que no funcionaba, maletas, algunas de ellas despanzurradas, de otros vuelos, que habían sido abandonadas por sus dueños, policías patibularios, de boina y uniforme de lana, detrás de un mostrador había una empleada mal encarada, que vendía whisky a cuatro setenta y cinco dólares la botella de un litro —ella tuvo que llenar una forma por quintuplicado por cada una de las que compré, en la que constaban datos personales que incluían la fecha y el lugar de mi nacimiento y el sexo aparente del comprador. Con estas formas en la mano y los dólares fui a la caja, en donde otro empleado las timbró, las selló y tiró a la basura todas, menos una que conservo como recuerdo.

La cosa se puso peor cuando empezó a moverse la banda y aparecieron nuestras maletas, porque entraron en el cuarto muchos chaparritos que se las querían llevar. Los turistas, que no sabíamos si los recién llegados eran cargadores o bandidos, se las arrebatábamos.

En esos momentos aparecieron, como *deus ex machina*, los empleados de Cook's y solucionaron todo inmediatamente, a gritos.

Los egipcios son apasionados y gritones —junto a ellos, los italianos son flemáticos— y usan el idioma, lleno de jotas —dicen cosas como "baja de la baraja"—, no para darse a entender, sino para causar confusión, justificar su actitud e imponer su voluntad. Manejan los coches como espásticos, pegados al claxon.

Aquella tarde, con nuestras maletas se llenó un carretón, que salió del cuarto del equipaje arrastrado por dos cargadores, estuvo perdido durante media hora y volvió a aparecer cuando ya lo dábamos por perdido.

El autobús del Ministerio de Turismo que nos llevó del aeropuerto al hotel, arrancó cuando se quitaron los taxis que obstruían el paso, tomó por una calzada como la Zaragoza, pero sin tráfico, con camellones resecos y casuarinas raquíticas, y luego, en el atardecer, entre la tolvanera y el humo, por uno de los parajes más espectaculares que he visto: la ciudad árabe, con casas de adobe, y de piedra, pórticos, minaretes, la ciudadela de Saladino, etc. Todo color de tierra, pero con formas magníficas.

Después cruzamos la ciudad moderna —un caso de evolución suspendida, todo se quedó como estaba en 1955, nadie ha vuelto a poner un gramo de pintura o un clavo en las casas—, cruzamos el Nilo, llegamos a colonias proletarias —grandes multifamiliares acabados de hacer pero cayéndose, casi ocultos por la ropa que cuelga de las ventanas— y luego a otra calzada muy ancha, entre alfalfares. Entonces descubrimos, con un estremecimiento, que al final de la calzada, color de miel, estaban las pirámides de Gizé. *(21-iii-75.)*

OTRAS PIRÁMIDES, OTRAS VOCES

Siete mil años de dudas

El Cairo.- Rayando el sol —mi primer amanecer africano— salto de la cama, me pongo el impermeable que me sirve de bata cuando viajo, y salgo al balcón. El sol rojo está partido en dos por un estrato, en el jardín del hotel cantan los pájaros —cientos de gorriones mansos que revolotean cerca de uno, y unos pájaros con abanico en la cresta que se pasan el día picoteando el zacate en busca de lombrices—, un jardinero, de overol está regulando el riego, las recamareras del hotel —unas árabes de pantalón, bastante guapas— llegan del pueblo.

Me quedo mirando a un personaje que camina por el pasillo del jardín: tiene zapatos de hermano marista, enaguas de hermana de la Caridad, un abrigo regalado, un bastón —cojea— un chal negro amarrado en la cabeza alrededor del remate, que es un gorro blanco, como de dormir, que puede también servir para cubrir la tetera. Me quedo pensando un rato en si este señor es mendigo, padre de algún mozo, o el dueño del hotel.

Hace un frío de los pingos. Interrumpo la meditación para regresar a la cama otra vez.

La pregunta que me había planteado en la mañana, quedó resuelta a las nueve, cuando el personaje de las enaguas y el bastón nos fue revelado por el encargado del grupo como Abdul, nuestro guía, que iba a enseñarnos las pirámides y el museo del Cairo.

Abdul toma la palabra y echa un discurso en inglés excéntrico para advertirnos que todo ha sido pagado por la compañía y que no debemos soltar ni un centavo a los miles de individuos que dentro de unos minutos van a tratar de vendernos baratijas y a pedirnos propinas por servicios imaginarios y no autorizados.

—*They are pirates!* —termina diciendo Abdul.

Dicho y hecho. Antes de que el camión se detuviera en la pirámide de Keops, nos rodearon los beduinos. Los turistas, entusiasmados, que no habíamos visto nunca un árabe en camello, nos fuimos a las ventanillas a tomar fotografías y después tuvimos que pagar a diez piastras —dos pesos— la pose.

Las pirámides de Gizé producen desconcierto en el espectador mexicano. Son como las teotihuacanas y al mismo tiempo no se parecen en nada. Son mucho más grandes y mucho más simples; más grandiosas y más modestas. Están puestas un poco al acaso, no forman parte como las mexicanas de un recinto ritual perfectamente definido. Por otra parte, no hay por allí cerca ninguna montaña que las achaparre. En contraposición con la horizontalidad del desierto tienen un esplendor cruel e incomparable.

Entrar en el hipogeo es todavía más desconcertante. Entra uno por una rampa de tabla, con una pendiente de unos treinta grados por un pasillo cuya altura podría permitir el paso cómodo a un niño de ocho años. Los adultos se lastiman la rabadilla, se golpean la cabeza o entran de lado. Todo esto, para llegar a un cuarto oscuro en donde no hay más que rastros de lo que dicen que hubo y el letrero que escribió Belzoni en 1818 al descubrir el recinto, vacío.

Al estar allí adentro recordé las investigaciones recientes de un egiptólogo escandinavo, que afirma que el hipogeo conocido actualmente, es falso, puesto allí para desconcertar —no tiene ni siquiera el atractivo de estar en el centro de la base, sino de un lado— y que el auténtico entierro está por descubrir y se encuentra en otro lado.

Bueno, por lo que a mí respecta debo advertir que el viaje al centro de la pirámide vale la pena aunque sea para comprobar que todo aquel monstruo no oculta nada más que un cuarto sin ningún adorno.

La esfinge, en cambio, me pareció decepcionante. Una escultura grande, mal hecha y peor conservada. Lo que me inquieta es que durante tantos siglos tantas generaciones de visitantes la hayan encontrado enigmática.

Visto desde afuera, el museo del Cairo puede parecer al espectador ignorante estación de ferrocarril o teatro de la ópera. Por adentro es una de las bodegas más mal ordenadas que pueda uno encontrar.

Al entrar pasa uno por unas oficinas que tienen un letrero que dice: "AZIR DUMUSEE" en donde hay, en escritorios, veinte burócratas comiendo naranja. El que cortaba los boletos, que era gargajiento, le escupió a mi mujer en un dedo del pie y le pidió perdón en francés.

Pero lo que hay adentro es admirable —así que, le digo a mi mujer, valió la pena el escupitajo—. Tienen veinte o treinta veces lo que tiene expuesto el museo británico en la seccion egipcia, que a mí me parecía monumental. Docenas de sarcófagos, cientos de esculturas, miles de figuras. Empolvadas, sin iluminar, metidas en vitrinas empañadas, sin letreros explicativos, con letreros en árabe, o con letreros traducidos al inglés y al francés que dicen tonterías. Y sin embargo, la colección es maravillosa.

Ver cosas magníficas en tanto desorden es, creo yo, una de las experiencias más estimulantes que pueda uno tener. Sale uno de allí pensando: en los próximos años voy a leer todo lo que se ha escrito sobre Egipto, para ver si entiendo qué fue lo que vi hoy, y después regreso. *(25-iii-75.)*

HOTELES EGIPCIOS

Menú único

El Cairo.- En lo que a atractivos turísticos se refiere, la situación de Egipto es insuperable: durante seis o siete meses del año tiene exactamente la clase de clima que buscan los que viven en países industriales, el paisaje es magnífico y espectacular, tiene abundacia de mozos, las costumbres son exóticas, está cerca de Europa, y por si fuera poco, tiene el prestigio muy merecido de haber sido la cuna de la primera civilización que hubo en el mundo.

Este prestigio está sustentado por monumentos que a pesar de haber sido aclamados por los viajeros desde hace miles de años, no decepcionan al que llega a verlos por primera vez. ¿Qué más puede pedir alguien que quiera hacer negocio turístico? Nada... más que otro país.

La guía más exacta —o mejor dicho, la única decente— que he visto sobre Egipto, es un Baedeker de 1902 que llevaba un compañero de viaje, que la sacó de una biblioteca londinense. Tenía reproducciones de los relieves, los cartuchos —es decir, el conjunto de signos que representa un nombre— de cada uno de los faraones, consejos de cómo tratar a los edecanes, qué comer y dónde se pueden sentar los europeos sin peligro de ser linchados o estafados. Después de esta edición hay un vacío inexplicable. En Londres puede uno comprar ''guías azules'' de Albania y Bulgaria, pero no de Egipto. En el Cairo mismo, cuesta trabajo comprar un mapa adecuado de la ciudad y todos los mapas de Egipto que encontré son de esos que tienen dibujitos de lo que se produce en cada región —en Luxor, plátanos, por ejemplo, y camas de Tutan Kamen— pero nada de información.

Esta situación, que en parte cuando menos se debe a las condiciones internacionales por las que atraviesa el país —veinte años de gobierno socialista y tres guerras no alientan a nadie— está componiéndose. Los aviones llegan cargados y los hoteles están llenos de turistas alemanes, ingleses, franceses y algunos norteamericanos. Pero una vez que llegan son sometidos a un tratamiento que a pesar de lo monótono, no deja de ser interesante.

El hotel Mena Oberoi, por ejemplo, en El Cairo, es un edificio moderno, de cuatro cuerpos, dispuestos en forma de anfiteatro, entre jardines muy agradables. Cada cuarto tiene terraza individual. Se asoma uno a ella y desde allí puede ver doscientos noventa y nueve cuartos, idénticos al de uno, en los que doscientos noventa y nueve parejas están haciendo exactamente lo mismo: el marido trata de abrir las cortinas de una tela muy gruesa verde, mientras la mujer trata de apagar una lámpara fluorescente que ilumina el espejo y le da a la habitación un ambiente de película de vampiros. (En cada cuarto del Mena Oberoi hay ocho lámparas y dieciséis apagadores. Ninguna de las lámparas sirve para leer. Un compañero de viaje durmió cuatro noches con la luz encendida, otro, en cambio, descubrió que golpeando con fuerza la tapa del excusado, se apagaban todas las luces del cuarto). Quince minutos más tarde, los papeles de cada una de las parejas se cambian. El marido empezará a mover los apagadores tratando de encontrar la combinación que enciende la luz de la terraza, y la mujer tratará de cerrar las cortinas verdes para cambiarse de ropa.

En una parte del hotel se oía un griterío constante. Fui a ver qué pasaba. Por afuera parecía ser un cuarto grande, blanco, en el que había muchos hombres que gritaban, animándose unos a otros, como si estuvieran jugando frontón. Después descubrí que era la cocina. Daba la impresión de que allí estaban preparándose mil platillos diferentes. Los gritos que se oían podían haber sido, traducidos, cosas como:

—¡Oficial de huevos fritos!

—¡Presente, mi capitán!

—¡Un par, al dos!

—¡Muy bien, mi capitán!

¿Quién me hubiera dicho que en aquella cocina tan grande, tantos hombres, con tantos gritos, estaban preparando un menú único. Único no sólo porque fue lo que comimos todos aquella noche, sino porque fue lo único que comimos todas las noches, y todos los medios días —excepto la vez que comimos en el Hilton— en todas partes, mientras estuvimos en Egipto: sopa de harina y manteca y guisadito de ternera con papas, zanahorias y calabacitas.

—Hoy la mermelada estuvo mejor que ayer —dije yo una mañana, a los ocho días de Egipto.

—En Egipto —observó un compañero de viaje— las cosas no tienen valor absoluto, son mejores o peores que ayer, nunca son buenas.

En Egipto los hoteles son propiedad parcial o total del Estado y su calidad disminuye en razón inversa del cuadrado de la distancia al mar. En Assuán, lo más al sur que llegamos, nos dieron una mañana pan de rebanada, que había sido tostado el día anterior, que se había resecado y que para quitarle lo duro lo habían rociado con agua del Nilo, que para estómagos occidentales es venenosa.

Afortunadamente, el país es maravilloso. *(1-iv-75.)*

NIÑOS EGIPCIOS

Memorias del rey Herodes

El Cairo.- Luxor es un pueblo árabe de unos veinte mil habitantes, situado en la orilla del Nilo a una hora de vuelo —dos días de navegación— al sur de El Cairo. Está lleno de atractivos para el viajero. En la margen izquierda del río, saliendo del llano fértil, están unas pequeñas montañas que forman el Valle de los Reyes —donde muchos faraones mandaron cavar sus tumbas—, en la margen derecha está el templo de Luxor, en medio del pueblo, y el de Karnak, a dos kilómetros. Ambos templos han sido descritos por viajeros célebres con frases como: "La mente humana se estremece al contemplar la grandeza de estas construcciones", "estos templos parecen concebidos por una raza de gigantes, todo en ellos es monumental". Un cínico puede decir que parecen las ruinas de un Hilton. El caso es que son magníficos y merecen verse y han atraído turistas desde hace más de cien años.

A la orilla del río está el embarcadero, junto al embarcadero, el paseo, junto al paseo los hoteles con jardines sombreados y llenos de flores y por último el pueblo árabe, que es un terregal.

A cualquier hora del día el río es un espectáculo maravilloso; en el paseo hay árboles que dan sombra y bajo los árboles hay bancas. En una de ellas me senté una tarde, mientras mi mujer dormía la siesta.

Cuarenta segundos más tarde, se acercaron dos niños.

—Bon jour mesiú, mesiú... mesiú...

Yo, inmutable, seguí mirando el río.

—¿English? ¿Deutsche? Mesiú, mesiú...

Yo seguí mirando el río.

Entonces, los niños, uno de ellos de ocho años, el otro de seis, vestidos con camisones de listas, empezaron a explicarse uno al otro, en pantomima, que yo era sordo y mudo. El siguiente paso fue jalarme la manga, tender la palma y trazar en ella un círculo —para indicar que querían dinero, *bakshish*—. Así estuvimos, ellos fregando y yo resistiendo, unos cinco minutos, hasta que se cansaron y volvieron a la cantaleta.

—Mesiú… mesiú…

Esto duró, en mi mente, como tres semanas y terminó cuando otro muchachillo, un poco mayor, se acercó y me preguntó en inglés:

—¿No le gusta a usted este niño? —y señaló al mayorcito que estaba chasqueando los labios.

Entonces me levanté y regresé al hotel.

El pueblo árabe de Luxor, como todos los pueblos árabes que vi, es atractivo, misterioso y al mismo tiempo repulsivo. No puede uno pararse enfrente de nada, porque inmediatamente aparece un señor que quiere venderlo, en cada cuadra hay una fritanga hedionda, tropieza uno con un señor que está echando incienso, o le escupe a uno un camello. Sin embargo, la expedición de aquella tarde fue mejor de lo que esperábamos. Caminamos por calles muy agradables, pasamos por el mercado, creímos descubrir un templo antiguo, que resultó ser la estación, compramos galletas marías y naranjas sin problema de idioma, y por fin entramos por unas callecitas en las que había muchos niños.

Allí empezaron nuestras dificultades. Se acercó uno, ya grandecito, y nos dijo:

—No vayan por aquí, váyanse por allá.

Tenía tal cara que decidí hacer lo contrario de lo que me pedía. Fue un error. Inmediatamente nos rodearon seis niños.

—Mesiú, mesiú, bakshish, mesiú.

Caminamos como cincuenta metros, al cabo de los cuales, mi mujer me dijo:

—No es que quiera molestarte, pero aquí hay un niño que me está tocando.

Era un niño chiquito, como de seis o siete años. Tuvimos que batirnos en retirada vergonzosa.

Unos días más tarde, en Assuán, tuvimos otra experiencia. Assuán es una ciudad moderna y mucho menos turística que Luxor. La gente es diferente: más digna y menos pedinche. Estábamos encantados. Podíamos pasear por el mercado con tranquilidad, comprar cosas, sentarnos en el parque con una vista fenomenal del río sin que nadie nos molestara. Así estábamos, mirando el río, cuando dieron no sé qué horas, los niños salieron de la escuela, y cuando menos pensábamos estábamos rodeados no de seis ni de ocho, sino de cuarenta niños y niñas, de doce o catorce años, que eran capitaneados por una especie de Rodolfo Valentino chiquito, que empezó a dar una lata notable. Me tendía la mano, decía no sé qué cosas, sus compañeros se reían ja ja ja, empezaron a darnos de palmadas —a los dos, a mi mujer y a mí— en las asentaderas, hasta que no pude más, agarré del cogote a Rodolfo Valentino y le di un zarandeo —en ese momento, con los ojos de la imaginación, me veía yo pidiendo disculpas ante Sadat—. Lo que ocurrió después es una de las experiencias más agradables que he tenido en mi vida: vi en el rostro de mi contrincante —un niño de doce años— el terror. Lo solté, porque lo vi amoratado. Un instante después él y sus cuarenta secuaces habían huido. *(15-iv-75.)*

HOSPITALIDAD EGIPCIA

Aventura de cerveza y de coñac

El Cairo.- El hotel Luxor está descrito en el Baedecker de 1902 como uno de los lugares en que el viajero europeo puede encontrar todas las comodidades modernas. Poco ha cambiado, excepto que en 1923 se agregó un comedor enorme con columnas forradas de *papier maché* imitación de mármol. El vestíbulo está empapelado de rojo, hay un elevador de jaula un poco azaroso, las escaleras son anchísimas y tendidas, como para entrar a caballo en ellas, los corredores tienen alfombra roja, techos de cinco metros de alto y, a intervalos regulares, un banquito en el que está sentado un árabe vestido de camisón blanco con turbante. Estos individuos, cada vez que pasa uno, se paran en posición de firmes y dicen:

—*Good morning sir, sleep good?*

Aunque sean las seis de la tarde.

Cuando el viajero entra en la habitación que le ha sido asignada, no puede reprimir una exclamación de asombro. Las camas, donde se supone que va a dormir, son idénticas a las de Tutankamen, que vio el día anterior en el museo de El Cairo. Los pisos son de madera que nunca ha sido barrida —entre la pelusa se encuentran pelos de viajeros alemanes que durmieron tres noches en el cuarto, en 1968— y en el baño hay, junto al excusado, una manguerita misteriosa, cuya utilidad no fue posible precisar —he consultado con treinta y dos viajeros—, y que probablemente sea un invento del general Kitchener.

Pero uno va a la ventana, la abre y asoma a los jardines más bellos que yo había visto. Con palmeras, jacarandas, magnolias y flores de muchas clases.

Una de las cosas que más me admiraron en el viaje es la cantidad de pájaros que hay en Egipto: unos simples gorriones, otros, desconocidos, como una especie de cuervo enorme, pero gris, que comía tripas parado en la palmera que estaba frente a mi balcón.

Los individuos de camisón blanco y turbante que estaban

en los pasillos, eran los encargados de la limpieza. No era posible contarlos, porque parecían hermanos, tenían la misma estatura y los mismos bigotes. Los dientes, muy blancos, les servían para sonreír cuando les daba uno una propina.

Una noche, llegamos mi mujer y yo al cuarto y nos recibieron dos mozos con un ramito de flores en un florero.

—Madame —dijeron.

Yo les di cinco piastras, mi mujer entró en el cuarto oliendo las flores que no olían a nada, y ellos dos se retiraron haciendo zalemas y dando las gracias. Al día siguiente, el florero desapareció y la escena, idéntica y con las mismas flores, se ha de haber repetido en el cuarto de junto.

Además de Gert and Daisy —así se llamaron nuestros camaristas—, en el hotel había mozos vestidos con una especie de bata de brocado de seda, que servían el café y la cerveza en el portal o en el vestíbulo; otros, de pantalón y chaqueta de mezclilla —como los carrancistas—, que cargaban las maletas y se llevaban las botellas vacías, otros, de caftanes beige, que eran los que servían muy mal la mesa, y por último, un negro gordo, vestido de smoking blanco —una especie de Louis Armstrong— que era el encargado de equivocarse en las cuentas y cobrar una fortuna. En todos los hoteles que estuve en Egipto, había un Louis Armstrong que hacía eso que acabo de decir.

La cerveza egipcia es excelente y viene en botellas de tres cuartos de litro que cuestan cuarenta piastras —nueve pesos—. Cada vez que un cliente no puede terminarse los tres cuartos de litro y deja el resto en la botella, los mozos se la llevan a la cocina y allí la rellenan con los restos de otras. En los quince días que estuvimos en Egipto mi mujer y yo tomamos aproximadamente cien cervezas, unas venían con espuma, otras estaban muertas, unas estaban frías, otras no, unas eran buenas, otras, horribles, pero nunca llegó a la mesa una que estuviera tapada.

Las bebidas fuertes, importadas, cuestan carísimas —treinta y cinco pesos pagué por el primer y último *gin and tonic* que me tomé en Egipto—, pero los turistas tienen derecho a importar su propia bebida. Es decir, a comprar, en el aeropuerto todas las botellas que se les antojen, *duty free*. Esta circunstancia se presta a confusiones.

Frente al hotel Luxor había un hombre, que también se parecía a Louis Armstrong, nomás que éste se vestía con un camisón hecho con tela de sombrilla de playa, que era dueño de una mesita que se llamaba "Luxor Bazaar". Cuando llegamos al hotel y estábamos viendo descargar las maletas, se acercó a nosotros y quiso vendernos brazaletes, ídolos de plástico, urnas de alabastro, escarabajos de cerámica, espantamoscas, sombreros, etc. Cuando vio que no compramos nada, nos dijo:

—Whiskey.

Yo le pregunté: ¿cuánto?

—Cinco libras.

—Posiblemente más tarde.

Era muy caro. Pero nunca sabe uno las urgencias que puedan salir en tierras extrañas. Esta escena se repitió veinte veces. Cada vez que yo entraba o salía del hotel, se acercaba Louis Armstrong y me decía:

—Whiskey.

Y yo le contestaba:

—Quizá mañana.

El último día en Luxor se nos acabó el whiskey, y esa tarde se nos acercó Louis Armstrong, dijo lo de costumbre y yo le contesté:

—Ahora sí.

Cuando los dos sacamos de la bolsa las cinco libras al mismo tiempo, comprendimos con horror que tanto él como nosotros éramos aspirantes a compradores de una botella de whiskey que no existía. A él le urgía comprar una botella para revenderla y a nosotros, para bebérnosla.

El penúltimo día en Egipto, mi mujer y yo descubrimos un coñac egipcio que se llama Lord Castle, que casi nos mató. *(18-iv-75.)*

COMPAÑEROS DE VIAJE
Retratos de desconocidos

El Cairo.- Janet de Egipto apareció en la terminal aérea de Victoria antes de que abrieran los mostradores, con una boina de terciopelo verde y dos maletas. Era una especie de Verónica Lake sin chiste. Cuando vio nuestras etiquetas se acercó a mi mujer y le preguntó si éramos de tal o cual grupo, cuando ella le contestó que sí, Janet de Egipto dijo:

—Entonces, voy hacer lo que ustedes digan.

Durante hora y media estuvo imitándonos —hasta cuando mi mujer fue al baño—. Yo creo que nunca había salido de Inglaterra, porque no sabía que había que pasar por migración antes de abordar un aeroplano que vuela a otro país.

Nunca me imaginé que durante quince días aquella mujer chiquita, rubia y deslavada fuera a ser un espectáculo admirable. Empezó poniéndose un brassiere especial que revelaba todo lo que a nadie le interesa ver y que produce en el espectador la impresión —que resultó infundada— de que algo entre terrible y patético va a ocurrir de un momento a otro.

La segunda noche, en El Cairo, conquistó al vendedor de perfumes que se parecía a Omar Shariff, usando para este fin una peluca especial, pelirroja, y un vestido verde perico. A la tercera noche lo perdió, causando entre los que la acompañábamos gran suspenso: ''a ver a qué horas se levanta a otro''. No volvió, que yo sepa, a levantar a nadie, pero mientras, le ocurrieron otras cosas.

Descubrió, al entrar en la pirámide de Keops, que padecía claustrofobia, mal del que a los ocho días se curó, para empezar a padecer vértigo de altura —esto ocurrió cuando estábamos en el techo del templo de Dendera. Persiguió perros famélicos en un intento de alimentarlos con bolillos viejos. Pasó veintisiete horas en el sol y no logró quemarse. El penúltimo día, en la visita de Menfis, alquiló un caballo blanco. En el momento de montar, noté con asombro que Janet era un buen jinete. Anduvimos un rato visitando tumbas, unos a pie, otros a caballo, otros en burro. Al salir de la tercera tumba, el dueño del caballo agarró a Janet del brazo y dijo:

—*I am your husband.*

Montó ella en la silla, él en ancas y se fueron por el desierto. Veinte segundos después, salieron en su persecución el encargado del grupo y dos policías egipcios vestidos de paño azul marino. Los alcanzaron en un instante, los trajeron de regreso y hubo una averiguata. Janet dijo: "No entiendo qué pasa".

La última vez que la vi estaba vestida de rojo sangre, preparándose para ir a un cabaret, en donde la principal atracción era la danza del vientre.

Pámela es una mujer que conocemos mi esposa y yo, que es una mezcla de pedantería, esnobismo, imbecilidad y satisfacción consigo misma. En el grupo había una Subpámela y un Superpámelo.

Subpámela era una joven que tomó en alguna ocasión un curso de arte egipcio. Esta circunstancia la hacía rechinar los dientes cada que el guía de turistas decía algo que no estaba de acuerdo con lo que ella había aprendido. Un día le pregunté qué es "faience" y me echó una conferencia de un cuarto de hora.

Superpámelo era un señor distinguido, de pelo gris, a quien la boca se le había hecho chiquita de tanto fruncirla. Nunca he visto a nadie más experto en pelar una naranja: la raspaba con el cuchillo hasta no dejar brizna de cáscara. Una noche se ofreció abrir una botella de agua mineral Sohar —traída de Líbano—, y él le echó una servilleta encima y forcejeó con ella hasta destaparla como si fuera champaña. Nunca lo admiré tanto. Llevaba un pasaporte forrado de rojo.

La mujer de Superpámelo era la *femme fatal*. Ella se mandó hacer en Luxor una tanda de vestidos de algodón estampado con motivos egipcios —esclavos nubios, caimanes, papiros, todo en fondo verde Nilo—, con los que bajaba por las noches a cenar. Se cambiaba todos los días de vestido, pero nunca se cambió la peluca que llevaba con pelos imitando el copete de las aves del paraíso.

Era italiana y cuando hablaba en inglés parecía gangosa. Habló demasiado. Nunca se nombró a nadie ni nada que ella no conociera o hubiera visto algo mejor. Los meseros la trataban como diosa y en las noches le llevaban omelette en vez de pescado. El último día en Assuán Superpámelo y la *femme fatale* se enojaron porque el avión llegó con retraso y les echó a perder una cita importante que tenían en El Cairo. Me alegro.

Otros compañeros no tenían de notable más que su comportamiento durante las comidas. El Extrovertido y su esposa, por ejemplo, tenían por sino el que nunca les trajeran lo que habían pedido. Después de cada comida, protestaban con el *maitre*: "pedimos tres sanduiches de pollo y dos de queso y nos trajeron dos de pollo y tres de queso". El único día que les trajeron lo que habían pedido, el mozo puso el plato frente a mi mujer y yo. Ese día el Extrovertido y su esposa se quedaron sin comer. *(2-v-75.)*

PRIVADOS INOLVIDABLES

Variedades de la experiencia bañística

Venecia.- Una tarde, en Londres, hace varios meses, tenía yo que pedir un favor por teléfono. El único teléfono público del barrio que no estaba descompuesto, quedaba a cuatro cuadras largas de mi casa. Era una tarde gris y soplaba un viento helado. Me puse mi capote de marinero y salí a la calle de mal humor. La primera llamada que hice, falló: el señor al que tenía yo que pedirle el favor no estaba, me dijeron que regresaría en media hora. Colgué. Media hora era poco tiempo para que valiera la pena regresar a mi casa, y demasiado para pasarlo en el interior de una estación del subterráneo. Decidí ir a dar una vuelta.

Me fui por un camino que no conocía. Me cuesta trabajo recordar un paisaje más desolado. Vi unas bodegas refrigeradas, un depósito de maquinaria, una planta eléctrica que parece mesa volteada al revés, un gato, el Támesis a través de los agujeros de una lámina, un negro que me preguntó el camino para el puente de Vauxhall, y por fin, como única interrupción en una barda renegrida que parecía interminable, un letrero: "excusados".

Había caminado un cuarto de hora. Decidí entrar para marcar un hito antes de emprender el regreso.

Era un cuarto limpísimo y bien iluminado. Las paredes estaban cubiertas de azulejos blancos, grandes, perfectamente colocados, los mingitorios eran del tamaño y forma de un confesionario, la tubería era de bronce, tan bien pulida, que denunciaba la mano experta de un antiguo marinero, el ruido de cascadas lejanas evocaba la paz de un jardín morisco. Estábamos en fila tres albañiles y yo, y sobre un estrado, entre púlpito y puente de mando, el encargado de los baños, con pipa y cachucha de quesadilla.

Salí de allí transfigurado. ¡Que en este desierto de asfalto, pensé, alguien tenga ánimos para limpiar amorosamente un excusado!

Una de las cosas que se tiende a olvidar cuando se viaja es la experiencia bañística. En los últimos ocho meses he visto —muchas veces con asombro— mayor variedad de excusados que en los cuarenta y seis años restantes.

El más notable de todos lo vi en Great Turnstile, en Londres. Es un aparato construido en tiempos del rey Jorge V, en Devonshire. Tiene depósito elevado y de vidrio transparente, de manera que el observador —y usuario— puede ver, como en un acuario, los gorgoritos del agua que entra, el funcionamiento del flotador y la turbulencia producida cuando jala la cadena.

Hay, también en Londres, otro excusado excéntrico que se niega a fluir cuando tira de la cadena alguien que no es un experto. Su dueño ha puesto en la pared las instrucciones que siguen: "Tire usted con decisión, hasta el fondo, cuente tres y suelte...". No tiene pierde.

En el hotel Keppel's Head, de Portsmouth, destapé por curiosidad el depósito del excusado. Me quedé de una pieza. Era como el interior del "Nautilus".

Después de Inglaterra, en donde no puede uno caminar tres cuadras sin encontrar baños públicos, la mayoría de los países parecen insuficientes. En Egipto, por ejemplo, se encuentra uno ante dos problemas: primero, que a menos de que el letrero esté en un idioma extranjero, no se sabe cómo se dicen baños, y segundo, que cuando da uno con el baño, siempre hay adentro un mozo, que se empeña en dar un servicio que nada tiene que ver con lo que fue uno a hacer allí: v.gr., limpiarle a uno los zapatos, u ofrecerle tónico para el cabello.

En Alejandría, después de estar un rato en la cantina del hotel Cecil, mi mujer decidió ir a buscar el baño. Le dio la vuelta al hotel, no dio con lo que buscaba, y decidió preguntar en la administración, por un *bathroom*. Un rato después entró en la cantina otra vez y se sobresaltó al verme. El empleado no había entendido *bathroom* y le dio indicaciones de cómo llegar al *bar room*.

En Venecia, en el hotel Gardena, nos dieron un cuarto magnífico. En el baño, sin embargo, había un pequeño defecto: el agua escurría perpetuamente en el excusado y nunca se llenaba el depósito. Decidí componer el desperfecto.

No era un depósito común y corriente, sino que estaba disimulado en un hueco en la pared. Para llegar a él era necesario quitar una placa de metal sostenida por dos tuercas.

Pues quité la placa de metal y cuál no sería mi sorpresa cuando me di cuenta de que estaba asomado a un baño idéntico al mío, que pertenecía al cuarto de junto. Los huéspedes de junto y nosotros teníamos dos cuartos, dos baños y un sólo depósito. Volví a poner la placa metálica con las tuercas en su lugar.*(9-v-75.)*

¡VAAAMONOS!

Viajar en tren por Europa

París.- Viajar en tren por Europa se dice pronto, pero significa muchas cosas, algunas de ellas nada fáciles.

Antes de salir de México, mi mujer y yo compramos "eurailpass", que es una tarjetita que compra uno en la avenida Juárez con la que puede uno viajar, en varios países de Europa, todo lo que uno quiera, en tren, en primera, por un periodo determinado, que va desde veintiún días hasta seis meses, según lo que uno pague.

Las ventajas de esta tarjeta son evidentes: si viaja uno lo suficiente, acaba pagando una fracción, por kilómetro recorrido, de lo que pagaría normalmente un viajero europeo. La desventaja está a la vuelta: produce en el portador de la tarjeta —si éste se descuida— la obsesión de que durante la vigencia de la misma, todo el tiempo que no esté sentado en un tren es perdido, aunque esté visitando, por ejemplo, la galería de los Uffizzi

Para caracteres como el mío —tengo tendencia a quedarme sentado en una silla— la tarjeta es perfecta, porque es estimulante y no ha llegado a ser obsesiva.

Los trenes italianos siempre han tenido nombres engañosos: el "accelerato" por ejemplo, es lentísimo; el "expresso" para en todas las estaciones; el "diretto" toma rodeos. El único que no tiene pierde es el "rápido"

Los rápidos italianos son trenes elegantísimos, llenos de japoneses... con *eurailpass*. Son trenes de lo que se llama "Prenotazzione obligatoria", es decir, que si no tiene uno apartado el asiento, no puede subirse en ellos. Para un europeo, esto quiere decir, pagar pasaje de primera, agregarle un suplemento y rematar pagando apartado, es decir, una pequeña fortuna. Para el tenedor de un *eurailpass*, el rápido significa enseñar la tarjeta y pagar doce pesos de apartado: muy correcto.

Se sube uno en un vagón muy elegante en donde nadie encuentra su asiento —sospecho que los italianos inventan una nueva nomenclatura cada vez que despachan un tren— ni sabe dónde poner las maletas: a medio camino descubre uno que la decoración se descorre, como los cuadros que ocultan cajas fuertes en departamentos de millonarios, y deja al descubierto un cubículo en donde caben sombreros, paraguas y máquinas de escribir.

Pero si los vagones de los rápidos italianos están más elegantes que nunca, el servicio va de mal en peor. No por falta de personal —cada tren lleva una docena de empleados con uniformes flamantes, grises, que no tienen otra misión que la de pedir los boletos. En cambio, los camareros han casi desaparecido. En 1970 pasaba un tipo a preguntar si se le antojaba a uno una copa. Uno decía que sí, y hacía el pedido. El camarero se volteaba y gritaba, a alguien que estaba fuera de cuadro:

—*¡Due cognacchini per i signori!*

Y al rato aparecía otro tipo con una charola, dos copas y dos botellitas de Martell.

Todo esto ha pasado a la historia. Ahora, el que quiere alguna cosa, tiene que pasar al comedor —no hay bar— y zamparse una comida que cuesta doscientos pesos.

Las estaciones francesas fueron, creo yo, diseñadas por el Marqués de Sade. Para mejor desconcertar a los viajeros están divididas en dos: en una sección están los andenes, las salas de espera, el comedor y los excusados; en la otra están las ventanillas donde se venden los boletos, la oficina de información, la oficina de cambios —que siempre está cerrada— y los puestos de periódicos. Para pasar de una a otra sección tiene uno que presentar boleto.

Esto quiere decir, que si llega uno a una estación y quiere preguntar a qué horas pasa el tren en el que va a seguir el viaje, tiene que pasar de la sección primera a la segunda —presentando *eurailpass* y pasaporte— y después pasar de la segunda a la primera —presentando *eurailpass* y pasaporte—. Si quiere uno ir al baño: cinco francos, y si no trae moneda francesa, más le valiera no haber nacido.

Los trenes franceses son, por lo general, muy largos y cada vagón va a diferente destino, todo esto de acuerdo con un sistema de signos que yo siempre he creído dominar, pero que evidentemente no domino, porque he tenido que cruzar dos trenes franceses, de un extremo al otro, con tres maletas, por haberme subido en el vagón equivocado.

En Lyon tomamos un "turbotrén" para ir a Burdeos. Era tan moderno y tan elegante, que nadie sabía cómo abrir las puertas. Los asientos eran comodísimos y tenían una mesita plegable para poner el vaso —nomás que nadie pasó a ofrecernos nada.

Empezó a andar aquello y nos sentíamos como si fuéramos en los lomos de un dragón chino. Así fuimos un rato hasta que se descompuso y tuvimos que transbordar a otro que era viejo, feo, ruidoso, igual de rápido y más seguro. *(13-v-75.)*

VENECIA OBSERVADA

Aventuras de cama, mesa y bolsa

Venecia.- Una noche que cenamos con las dos personas más apretadas con las que yo haya tenido que compartir una mesa, salió a la conversación que mi mujer y yo pensábamos ir a Venecia. Ellos dieron al unísono un gritito: "Oh".

Siguió un rato de: "¡qué afortunados!", "Venecia, divina", "ojalá que no haga mucho frío".

Nosotros habíamos hablado de Venecia como si la conociéramos como la palma de nuestras manos —hemos pasado allí cinco días entre los dos.

La señora de la pareja preguntó:

—¿Y en qué hotel acostumbran hospedarse?

En este punto debimos contestar: "en el Danielli", ni modo de que nos pasen la cuenta. Pero esto lo pensamos demasiado tarde, cuando ya habíamos revelado la verdad:

—En el hotel de la Gare.

Ellos se miraron entre sí desconcertados:

—¿El hotel de la Gare? ¿Dónde quedará, tú?

A los venecianos les gusta hacer favores. Les gusta dar sofocones y después ayudar a la víctima a salir del atolladero.

El barco atracó en un muelle de Mestre, es decir, en descampado. Mientras migración revisaba los pasaportes alguien se llevó las maletas.

Los pasajeros bajamos al malecón con las manos vacías, intranquilos, mirándonos unos a otros como en espera de una señal.

Un carabinero nos sacó de perplejidades: nos dijo que fuéramos a recoger el equipaje en la aduana —un galerón lejano.

Afuera de la aduana había un autobús, y en el autobús un chofer. Me acerqué a preguntarle si iba a Venecia.

—Pues francamente no sé. Pero ahora mismo averiguo.

Anduvo entre los pasajeros preguntando a dónde iban, cuando vio que todos iban a Venecia, dijo:

—Voy a Mestre.

Esperó a que pusiéramos la cara larga y agregó:

—Pero si quieren los llevo, nomás me dan una propina...

El Gran Hotel de la Gare o de Germania está, como su nombre lo indica, saliendo de la estación, cruzando el puente y a la derecha, cuatro puertas.

Por afuera parece que se está cayendo, por dentro en cambio, es un hotel de segunda, bien arreglado y agradable, en donde mi mujer y yo pasamos dos días muy a gusto en 1970, en un cuarto con vista a los tejados.

Esta vez, el empleado de la administración nos vio llegar y esperó a que pusiéramos las maletas en el piso para decirnos que no había lugar, que el hotel estaba lleno.

Esperó a que recogiéramos las maletas y que llegáramos a la puerta para decirnos:

—Un momento.

Descolgó el teléfono y en diez segundos nos consiguió lo que no queríamos: un cuarto sin baño, en un hotel desconocido a cien metros de distancia.

Llegamos al hotel Gardena de mala gana, escoltados por un mozo aguardentoso.

El administrador del hotel Gardena, al ver que mi mujer y yo éramos inconmovibles —nos empeñábamos en tener cuarto con baño—, se pasó varias veces la mano por la cabeza, después sacó un plano del hotel, lo contempló como si fuera el de un campo de batalla y entabló, en monólogo, una averiguata consigo mismo, que decía más o menos así, nomás que en italiano:

—Si paso a los del siete al catorce, a los del catorce los paso al ocho, a los del ocho, al veintidós y a los que llegan dentro de un rato los meto en el siete... —levantó los ojos y nos miró como si acabara de descubrir el Litio—. Muy bien. Pueden ustedes ocupar el cuarto número treinta y seis.

En Venecia, lo primero que hago en mi cuarto, al llegar, es abrir la ventana y asomar. Veo un vaporeto *accelerato*, un jardín público que está enfrente en donde hay niños en los columpios, a través de una ventana, unas monjas haciendo *gulash,* y en la escalera del puente, unos soldados que regresan de franquicia.

Enciendo las luces y veo que los focos son de treinta vatios, entro al baño y compruebo que el excusado no funciona. Me doy por satisfecho.

Salimos a la calle. Salir en Venecia a la calle, con hambre es uno de los placeres más grandes que pueda uno inventar: camina uno entre puestos en donde hay soles, rodaballos, aletas de pez espada, navajas, patas de mula, cigalas...se desprende un olor a pescado fresco que casi no se puede creer.

Todo es carísimo, pero para eso lleva uno dinero en la bolsa. *(20-v-75.)*

BAJO LAS MIRADAS DE OCCIDENTE
La fonda de la nostalgia

Una de las circunstancias que hacen más insoportable la vida de los mexicanos en el extranjero y probablemente la razón por la que la emigración no sea todavía mayor, es el recuerdo de la comida mexicana. Tengo la impresión de que la nostalgia mexicana es precisamente estomacal.

Cuando dos mexicanos se juntan en el extranjero, en vez de añorar los cerros, el mugir del ganado al atardecer, o la limpidez del aire en el altiplano después de la lluvia dicen:

—¡Quién pudiera comerse unas quesadillas de flor!

—Con su epazote —dice el otro.

—O un taco de chicharrón.

—Con su chilito —dice el otro.

Así pueden pasarse una tarde y acabar cenando, en una cafetería, un pastel de carne muy malo, que los hace sentirse todavía más infelices.

Los que viajan por poco tiempo van prevenidos contra estas penalidades y se distinguen porque al ser sospechosos de querer secuestrar el avión en que viajan son esculcados y se descubre que los objetos metálicos que llevan en la bolsa y parecían granadas, son en realidad latas de chiles jalapeños en escabeche o de chipotles adobados.

Lo interesante del caso es que todo lo que no ha logrado nuestra diplomacia, lo ha logrado nuestra comida, que antiguamente parecía ser uno de los más profundos abismos que nos separaban del mundo civilizado.

Prueba de lo anterior es el número de septiembre de la mejor revista internacional para tragones refinados, que tengo aquí junto a la máquina. En ella nos explican dónde conviene cenar en Hamburgo, cómo se hacen y dónde se consiguen los mejores quesos verdes, qué tal se come en Stiathos y en Skopelos, para qué sirve el mozzarella, de dónde viene el mejor salmón, para qué sirve el hinojo, y, aquí viene lo bueno, en la página 55, cómo se hacen los tacos.

Para hacer los tacos, dice la receta, se compran doce tortillas, aceite para freír, 600 gramos de chorizo o de carne molida de res, dos tazas de lechuga finamente picada, otras dos de queso cheddar desmoronado, dos jitomates picados y una lata de siete onzas de "Taco Sauce" —que es como se dice salsa para tacos en inglés.

La preparación de las tortillas es compleja. Se fríen una por una. Cuando la tortilla está todavía blanda, se dobla en dos, pero se conserva medio abierta con pinzas o dos tenedores, para que se pueda meter enmedio el relleno. Se fríen hasta dorarse. Después se sacan de la sartén y se meten en el horno sobre un papel absorbente, a 200° Farenheit. Se dejan así entre diez y quince minutos, después se sacan del horno y se rellenan con lechuga, la carne molida y el queso cheddar, el jitomate y la salsa para tacos. Salen doce tacos. Estos se comen, como diría algún poeta, "rociados con abundantes margaritas".

"Los que están en Nueva York y además gustan de la decoración mexicana, de la alegre música mexicana y de las picantes salsas mexicanas —especialmente las preparadas en Texas— quedarán encantados con la Fonda de la Paloma". Esto dice la misma revista en la página 13.

El mismo artículo nos informa que San José es el santo patrón de "los bartenders" (en español —*bartenders*— en el original). Bajo su protección, los cantineros de la fonda preparan los dos grandes inventos mexicanos para refrescarse en un día caluroso: la sangría y la margarita.

La típica sangría mexicana lleva triple sec, brandy español, vino de Rioja, rebanadas de naranja y agua mineral. La margarita mexicana lleva triple sec, tequila, jugo de limón, y claro, sal en el borde las copas, la cual "inexplicablemente realza el sabor del jugo de limón".

Entre la comida encontramos varios platillos que datan de "la época preazteca": como por ejemplo lá sopa mexicana de frijol, cubierta de queso rallado —¿Münster?— y cebolla picada. Esta sopa, agrega el texto, se usa con mucha frecuencia en México acompañando el platillo principal, y se come con tortillas calientes, acabadas de hacer (la tortilla es una torta aplanada de maíz que se usa México en vez de pan).

Como puede verse, nuestra comida ya rebasó las fronteras y estamos bajo las miradas azoradas de occidente. *(19-x-72.)*

COYOACÁN REVISITADO

Los ojos del repatriado

Mi viaje terminó un mes antes de lo que estaba planeado. Una enfermedad fulminante y un fallecimiento en la familia lo cortaron de manera inesperada, rápida y definitiva. La sensación que este acortamiento me produce es semejante a la que tengo cuando el mesero se lleva mi plato antes de que yo tenga tiempo de protestar, con el último trozo de filete —probablemente el más suculento— intacto.

El consuelo que queda en estos casos consiste en pensar que peor hubiera sido que se llevaran el plato antes, y concentrar la atención en lo que acaban de ponerle a uno enfrente: generalmente un flan.

En mi caso, para salir de la metáfora, el flan es la ciudad de México. ¿Que cómo la encuentro? Pues muy rara, pero igual, nomás que peor.

Sin embargo, la ausencia produce incredulidades que pueden ser interesantes y que voy a apuntar aquí.

La gente en las panaderías empieza a comerse los bizcochos antes de llegar a la caja. Una señora muy bien arreglada y guapetona dentro de su vulgaridad, abrió una bocota y se comió de un mordisco un panqué entero de los de uno veinte. Un señor que venía dormido en el delfín despertó al llegar a Coyoacán, se metió en la panadería —sin darse cuenta de que yo venía siguiéndolo—, y lo mismo, antes de que le pusieran el pan en una bolsa, empezó a comerse un bisquet regando migajas en el mostrador.

Las señoras decentes platican con los dependientes en las tiendas de abarrotes:

—Se vende mucho el azúcar, ¿verdad?

—Pues sí, señora, bastante.

Los precios han subido, pero no tanto como yo esperaba. En realidad, la vida me parece barata. Algunas cosas, horribles. Lo que están vendiendo aquí por jamón es un nuevo invento execrable: carne molida color de rosa, a la que se le ha agregado cartílagos para darle consistencia, y que se ha prensado en forma de pierna de puerco. La mantequilla sabe a margarina rancia.

Otras cosas siguen siendo excelentes. Mi carnicero, don Marciano, de quien me acordaba con lágrimas en los ojos cuando estaba en España, me recibió como al hijo pródigo. Mandó un filete a la casa que a mi mujer le pareció baratísimo.

—¡Menos de cinco libras! ¿Cuándo consigues una cosa así en Europa?

Fui a comprar carpetas para organizar mi archivo de nuevo. Me atendió un joven que debería estar expuesto en el Museo del Hombre. Escogí tres colores de sobres y pedí diez de cada uno. El joven subió al tapanco y regresó al ratito con unas cien carpetas de cuatro colores, dos de los cuales yo había escogido. En el tiempo en que se tardó en contar tres veces diez, le explicó a un cliente dónde estaba una calle, a una dependienta dónde estaba el papel de china, se ofreció a buscar un rollo de película que nadie había pedido, se peinó dos veces, y se equivocó al darme el cambio —a su favor.

Un mediodía fui a comer tacos en un restaurante. Ya no me acordaba de las miradas perdidas que tienen aquí los meseros, ni de cómo se ven las mesas con sobras de tortillas y restos de costillares, ni de que las familias mexicanas entran en los restaurantes con niños de pecho, que están comiendo ya de por sí.

—Me trae en un plato —le dije al mesero— un poco de carnitas, un poco de chicharrón y un poco de barbacoa.

Me miró como si le hubiera yo faltado al respeto.

—No, no se puede.

—¿Por qué no se puede?

—Porque la barbacoa sólo se vende por pieza y por kilo.

—Bueno, pues tráigame carnitas y chicharrón, entonces.

En el rato que estuve allí vi cómo tres diferentes meseros llevaron la misma pierna en barbacoa a tres familias y cómo las tres repelaron —"hombre, es puro hueso"—.

La última vez que entró la pierna ya venía tapada con tortillas para cubrir su desnudez, pero ni así la quisieron.

Junto a mí se sentaron cuatro individuos que no sé si eran guaruras o agentes de la policía. Las pistolas que traían se asomaban por entre la ropa. El que parecía el jefe era el más guapo: tenía dientes magníficos, que usó para comerse unos tacos en mordidas demasiado grandes.

—Por eso nos volvemos jetones —pensé—, por morder más de lo que nos cabe en la boca. *(20-vi-75.)*

EN PRIMERA PERSONA

El fin de un viaje

Este viaje tuvo para mí, de novedad, que es el primero que no comparto con alguien que se queda aquí. Es la primera vez que salgo del país sin dejar en casa a dos parientas viejas que dependían de mí para su sostenimiento, cuidado y regocijo —y me lo decían en cada carta—. Esta falta de cordón umbilical, pude observar, no sólo aumenta la movilidad del viajero, sino que modifica radicalmente sus relaciones con el país de origen.

Yo les escribía dos o tres veces por semana dándoles cuenta de mis pasos, elaborando de esta manera una relación de viaje muy censurada y propia para ancianas. No se mencionan en ellas las enfermedades ni los contratiempos, se subrayan, en cambio, las partes que en realidad fueron muy aburridas, pero que, platicadas, tienen un dejo de gloria: una cena en una embajada, por ejemplo. Es una relación que tiene más interés por lo que se omitió que por lo que se dijo.

Ellas me contestaban en cartas escritas con la letra angulosa del Sagrado Corazón —y ortografía muy deficiente—, en las que me repetían cada vez que de salud estaban bien, gracias a Dios —cosa que a veces era mentira—, y me daban una cuenta desordenada y llena de omisiones, pero muy concreta, de los acontecimientos de la semana. Quién las había visitado, quién se murió y quién había llegado a la casa sin ser reconocido por lo viejo que estaba. Qué habían comido el domingo, qué plantas del jardín habían floreado. Alguien había sido secuestrado o había explotado una bomba en la entrada de algún edificio.

Como resultado de esta correspondencia yo viajaba con los ojos fijos en lo que tenía enfrente, pero con parte del cerebro llena de imágenes mexicanas, ociosas, pero persistentes: las hortensias del jardín, la llegada del amigo viejo e irreconocible, la vista exterior del edificio bombardeado, etcétera.

Con la muerte de las viejas esto se acabó, como también se acabo para mí *Excélsior*, que fue la otra atadura que durante varios viajes me unió con la patria. Mi trabajo consistía en llenar un pedazo de plana dos veces por semana, que yo usaba para tratar de describir —a mexicanos imaginarios que supuestamente me estaban leyendo— un hotel rascuache de Londres, un paseo por la playa, varias escenas del terrorismo irlandés.

Era una labor que cuando la hice me pareció muy sencilla y que ahora me parece grotesca. Su mayor defecto era que no podía yo ver algo interesante sin que automáticamente parte de mi mente empezara a tratar de explicárselo a un lector mexicano —abstracto, pero no muy listo—. Había que recurrir a términos de comparación desconocidos: algo es más ancho que la avenida Juárez. Había que tener en cuenta prejuicios: los miembros provisionales del ERI, a pesar de ser católicos, son unas bestias.

Un defecto menor, pero más molesto, consistía en que a veces no podía concentrarme en lo que estaba viendo por tratar de recordar el asunto del que estaba escribiendo. Por ejemplo, en un cuarto de hotel en Venecia escribí un artículo sobre niños egipcios —dije que son horrendos—. Al terminarlo abrí la ventana para ver qué era lo que provocaba el murmullo que había estado oyendo durante más de una hora. Era el jadear de cientos de venecianos corriendo. Unos eran gordos y otros flacos, unos viejos y otros jóvenes, iban vestidos de deportistas, es decir, en calzones y camiseta y corrían por la Fondamenta degli Scalzi, unos iban solos, otros en grupo, pateando al unísono, como *bersaglieri*, otros más, que habían quedado rezagados, se sentaban en las mesas de los cafés a pedir cerveza. Nunca supe quién organizó la carrera, ni quién tendría esperanzas de ganarla, pero en ella participó la mitad de la población masculina de Venecia, que pasó jadeando abajo de mi ventana. Un mes después, ante un paisaje muy diferente, en Roquetas de Mar, escribí un artículo sobre este espectáculo inolvidable.

Todo esto, afortunadamente, también se quedó atrás.

El último viaje lo hicimos mi mujer y yo solos, sin necesidad de compartirlo con algún ausente, ni de comentarlo en público. Nuestras amistades quedaron en suspenso y nuestras relaciones con México se redujeron a la correspondencia: cartas de negocios —"mándenme mil dólares"— y al intercambio de tarjetas postales al que voy a referirme a continuación.

Las ventajas que la tarjeta postal tiene sobre la carta son: que son más decorativas que el papel blanco y desvían la atención de la prosa descuidada; que una ilustración bien escogida es más elocuente que cien palabras; y tercero, y más importante que nada, que en el dorso de una tarjeta no caben más que unas cuantas frases. He descubierto que las tarjetas nunca hay que mandarlas sueltas, sino adentro de un sobre para que parezcan cartas. Mandar tarjetas abiertas es como tirarlas a la basura: unos carteros las pierden por creer que en ellas no puede estar escrito nada importante, y otros las coleccionan.

En cuanto al contenido, se recomienda al viajero nunca escribir nada de lo que la gente acostumbra, por ejemplo: "Hemos tenido un viaje estupendo. Hoy vimos al Papa".

—Cuestión que a nadie le importa —dice el destinatario antes de arrojar la tarjeta al cesto.

Tampoco hay que irse al extremo opuesto y darles un gustazo a los que se quedaron en casa. Nunca escribir, por ejemplo: "se me hinchó una pierna en Taormina. No sé si es gota o trombosis".

Creo que lo mejor es adoptar un tono personal, lleno de reservas mentales. Por ejemplo, escribir: "los recordamos con frecuencia y siempre con mucho afecto", y omitir: "pero francamente no tenemos ganas de verlos hasta el año que entra".

Escoge uno las tarjetas postales con cuidado, lo cual siempre es un placer, dos frases, abrazos y firma, sobre, dirección, estampilla, buzón. Está uno del otro lado. Nadie contesta, o contesta con frases subjetivas, como "últimamente he estado muy deprimida". Se rompe la última atadura, pierde uno por completo el contacto con México.

Pasan los meses. El país que me vio nacer, el que nos mantiene a ambos, el único que conozco bien, se convierte en una entidad nebulosa, tema de conversaciones ociosas entre mi mujer y yo:

—¿Cuánto costaba el tequila?

—¿Quién habrá quedado en Bellas Artes?

En el informe meteorológico del *Athens News* encontramos el nombre que tantas emociones nos provoca:

México City 20C Hazy.

Imagino un cielo amarillo, de tolvanera, y me alegro de estar tan lejos.

Recorre uno los periódicos en busca de noticias de la patria. Las pocas que aparecen están escritas como folletín de autor tímido, de los que describen al personaje cada vez que lo nombran: "México, cuyo peso ha sido devaluado...", "el señor Echeverría, cuyo gobierno termina el 30 de noviembre...", "el presidente Portillo —o el presidente López— que ha tomado las riendas de un país en crisis", etc. Me di cuenta de que México sigue siendo lugar de destierro de corresponsales. Una especie de Dolores Hidalgo del periodismo. Para los extranjeros todo lo que aquí no sea levantamiento armado no tiene chiste. Por eso la expropiación de tierras —que hubiera podido ser el principio de una revuelta— tuvo cierto éxito como noticia.

Lo último que leí en Europa a este respecto, en un periódico inglés, transcrito de otro norteamericano, era un artículo cuyo autor nunca llegó a distinguir entre ejidatarios y pequeños propietarios, y entendió que la indemnización se entregaba a los ejidatarios para que abandonaran las tierras que habían invadido. Esto es un error perdonable, porque, después de todo, ¿quién puede pedirle a un extranjero que entienda que los que eran latifundistas al principio del pleito resulten pequeños propietarios cuando se hacen las paces?

Sin contactos personales y con información deficiente, lo único que queda a la patria es el recuerdo.

Para sentir nostalgia, si a eso está inclinado, se recomienda al viajero recordar quesadillas de huitlacoche, tacos de charales, guacamole. Para curarla, conviene evocar cualquiera de las siguientes imágenes:

Una parada de camiones, con charcos, en una tarde de lluvia.

Familias mexicanas, sentadas en el interior de Volkswagens, comiendo helados y echando en la banqueta restos de banana split.

316

Un viaje en taxi con programa de radio, de preferencia de esos en que se dedican canciones a personas ausentes o alejadas.

Una cola mexicana —en la que irremisiblemente el último que llega, en vez de pararse al final, quiere meterse al principio, y el que está en segundo lugar tiene que indicarle el que le corresponde.

El exterior de una casa de funcionario gallón, con muro de piedra brasa, hornacina, puerta barroca, seis coches y ocho guaruras dormidos o forcejeando.

Si nada de esto cura la nostalgia, imaginar un ratito de conversación con el propietario de la casa descrita, en que él explique el futuro de México.

Pero nostalgia o no, el tiempo pasa y llega el momento en que el viajero tiene que regresar. En el caso de mi mujer y yo, debo admitir, por más que hicimos las reflexiones propicias —"Europa se pone imposible en verano con esta invasión de turistas en alpargatas, que llenan todas las calles"— regresamos a México sin ningunas ganas. Un país casi olvidado, pero tan conocido. Pensábamos: todo lo que antes nos parecía caro y malo va a parecernos ahora más caro y peor, nuestros amigos han de estar de humor negro; la casa ha de estar cayéndose, vamos a llegar con los aguaceros.

Nos separamos en Inglaterra. Yo me adelanté a mi mujer ocho días. Hice el viaje vía Nueva York, con cambio de avión en Dallas. En el aeropuerto de esta ciudad noté claramente lo que ya sabía en teoría: que la situación de México ha cambiado.

Tocó la casualidad de que en 1970 regresé de Europa por la misma ruta tortuosa. En aquella ocasión, en Dallas, el avión —de compañía norteamericana— quedó repleto, la mitad de turistas y la otra mitad de mexicanos que habían ido a Texas a comprar cosas. Junto a mí venían una señora con su hija, que evidentemente se iba a casar. Pusieron sobre sus piernas todo lo de las donas que no cupo en el equipaje ni debajo de los asientos: las toallas, los manteles y la ropa de cama. Fue un viaje horrible. Esa noche, al abrir las maletas, los empleados de la aduana encontraron varios televisores.

Pasan los años y llega el 77 y abordo en Dallas un avión que viaja a la quinta parte de su capacidad. Somos nomás dos mexicanos: una señora chocante y yo. Ninguno trae contrabando. Vienen cuatro turistas, varios hombres de empresa y tres familias chicanas.

Por la ventanilla no se ve nada. Toda la República está cubierta por nubes.

—Estamos volando sobre Ciudad Victoria —anuncia el capitán.

Al cabo de un rato empezamos a descender. "Abróchense los cinturones". Asomo por la ventanilla y distingo milpas inundadas. Está lloviendo. Antes de tocar tierra alcanzo a ver, en terrenos del aeropuerto, un avión descompuesto y dos hombres que levantan la vista para vernos pasar. Llevan sombrero de petate, huaraches, pantalones rotos y remangados, se cubren los hombros con sacos vacíos de cemento, se están mojando. Me estremezco. "Ésta es la ciudad de México", dice la sobrecargo.

Aquí pensaba yo decir que todo es peor pensado, que mi llegada no fue tan desagradable, que había tan poca gente que los empleados del aeropuerto fueron por primera vez amables, que las maletas no se perdieron, que conseguí taxi, que aparte del panorama espantoso que se contempla desde el camino que va del aeropuerto a mi casa llegué a ella sin nigún percance, que fui con amigos al Venadito, que nos atendió el mesero simpático, que las cubas libres siguen siendo excelentes, que lo que comimos era tan bueno como lo que hacían antes, que lo que nos cobraron me pareció barato, etcétera.

Pero prefiero dejar el relato en su punto más negro, que son los dos que se están mojando. (*Vuelta no. 10, septiembre de 1977.*)

318

V
Nueva guía de México
(para extranjeros)

NUEVA GUÍA DE MÉXICO

Los cuadernos del doctor Fink

El pequeño folleto intitulado *Los cuadernos del doctor Fink,* que fue escrito originalmente en alemán, ha sido traducido a veinticinco idiomas y ha visto la luz pública, en lo que va del año, en treinta y dos países diferentes. Más que a sus cualidades literarias que son insignificantes, el éxito libresco de este folleto, se debe a la celebración en México del Campeonato Mundial de Futbol, porque los cuadernos, como indica el subtítulo que llevan —"guía del viajero en tierras bravas—", son el conjunto de las normas que tiene que observar el extranjero para sobrevivir en nuestro país.

Es de augurar que, en nuestro medio, el doctor Fink nunca llegará a gozar de la fama que tiene Humboldt, porque en su opúsculo no se encuentra ninguna expresión tan acertada y tan sorprendente como la de que México es "la ciudad de los palacios", ni tan olvidado como la marquesa Calderón de la Barca, porque tampoco cuenta, como ella, anécdotas tan escabrosas como aquélla de que la marquesa entró en una zapatería y se encontró sobre el mostrador la pierna de Santa Ana (la de palo, afortunadamente). Si el nombre del doctor Fink llega a ser de calle, quedará por la colonia Bondojito.

Los *Cuadernos* son un libro modesto. Son las reflexiones de un hombre práctico que vino a México y se tomó la molestia de hacer algunas notas, que adobó, más tarde, con reflexiones que él pretende científicas y que son, en realidad, metafísicas. Veamos, por ejemplo, la descripción que hace de nosotros.

"Los mexicanos son una raza de hombres y mujeres de color café con leche (en francés en el original: *café au lait*) cuyo desarrollo obedece a dos tendencias opuestas: unos, los más ricos, tienen la de engordar, debido a la costumbre de comer tamales a todas horas; otros, los más pobres, tienen la de adelgazar, debido a la costumbre de no comer tamales en años de sequía.

Esta definición, sin ser completamente equivocada, pone de manifiesto una observación insuficiente de nuestros hábitos gastronómicos (no hace mención, por ejemplo, a los tacos de carnitas) y de las causas de nuestro raquitismo.

Con respecto a la idea que tenemos de nosotros mismos, dice lo siguiente: "los mexicanos y las mexicanas se consideran, por lo general, sexualmente atractivos, como lo demuestran las camisas que usan ellos y los pantalones que se ponen ellas. Esta idea errónea se debe, no a la carencia de espejos, que en México existen en abundancia, sino al concepto, probablemente de origen precolombino, de que lo que ven reflejado frente a ellos no es su propia imagen, sino la de sus malos pensamientos."

Este párrafo es un cúmulo de falsedades. Somos sexualmente atractivos como lo demuestra, no las camisas que usamos ni los pantalones que se ponen nuestras mujeres sino el crecimiento demográfico del país, que es un dato incontrovertible. Somos atractivos a pesar de nuestras camisas. Lo que pasa es que este alemán ha de haber tenido alguna experiencia desagradable y de allí sacó la tontería de los espejos.

Pero si sus descripciones son parciales e inexactas, los consejos que da a los extranjeros para manipularnos son más sensatos. Veamos si no, lo que dice con respecto a nuestras aduanas: "Las aduanas mexicanas son instituciones muy liberales. Si es usted celebridad, es decir cantante, futbolista o actriz populachera, puede pasar por la aduana un cadáver, sin que nadie le ponga un pero, cuando mucho tendrá que dar un autógrafo. Si no lo es, más le vale poner los billetes por delante". Y agrega: "El dicho de 'con dinero baila el perro', que ha sido atribuido a Descartes, es un invento mexicano". Creo que esta es una de las observaciones más profundas y afortunadas sobre un aspecto de nuestro carácter que hasta ahora había pasado inadvertido.

No menos afortunados son los consejos que el doctor Fink ofrece a los viajeros que tienen necesidad de pronunciar discursos. "Si al decir un discurso ante mexicanos se tiene la intención, si no de causar buena impresión, cuando menos de no provocar antipatía tremenda, es indispensable observar las siguientes reglas: sustituir la palabra México por la expresión 'este maravilloso (o apasionante, fascinante, hospitalario, reconfortante, paradisiaco, emocionante o, de perdida, interesante) país'. Si el discurso es de sobremesa y se siente indigesto por la comida típica, puede el orador hacer alusión a sus problemas estomacales sin ofender a los mexicanos, siempre y cuando tome antes la precaución de comparar los platillos que acaba de ingerir con los ojos de las tapatías. Pero la condición fundamental de un buen discurso consiste en aludir, aunque no venga a cuento y sean mentiras, a la ambición que el visitante ha tenido siempre de viajar a México, ligándola de preferencia con alguna anécdota infantil. Por ejemplo, puede uno decir que la primera vez que abrió un atlas, cuando tenía cinco años, vio en el mapa un cuernito y le preguntó a su mamá *was ist das?*. La mamá contestó; *Mexiko*. Y el niño dijo: 'Mexiko, Mexiko, cleo en ti,''. *(5-vi-70.)*

¿DÓNDE ESTAMOS?

Una de las actividades más ingratas a la que pueda uno dedicarse es buscar, en los índices de libros ilegibles, la M y en la M, la palabra "México". Se encuentra uno cosas como: "México: uno de los países cuya tasa de crecimiento rebasó la fijada como "ideal" para la América Latina por el señor MacNamara, pág. 28; el Kaiser no sabía dónde quedaba, pág. 43; el crecimiento de su población es incontrolable, pág. 54; sus empresarios son los más eficaces de la América Latina, pág. 100; uno de los países considerados como más atractivos para la inversión de capitales extranjeros, pág. 156; la mayoría de sus habitantes están subocupados, pág. 165; sus males no tienen remedio, pág. 205…" etc.

Otra actividad ingrata es la de platicar con señoras canadienses que le dicen a uno:

—Mire, no crea que soy tan ignorante. Desde que tengo televisión me he enterado de muchas cosas. Yo creo que los compatriotas de usted hacen bien en andar cantando por las calles con cascabeles en el sombrero.

O con médicos que vienen al Congreso de Pediatría.

—Su país es maravilloso. No me refiero a la ciudad, que es horrible, sino al campo. La gente es buena. Tampoco me refiero a la que vive en la ciudad.

O con maestros de español en universidades norteamericanas:

—Yo he estado en México. Había un alacrán en el cuarto del hotel. El gerente no quería creerlo. Tuve que matarlo yo mismo, ponerlo en un papel y enseñárselo para que se convenciera.

Se me podrá acusar de no hablar más que con imbéciles, pero eran los únicos que tenían algún concepto de México siquiera, porque, en el extranjero, la mayoría de la gente no se ha puesto a pensar que esto exista. Esto es terrible, porque, después de todo, lo que uno sea depende en grado considerable de lo que los demás piensen de uno. La falta de ideas en este sentido produce el mismo efecto que pararse ante un espejo y encontrarse con que no hay imagen.

Aquí vivimos en un mundo que tiene como centro México, lo cual es, por definición, una posición errónea, porque México no es el centro del mundo. Nuestros problemas, el de la sucesión presidencial, por ejemplo, nos parecen importantísimos cuando estamos aquí, pero cuando salimos nos damos cuenta de que la opinión pública no sólo no está enterada de quién será el próximo Presidente, sino de que quien sea no tiene ninguna importancia en el ámbito internacional. La tendría si fuera a expropiar la industria, y eso, para los accionistas de las empresas extranjeras, pero países como el nuestro no tienen realidad vital mientras no produzcan una hecatombe.

Para el común de los mortales que habitan en los Estados Unidos, México es Tijuana, tequila y los hijos de Sánchez. Los mexicanos, en cambio, no son una nacionalidad ni los habitantes de un país; son una raza. En su libro *A sangre fría*, Truman Capote, al describir la cárcel a donde van a parar los asesinos, nos dice: "había 25 blancos, 36 negros y 13 mexicanos". Estos últimos no eran ciudadanos mexicanos, sino mexicanos de raza. A esto se debe que cuando un mexicano que no sea indio viaje en los Estados Unidos, la gente le diga:

—Usted es español, no mexicano.

O bien, que cuando alguien va a recibir a uno en el aeropuerto, sin conocerlo, le diga, al encontrarlo:

—Yo esperaba a alguien más moreno.

Pero este aislamiento conceptual en que vivimos produce en nosotros, los mexicanos, una especie de "revanchismo", y a eso se debe que constituyamos una de las nacionalidades más conscientes de su propia identidad. Esta actitud se refleja en multitud de cosas, desde el águila portentosa que llevan grabada todos los artículos manufacturados en México, hasta la prohibición de películas que son "denigrantes", pasando por la Operación Dignidad.

A mí, que no participo de la quisquillosidad nacional, todas estas manifestaciones me parecen rarísimas. Por ejemplo: ¿qué caso tiene ponerle "Hecho en México" a un artículo que se vende en un mercado en donde todo el mundo prefiere los artículos importados? Se vendería mejor si tuviera un letrero que dijera *made in Germany*.

Las películas denigrantes se prohíben porque dan una imagen equivocada de nuestro país. Pero se prohíben en México, en donde, después de todo, si la imagen es equivocada, no puede producir ningún perjuicio, porque el público está (o cuando menos debería estar) enterado de la realidad.

Yo creo que sería mucho más instructivo y edificante que la gente se diera cuenta del mal concepto en que nos tienen en el extranjero. La Operación Dignidad, por su parte, es para mí uno de los fenómenos más inexplicables de que tenga noticia.

Catear gente en la frontera es una estupidez, un perjuicio para el comercio, una molestia para los turistas, una torpeza diplomática, un negocio para la Mafia, un indicio de falta de imaginación del Presidente Nixon, etc. ¿Pero en qué cabeza cabe que esto sea un insulto para México? En la de un mexicano, claro está. (*19-x-69.*)

TORRE DE BABEL

La importancia de ser chicano

En su libro *A sangre fría*, Truman Capote nos informa que en la cárcel en donde estuvieron presos y fueron ejecutados los dos autores de la matanza que constituye el tema del libro, hay 32 presos blancos, 23 mexicanos y 46 negros. Lo importante no son las cifras, que estoy inventando en este momento, sino la clasificación de los presos en blancos, mexicanos y negros.

Cuando leí el libro, hace ya varios años, tuve la impresión de que al decir 23 mexicanos, Capote se refería a 23 personas de nacionalidad mexicana que estaban presas en esa cárcel. Estaba yo en un error del que me ha costado trabajo salir. Es un error muy común, en el que caemos con frecuencia los que vivimos ''de acá de este lado''. Consiste en pensar que ser mexicano implica tener una nacionalidad, un idioma y una cultura especiales y muy diferentes a las que tienen los norteamericanos.

De este error he salido con trabajos y a base de muchos pleitos. Como ejemplos de las experiencias que me aclararon el concepto, voy a citar los siguientes:

Cuando daba yo clase en California, a raíz de que en algún momento hablé de que ''los mexicanos acostumbramos hacer las cosas de tal o cual manera'', una de mis alumnas me dijo:

—Pero usted no es mexicano, es español.

—Señorita, está usted en un error —le contesté—, mi familia tiene más tiempo de vivir en México que la de usted de vivir en Estados Unidos.

En efecto, a ella le hubiera sorprendido que alguien le dijera inglesa. Se llamaba Woodworth, y su abuelo había nacido en Inglaterra.

Otro ejemplo. Llego a dar unas conferencias en una universidad de la Florida; estoy en la oficina del jefe del Departamento de Idiomas; entra uno de los profesores de español —O'Brien— a conocerme y la sorpresa que le causa verme lo hace retroceder dos pasos.

—Llego aquí esperando ver a un mexicano y me encuentro a un *pelotari*.

Me costó trabajo hacerle entender que nunca he jugado frontón, que no conozco España y que soy mexicano.

Truman Capote, mi alumna de California y el profesor O'Brien compartían el mismo criterio. Al hablar de mexicano se estaban refiriendo, no a una nacionalidad, ni a un idioma, ni a una cultura, sino a una raza.

El concepto de raza que a mí, cuando menos, me cuesta trabajo entender, resulta muy claro para muchos norteamericanos. Ciertos europeos, en cambio, lo encuentran igual de confuso que yo. En una conversación que tuve con unos daneses, uno de ellos me dijo:

—Estos norteamericanos están locos. Cuando entro en Estados Unidos, me preguntan que de qué raza soy. Si me preguntaran qué color tengo, les diría que blanco, pero si me preguntan mi raza, les digo que no sé cuál es.

Para mí también. Una cosa es que sea yo blanco y otra muy distinta es que sea yo español.

Hemos llegado a una conclusión. Los norteamericanos, al hablar de mexicano, están hablando de raza, nosotros, al hacerlo, estamos hablando de nacionalidad, idioma y cultura.

Esta disparidad de criterios produce muchas confusiones. Un ejemplo de éstas me lo dio una señora que estaba platicando con otra en una cola que yo también estaba haciendo. Acababa de regresar de Phoenix y se quejaba de que la habían tratado muy mal.

—Entraba yo en una tienda y las dependientas se hacían las que no me entendían. Hasta que exploté y le dije a una de ellas: ¿Cómo no va usted a entender lo que le estoy diciendo? Si está usted más prieta que yo.

Aquí tenemos el mismo error aplicado a la inversa. La mexicana de nacionalidad, por ver a otra de su mismo color —o raza, si así se quiere llamar—, le atribuye automáticamente una cultura determinada y el conocimiento de un idioma, que probablemente la otra desconozca, porque puede ser prieta, pero puede no hablar más que en inglés.

He hablado de estas confusiones, porque me parece —y temo— que en estos momentos del "poder chicano" se van a multiplicar. En el sur de Estados Unidos habita una gran cantidad de "mexicanos", según el concepto norteamericano, racial, de que hemos hablado. Tenemos varios rasgos en común con ellos. Muchos, sobre todo los más viejos, hablan español, otros lo están olvidando. Sienten afinidad con nuestros boxeadores. Comen tortillas y chile; prueba de esto es que en California se fabrican los mejores chiles en vinagre que hay en el mundo y las tortillas son excelentes. Pero no hay que perder de vista que sólo una pequeña parte de ellos quisieran ser mexicanos "de acá de este lado". Su problema, que es el que está llegando en estos momentos a una crisis, es precisamente que no son de "los nuestros", sino una parte integrante de Estados Unidos. *(4-ix-70.)*

CON EL LABERINTO EN LA MANO

Lo que cambió Tlatelolco

Yo, francamente, a los intelectuales que llegan a México de visita, los compadezco. Apenas han puesto un pie en el suelo cuando ya tienen un periodista encima preguntándoles qué opinan de México y del 10 de junio.

Por esta razón cuando leí el jueves pasado el encabezado del texto de la entrevista que Eduardo Deschamps le hizo a Susan Sontag, "No entiendo a México, dice S. Sontang", pensé:

—Ya llegó otra norteamericana, con *El laberinto de la soledad* en la mano, a explicarnos que la razón por la que estamos y por la que nunca progresamos es que nuestro padre violó a nuestra madre en el siglo XVI.

La frase "no entiendo a México" a la cabeza de una plana (aunque sea la 10) da la impresión de insolencia. Claro que no lo entiende, si se acaba de bajar del avión.

Pero al leer el texto de la entrevista se da uno cuenta de que esta impresión es falsa, que no hay tal insolencia, y que la señora Sontag, que es una mujer inteligente, estaba queriendo decir lo que siente: no entiendo a México porque es complicado y porque no hay datos fácilmente accesibles, no porque le parezca absurdo, que es lo que podría uno haber supuesto al leer el encabezado.

Fue Deschamps quien traía "El laberinto" en la mano. Al expresar ella la extrañeza que le produce que la matanza de Tlatelolco y la del 10 de junio no hayan producido ningún cambio —es decir, que no haya caído el gobierno— el entrevistante escribe:

"Se recordó a Susan Sontag una particular explicación de Octavio Paz sobre la constitución del gobierno en México y su relación con el pasado histórico de México y resto definitivo al (sic) 'gran tlatoani'."

Perfecto. Ya todo queda claro como el agua. Estamos viendo algo que por fuera tiene apariencia democrática y moderna, pero que por dentro es nada menos que el imperio azteca. Estamos ante los sumos sacerdotes, nomás que sin plumas y con trajes de alpaca.

Yo quisiera que la señora Sontag y las personas que están de acuerdo con esta explicación consultaran la primera plana de *Excélsior* del sábado 12.

En la parte superior, a cuatro columnas, hay una foto en la que aparecen el secretario de Educación, el regente de la ciudad y otros funcionarios, rodeados de niños en el Centro de Convivencia Infantil Benito Juárez. El pie de grabado nos informa que poco después de tomada la foto, los personajes que aparecen en ella "saltaron una cerca de troncos para acariciar a los cachorros que (allí) se exhiben..." Los cachorros, que aparecen en otra parte del periódico, son de elefante.

Ahora yo pido que tratemos de imaginar a un sacerdote azteca codeándose con niños, saltando cercas, y acariciando cachorros. La sola idea le hubiera provocado un infarto.

Hago esta relación porque me parece que la tendencia a explicar los problemas políticos y sociales de México actual refiriéndolos al pasado prehispánico es, además de una actividad bastante estéril —se llega a la conclusión de que siempre hemos estado en las mismas y que por consiguiente no es probable que podamos cambiar—, una fuente de símiles bastante inexactos.

Las actividades de los funcionarios públicos tienen más que ver con la mercadotecnia y con Walt Disney que con el imperio azteca.

Ahora quiero volver sobre la impresión que tiene la señora Sontag de que las matanzas de octubre de 68 y de junio de 71 no produjeron ningún cambio: "¿cuántas gentes han muerto aquí recientemente y nada ha cambiado?", dijo.

¿Nada ha cambiado? En apariencia todo sigue igual. Seguimos en un absolutismo paternalista y sexenal con una cara de democracia. En efecto. Pero el concepto que los mexicanos tienen del sistema político ha cambiado notablemente.

Antes de octubre de 1968 se podía sostener con cierta plausibilidad que este sistema mexicano monolítico ami-

báceo, una solución única en el mundo, era un poco cha-
rra, pero la más adecuada, de acuerdo con nuestros medios,
para satisfacer nuestras necesidades. Se consideraba que
nuestro régimen era una dictadura de partido, benévola.
¿Que ya había habido matanzas? Muy cierto, pero las
víctimas habían sido gente identificada con movimientos
retrógrados o más totalitarios que el régimen establecido.
Sinarquistas en 1946 y henriquistas en 52. Pero la noche
de Tlatelolco es un momento fundamental en la historia de
México. Es la fecha en que el sistema puso de manifiesto
los límites de su actuación y los extremos a los que puede
llegar. Esto lo vimos y quedó grabado en las mentes de muchos mexicanos. Así que las cosas sí han cambiado.
(15-ii-72.)

VIAJEROS LINGÜISTAS

Cómo entender lo que dicen otros pueblos

Uno de los viajeros lingüistas más notables que he conocido era Pedro Laguna, natural del rancho de San Roque (municipio de Irapuato), que había pasado los primeros treinta años de su vida en su lugar de origen, alejándose de él nomás los domingos, para ir al pueblo, oír música y comprar chilitos. Al llegar a los treinta años, no pudo más, se dejó llevar por el entusiasmo de los que regresaban del Norte, hizo cola en la presidencia municipal, fue contratado de bracero y así emprendió el viaje que iba a durar seis meses y transformar su vida.

Pasados estos seis meses regresó a San Roque y no volvió a salir de allí. Vivió dedicado a impartir las enseñanzas de lo que había intuido en el extranjero.

Fue en esta última época que yo lo conocí. Llegaba a mi casa con frecuencia, porque era pariente del trojero, y se daba una escapada para platicar conmigo y decirme siempre lo mismo, que era más o menos así:

—Oiga, patrón, cuando compre una carapila me la da de draive.

Me explicaba que cuando había estado en Arkansón, había tenido oportunidad de observar cómo se manejaban esos aparatos —los tractores de banda:

—Cuando quiere uno que el animal dé vuelta pa'cá, nomás aprieta el brei de allá, cuando quiera uno que dé la vuelta pa'llá, nomás aprieta el brei de acá.

También era experto en riegos.

—Se va usté caminando junto al diche, que está lleno de agua, con una brazada de paipas de plástico. Cuando ve usté un pedazo que esté medio seco, nomás agarra la paipa, le da el sopletón y el jalonazo, la emboca contra la corriente y al rato ya tiene usté el chorro de agua.

Terminaba la exposición explicando, con mímica, cómo se cortaban los racimos de uva y se colocaban cuidadosamente en una caja que llevaba el pizcador colgada del hombro, a la bandolera.

Todos estos conocimientos le servían a Pedro Laguna

nomás de tema de conversación, porque después del viaje no volvió a tocar un instrumento de labranza. Se ganaba la vida destapando cervezas en la tienda que puso. Pero como lingüista, era notable.

Otro lingüista, la versión norteamericana de Pedro Laguna, era el señor MacAbboy, cuya estancia en un hotel de Jalapa coincidió con la mía, hace unos días.

Mi mujer y yo estábamos sentados en una mesa del bar. Una mujer norteamericana, que resultó ser la señora MacAbboy, estaba en la mesa de junto. Cuando, de repente, entra en el salón un individuo gigantesco, de pelo gris, diciendo, con un vozarrón, a todos los presentes:

—Fría, mucha fría.

Mi mujer y yo nos miramos en silencio y dijimos, para nuestros adentros:

—¡Zambomba! ¡Lingüista tenemos!

MacAbboy se dirigió a la barra y le dijo al cantinero:

—Vinta, due gals.

El cantinero tuvo un instante de vacilación. Después, tomó del estante una botella de vodka y se la mostró a MacAbboy, que la rechazó enérgicamente.

—No. Vinta. V-I-N-T-A. Vinta roja.

El cantinero mostró una botella de vermuth rojo, otra de jarabe de granadina, y por último una botella de vino tinto. Al llegar a este punto. MacAbboy dio brincos de gusto.

—Sí, vinta, vinta roja —decía MacAbboy.

—Sí, vinta, vinta roja —contestó el cantinero sonriendo cortésmente.

Supongo que MacAbboy regresó a su casa de Glorious Plains, Nevada, a explicar a sus amistades que en español, vino tinto se dice vinta roja y vino blanco... vinta juaita.

Esa tarde, los MacAbboy decidieron ir a dar un paseo por Jalapa. Antes de salir del hotel consultaron un plano de la ciudad y al mozo. MacAbboy señaló con el dedo en el plano y preguntó al mozo:

—Questa... ¿Avenida Revolusho?

—Sí, señor —contestó el mozo—. Avenida Revolusho.

Al día siguiente, durante el desayuno, MacAbboy le dijo al mesero:

—Hoy, Ciudad Mante.

—No —contestó el mesero— jueves.

Fue la única vez que alguien corrigió a MacAbboy.

(7-ii-72.)

ASÍ ES LA VIDA

Regreso a Azteca

Cuando caminábamos por la calle precipitosa, mi amigo me dijo:

—Hace un tiempo venían aquí muchos antropólogos y estudiantes de antropología, gringos y gringas. Varias de las gringas se casaron con los de aquí, dizque para enseñarnos a vivir mejor. ¡Ja, ja, ja!

En ese momento me acordé de que aquel pueblo fue, como quien dice, la cuna de los estudios de Oscar Lewis. "Azteca", se llama en *Cinco familias*.

¡Qué cosa tan rara! Aquellos paisajes: los cerros indochinos por un lado, con copete de pinos; por el otro, el valle sembrado de caña; las cercas de piedra, las bugambilias, las casas con porche, llenas de flores, los árboles de ciruela, los adobes perfectos, la banda de pueblo con los instrumentos resplandecientes... Todo esto es Azteca.

¡Lo que es la antropología! ¡Aquí es donde vive la familia Martínez. En una de estas casas que a mí me parecen tan bonitas —"la casa con techo de teja era típica del barrio de San José, el más pobre de los ocho barrios de Azteca, y consistía en un cuarto sin ventanas y en una cocina de carrizo"—, es donde se despierta Esperanza antes de que amanezca —"Esperanza se levantó de la cama dura en donde dormían ella y Pedro, desarrugó el vestido que no se había quitado y se cubrió la cabeza y los hombros con un rebozo azul marino, de algodón, para defenderse del fresco de la mañana. Cruzó la habitación caminando descalza sobre el piso de tierra, hasta donde estaba el cántaro grande y se echó un poco de agua fría en la cara: después se secó con la orilla del rebozo".

Cada vez que leo esta parte del libro, me imagino no sólo a Esperanza caminando descalza y echándose agua en la cara, sino a una señora de Milwaukee, leyendo este mismo párrafo y dándole gracias a Dios por vivir en Milwaukee y no en Azteca.

Y eso, aún antes de que empezara la liberación femenina. Ahora sería peor. No sólo la casa es pobre —el cuarto no tiene ventanas, el piso es de tierra, la cocina es de carrizo— y los habitantes tienen costumbres antihigiénicas —duermen vestidos, caminan descalzos y no se lavan— sino que mientras los hombres duermen, la mujer tiene que encender la lumbre soplando en las brasas —"… no quería usar un cerillo porque la caja costaba cinco centavos y era un lujo"—, poner a hervir la canela y echar más de cien tortillas, veinticinco para cada hombre de la familia y diez para el perro.

Durante la cosecha del maíz, los hombres trabajan a veces toda la noche, y las mujeres tienen que estar listas para darles de comer cada vez que se les ocurre. Se cansan tanto, que a veces se quedan dormidas en los taburetes. Septiembre y octubre son los únicos meses tranquilos. Es la temporada de la ciruela. Los hombres se van tarde a cosecharla y las mujeres se quedan dormidas hasta las seis. Antiguamente, cuando no existía el molino, las mujeres se levantaban a las dos de la mañana a hacer la masa.

Uno por uno se van levantando los miembros de la familia. Macrina, la hija de diecisiete años, duerme vestida —con fondo, vestido de percal y mandil— pero se levanta de un brinco, y coge el metate. En la mañana está seria, pero a veces, durante el día, nos dice el libro, su rostro se ilumina con una sonrisa que pone a descubierto sus dientes pequeñitos e infantiles. Esperanza, la madre, se parece a la hija, pero nunca sonríe. "Su rostro tiene un aspecto fatigado y triste".

La ropa de los hombres es paupérrima. Lo que no está sucio o remendado está luido. Al que no le falta un ojo, le sobra panza o le crece, sobre el labio superior, un bigote ralo y alborotado. La familia desayuna —canela, tortillas, chile y sal— en silencio. La única frase la dice Esperanza, ¡en náhuatl!

Al llegar a este punto, la señora de Milwaukee ha de estar compadecida y horrorizada.

Pero supongamos que los Martínez, de Azteca, supieran leer, tuvieran dinero para comprar libros y tiempo para leerlos, y se enteraran en uno de ellos de que en una ciudad llamada Milwaukee, las mujeres tienen que bañarse todos los días, cambiarse de ropa, rizarse el pelo, pintarse las uñas, la boca, las cejas, rasurarse las piernas, ir al analista... También estarían compadecidos y horrorizados. *(26-ii-74.)*

ÍNDICE

LA CASA DE USTED Y OTROS VIAJES
SE IMPRIMIÓ EN LOS TALLERES DE
IMPRESORA CASTILLO, S. A.
FRESNO 7, COL. DEL MANTO
IXTAPALAPA, D. F.
SE TIRARON 5 000 EJEMPLARES
Y SOBRANTES PARA REPOSICIÓN

IMPRESO Y HECHO EN MÉXICO
PRINTED AND MADE IN MEXICO

40-423-012

9 789682 704567

OLYMPIA

A Note to Parents

DK READERS is a compelling program for beginning readers, designed in conjunction with leading literacy experts, including Dr. Linda Gambrell, Director of the Eugenge T. Moore School of Education at Clemson University. Dr. Gambrell has served on the Board of Directors of the International Reading Association and as President of the National Reading Conference.

Beautiful illustrations and superb full-color photographs combine with engaging, easy-to-read stories to offer a fresh approach to each subject in the series. Each DK READER is guaranteed to capture a child's interest while developing his or her reading skills, general knowledge, and love of reading.

The five levels of DK READERS are aimed at different reading abilities, enabling you to choose the books that are exactly right for your child:

Pre-level 1 – Learning to read
Level 1   – Beginning to read
Level 2   – Beginning to read alone
Level 3   – Reading alone
Level 4   – Proficient readers

The "normal" age at which a child begins to read can be anywhere from three to eight years old, so these levels are only a general guideline.

No matter which level you select, you can be sure that you are helping your child learn to read, then read to learn!

DK

LONDON, NEW YORK, MUNICH,
MELBOURNE, AND DELHI

Series Editor Deborah Lock
Senior Art Editor Tory Gordon-Harris
U.S. Editor Elizabeth Hester
Design Assistant Sadie Thomas
Production Claire Pearson
DTP Designer Almudena Díaz

Reading Consultant
Linda Gambrell, Ph.D.

First American Edition, 2003
03 04 05 06 07 10 9 8 7 6 5 4 3 2 1
Published in the United States by DK Publishing, Inc.
375 Hudson Street, New York, New York 10014

Published in Great Britain by Dorling Kindersley Limited.

A catalog record for this book is available
from the Library of Congress

ISBN 0-7894-9797-2 (pb) 0-7894-9796-4 (plc)

Color reproduction by Colourscan, Singapore
Printed and bound in China by L Rex Printing Co., Ltd.

The publisher would like to thank the following for
their kind permission to reproduce their photographs:
a=above; c=center; b=below; l=left; r=right t=top;

Ardea London Ltd: 18-19; **Corbis:** Stephen Frink 16-17; Jeffrey L.
Rotman 26-27; **Getty Images**: AEF - Tony Malquist 12t, 28c; Pete
Atkinson 2-3; David Fleetham 20tl; Jeff Hunter 6-7, 30-31; Herwarth
Voigtmann 4-5t; **Nature Picture Library Ltd**: Constantino Petrinos 23tr;
N.H.P.A.: Pete Atkinson 14-15; **Oxford Scientific Films:** Tobias
Bernhard 10-11; **Science Photo Library**: GUSTO 4l.Jacket: **Getty
Images:** Stuart Westmorland front.

All other images © Dorling Kindersley
For further imformation see: www.dkimages.com

Discover more at
www.dk.com

DK READERS

LEARNING
pre-level **1**
TO READ

Fishy Tales

3

Take a
swim in the
blue sea.

snorkel

clam

Here is a
coral reef.

coral

What do
you see?

fish

coral

7

eye

fin

fish

spot

Small fish
swim in
and out of
the coral.

flipper

 turtles

The turtles play
in the sea.

shell

tail

sea horses

fin

snout

The sea horses
sway to and fro.

arm

 starfish

Starfish crawl
on the sea floor.

tentacles

jellyfish

Jellyfish
float up
and down
in the sea.

bell

fin

tail

Here comes a shark.
It looks for food.

 sharks

mouth

octopuses

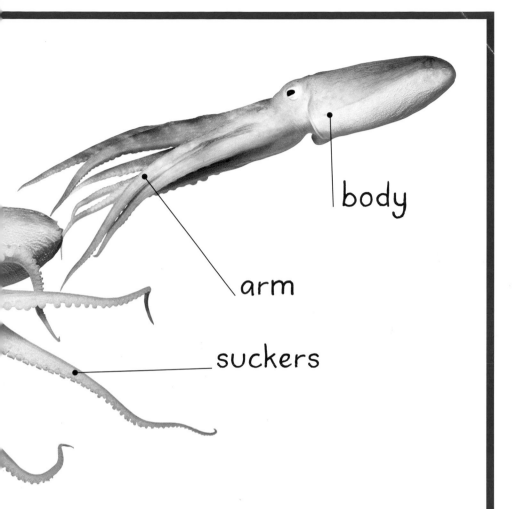

body

arm

suckers

An octopus
shoots off
to hide.

claw

crabs

leg

Crabs hide in the coral and in big shells.

shell

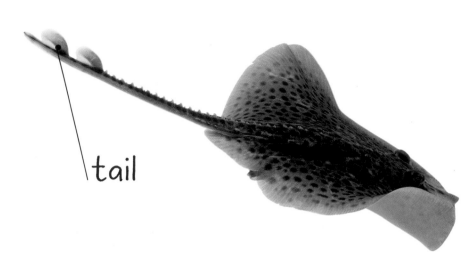

tail

A ray hides on
the sea floor.

rays

eye

fin

25

A dolphin swims
away from
the shark.

mouth

dolphins

tail

flipper

Eels look
out for
the shark.

tail

eels

fin

eye

The shark
swims away.

 Can you see ...

fin

gills

nose

a fish ? coral ?

Picture word list

coral
page 6

fish
page 8

turtle
page 10

sea horse
page 12

starfish
page 14

jellyfish
page 16

shark
page 18

octopus
page 20

crab
page 22

ray
page 24

dolphin
page 26

eel
page 28